臺北的前世今生

—圖文說臺北開發的故事

陳 福 成 著

文 學 叢 刊
文史哲出版社印行

國家圖書館出版品預行編目資料

臺北的前世今生：圖文說臺北開發的故事 /
陳福成著.--初版 -- 臺北市：文史哲,
民 103.01
頁; 公分（文學叢刊；313）
ISBN 978-986-314-165-5（平裝）

1.臺灣開發史 2.臺北市

733.9/101.2 103000196

文 學 叢 刊 313

臺北的前世今生

— 圖文說臺北開發的故事

著 者：陳 福 成
出 版 者：文 史 哲 出 版 社
http:// www.lapen.com.tw
e-mail：lapen@ms74.hinet.net
登記證字號：行政院新聞局版臺業字五三三七號
發 行 人：彭 正 雄
發 行 所：文 史 哲 出 版 社
印 刷 者：文 史 哲 出 版 社
臺北市羅斯福路一段七十二巷四號
郵政劃撥帳號：一六一八〇一七五
電話886-2-23511028 · 傳真886-2-23965656

定價新臺幣五〇〇元

二〇一四（民一〇三）元 月 初 版
二〇一六（民一〇五）元月增修再版

ISBN 978-986-314-165-5 09313

第二版序：關於最早台北人

——左鎮人的重新檢定

本書於二〇一四年元月初版發行，考量現代人（尤其新一代年輕人），喜歡看「輕薄短小」的文章，更愛看圖片。因此，本書在章節安排上，盡可能圖文並說，把數百萬年的「台北史」，用簡單的圖解說明。果然得到各方好評，台北人果然很關心台北史，尤其文史工作者地方志作家，都認同本書安排方式，在不到二年就要出第二版。在目前紙本書式微的情況下，也是難能可貴的事。

到底誰是最早的台北人（或台灣人），始終有不少爭論。我們現在所說的「原住民」，其實並非台灣最早的住民。

多年來，台灣在人類考古學上，大致以「左鎮人」（在台南），為最早的台灣人，年代大約距今三萬年前。本書在研究最早的「台北人」，也判斷「左鎮人」可能是最早的台北人。

其原因是三萬年前，台灣和大陸的陸地是連在一起的。左鎮人的年代約同我國的「山頂洞人」，合理的判斷，當時大陸的「古中國人」能出現在今之台灣台南左鎮地區，也可能出現在台北地區。因此，可以判斷左鎮人也是最早的「台北人」。

但左鎮人的三萬年，始終在考古學界存有疑惑。直到最近（二〇一五年底），最新科技測定，才確定左鎮人只有約三千歷史，而不是原來的三萬年，這個差別極大。故在本書第二版特此修訂（詳見附件四）。（台北公館蟾蜍山萬盛草堂主人 陳福成 誌於二〇一五年底）

自序

在人類文明文化的漫長發展史上，「圖像」產生的功能作用，始終大過「文字」。文字的歷史發展，大約是六千年左右（東西方略同）；而「圖像」的淵源，可以追溯到兩萬五千年。人類視覺對圖像的感受是直觀、完形的，而對文字的理解通常間接，且如「瞎子摸象」，絕大多數的文字論述是偏見的。

所以本書講台北開發的故事，盡可能多採圖片說明，這除了有圖像易於感受、傳達的考量，也因現代社會的發展使得「新世代人」，不喜歡看長篇大論的文章，只愛簡單的圖像表達。

另各家學者寫台北開發史，通常最早上推到明清時代，未見有更早。寫古代史的人則不管現近代，研究地質時代亦不管古今發展史，本書構思最完整的台北史，從地質開始到現代，做一完整性的連接，讓大家看見最完整的台北開發史。（台北公館蟾蜍山萬盛草堂主人陳福成。完稿於二〇一三年八月。）

關於台北三書說明

《台北公館地區開發史》（台北：唐山出版社，二〇一一年七月），本書約三萬多字，及數十圖照，只針對台北公館台大地區，四百年簡史，整理略說之。出版後，引起不少「公館人」注意，找我導覽。約多次現地適用，深覺本書屬「村誌」，不適導覽，資料考證均顯不足，決定另寫一本。

《台北公館台大地區考古・導覽》（文史哲出版），本書約八萬多字，增加數十圖照，完全考量導覽的需要，尤其適用台大的導覽。

這本《台北的前世今生》範圍和時間最廣長，此三書若能配合運用，便能進行大台北地區的古今導覽。

臺北的前世今生

——圖文說臺北開發的故事

目 次

第一編

地質時代古台北與史前台北人文化

第一章　地質時代「古台北」的誕生

台灣和大陸在幾萬年前，原本連在一起，在地質學上早已獲得證明，已無疑義。據科學上研究，台灣位在大陸邊緣部，其地質性質與琉球、呂宋兩島弧，完全不同。

從台灣海峽海底情形看，大陸棚的深度，都不到五十公尺。深度達一百公尺以上者，只有基隆和福州之間的中央海峽與澎湖水道（Pescador Channel）。而東海岸的琉球海溝，則有達九千公尺的深度。

此種情形特徵顯示，台灣東海岸才是中國大陸原來的邊緣。若海平面降低四十公尺，則廣東向東延伸的半島，幾乎和澎湖群島連接；若降低一百公尺，則台灣本島、台灣海峽、我國大陸，都連接成一片陸地。

這種台灣和大陸原本連在一起，按台灣大學地質系教授林朝棨研究，才不過萬年至數萬年前的事，就整個大陸地質演化，算是不久以前的事。而此時，台灣和台北這塊「陸地」，已存在很久了。所以，要找尋「古台北」的誕生，還要將地質年代大大的往前推。

大約三千萬年前（恐龍滅絕後三千萬年了），菲律賓海板塊撞上歐亞大陸板塊，大陸東南海底的沈積岩層，向海面擠壓，直到大約四百萬年前，台灣被「擠」出海面，台灣島的誕生，也表示「古台北」的誕生。整個過程經過二千多萬年，誕生至今也有四百多萬歲了。

古台北誕生之同時，古新店溪在林口附近出海，形成林口沖積扇。四百萬年來，古台北不斷有驚天動地的大變動（如後圖）。

◎二八〇萬年前：大屯山火山群爆發。

◎六〇萬年前：觀音山火山爆發。

◎六萬年前：台北大地震，中央下凹，形成盆地。

◎三萬年前：淡水河系形成，大漢溪和基隆河各自轉彎，共同流入台北盆地，匯集

我國更新世末期古地理圖

（約數萬年前至萬年前）

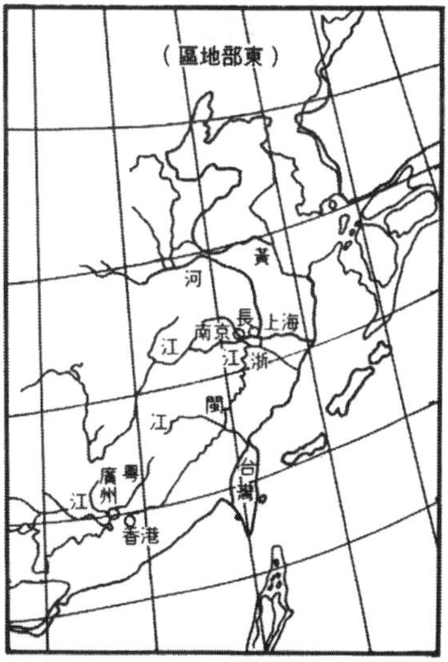

國立臺灣大學地質學系教授林朝棨考製

成淡水河。

◎**一萬年前至五千年前**：因全球氣候暖化，台北盆地淹水，形成台北湖。

◎**五千年前至今**：湖水從關渡口流入海洋，湖水漸退，古台北人開始登上舞台。淡水河、大漢溪、基隆河、古台北盆地的形成、台北主要山水之圖解均如後示。

基隆河的河谷地形：基隆河源於台北平溪，上游瀑布地形十分發達，以十分瀑布最壯觀。基隆河河床上時有岩盤露出，其上有圓滑的坑洞，如平溪線鐵路大華站之東，稱為「壺穴」，形成風景區的特殊地形景觀。

新店溪的河谷地形：新店溪源流有二：北勢溪和南勢溪，二河在雙溪口匯流，北流至景美，納安坑溪和景美溪，至板橋江子翠流注淡水河。新店溪上游地形曲流最具特色，屈尺和廣興是典型的「離堆丘」（如圖）。當谷曲河道彎度極大時，河水自切曲流頸部，而取直流產生新河道，由新舊河道所圍繞，形成河中小丘，即是「離堆丘」。

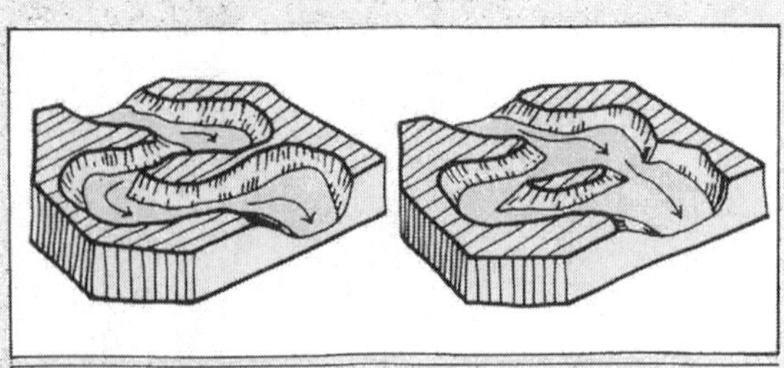

離堆丘的成因

大漢溪的河谷地形：大漢溪舊稱大嵙崁溪，流域主要在雪山山脈西坡，其上游石門水庫原是峽谷地形，其西側及北方為「古石門沖積扇」，因地殼變動，河流切割成沖積扇面。台北盆地陷落，使大漢溪原本西流經桃園出海，改向北流注入台北盆地。

臺北地質形成年表

年　代	大　事　紀	圖　片
3000 萬年前 400 萬年前	菲律賓海板塊撞上歐亞大陸板塊，原本在大陸東南方海底的沈積岩層被擠出海面，大約四百萬年前，古臺北就這麼露出海面誕生了。 古新店溪在林口附近出海，形成林口沖積扇！	
280 萬年前 20 萬年前	大屯火山群爆發啦！使臺灣北部的地形大整容了一次；約六十萬年前，西邊的觀音山火山也爆發了，直到二十萬年前才落幕。	
6 萬年前	臺北發生大地震，地表出現裂痕，中央地區下凹，形成盆地！	
3 萬年前	淡水河系形成！ 大漢溪和基隆河各自轉個大彎後，共同流入了臺北盆地，匯集成淡水河！	
1 萬年前 ｜ 5 千年前	全球氣候變暖，臺北盆地淹水，形成臺北湖！	
5 千年前 ｜ 今 日	湖水自關渡口流入海洋，湖水逐漸退出，廣大的盆底平原就露出，人類也開始登上舞台。	

淡水河系形成

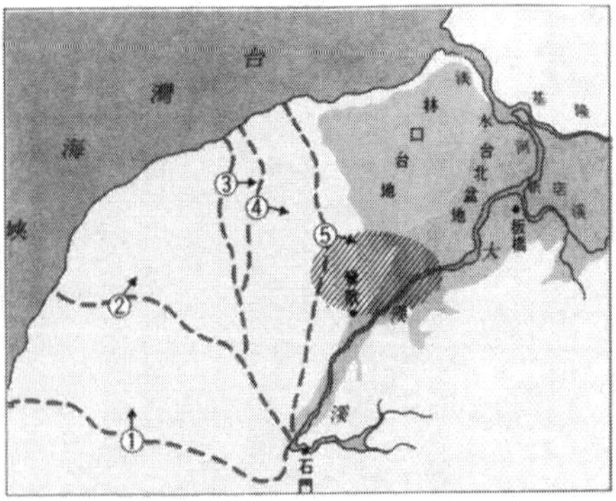

臺北盆地下陷，桃園台地、林口台地相對隆起，大漢溪最後被地勢較低的新店溪搶過來了。

當臺北盆地形成後，由於地勢低，四周河流紛紛改道流向盆地。先是從桃園一帶入海的大漢溪轉了九十度的彎，改道流入臺北盆地；後來從基隆附近入海的基隆河，也轉了一百八十度的大彎，反向流進臺北盆地，兩條河川與新店溪共同匯合形成淡水河。約三萬年前，北臺灣第一條大河水系就大致形成了。

▶由於臺北盆地低平，加上河川的向源侵蝕作用，基隆河轉了一百八十度的大彎流進臺北盆地。

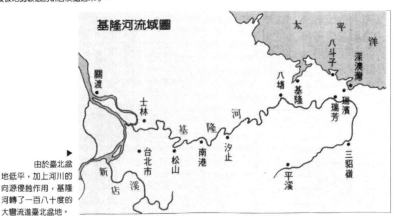

古臺北盆地的誕生

內湖地區除著名的[illegible]外，尚有其他大小不一的水塘，足見臺北盆地內曾[illegible]

約五千年以前，全球氣候發生變化，氣溫下降，盆地內的湖水漸漸流出，盆地露出了陸地和沼澤。由於河流帶來大量泥沙沈積，大部分地區都被鋪蓋得相當平坦，邊緣地區的丘陵地，歷經長期的侵蝕作用而變得平緩許多。這時的臺北盆地，已經有史前人類開始在河邊的坡地上討生活。

古臺北湖湖水退去，露出盆地。

臺北的山、臺北的水

（一）臺北的整體形狀

仔細看看這張圖：

1. 臺北市的整體形狀南北長而東西窄。你有沒有發現，它還有些頭大（上大）腳輕（下小）呢！

2. 在臺北市的北邊、東邊和西邊，有著廣佈的山脈。山脈從臺北市的邊緣緩降延伸進入盆地，所以盆地平原的東半部會呈現像手指般彎曲的形狀。

2A：此區有火山岩的覆蓋，而且大都有很漂亮的獨立山形！

2B：此區多數屬推擠作用下產生的山地，大多屬於沉積岩類。因為久經侵蝕，山丘都不高，但常可見峰峰相連的景象。

3. 觀音山和林口台地在臺北盆地西側，由於有斷層線的通過，盆地西部邊緣大致形成一直線。

4. 在淡水河的東邊，有基隆河、新店溪等河川的注入，所以東岸的平原較寬廣，是今日臺北市最重要的生活空間。

5. 比較淡水河東西兩邊的平原，西岸的平原較小，河川支流也較少，可發展的空間比較有限。

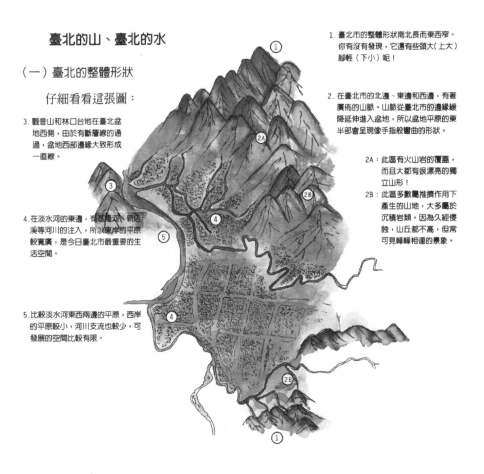

第二章　台北史前文化：史前台北人的文化遺存

台灣何時有人類生活的史前文化遺存？仍有各家之說。據考古學教授宋文薰在民國五十七年率領的考古團隊，所發掘台東八仙洞舊石器時代（The Paleolithic Age, 750,000-15,000）的「長濱文化」遺存，其隸屬年代，約為距今五千年至一萬五千之間（The Mesolithic Age 開始於一萬五千年前；The Neolithic Age 開始於 10,000 BC）。根據研究長濱文化的結論，其「祖籍」是我國大陸。

另按倭國搶據台灣時期，發現台南菜寮溪化石，光復後至民國六十年冬，菜寮溪發現「左鎮人」頭骨化石，判定為二十歲男性青年，生存年代是三萬年前，約同我國「山頂洞人」。

綜合近百年來台灣的考古研究，有關台灣新石器時代文化遺存，略分早期（繩紋陶文化層）、中期（圓山、龍山、巨石文化層）、晚期（凱達格蘭、第二黑陶、素面含沙紅灰陶文化層）三期。這三期文化遺存，屬於「古台北人」的文化遺存，是中期的圓山文化層和晚期的凱達格蘭文化層。

目前學術界所公認的「台北三大考古文化遺存」，是圓山、芝山岩、植物園，都是按發現地點命名，但此三大文化層又有相互關連，如植物園遺址，包含有北部繩紋紅陶文化及圓山、十三行等文化；而圓山遺址，又包含先陶、大坌坑、芝山岩、植物園、十三行等文化遺存。

本章按台北三大考古文化遺存，以圖說略述之，初略了解「古台北人」的文化和文明。

由史前遺址看文化演進

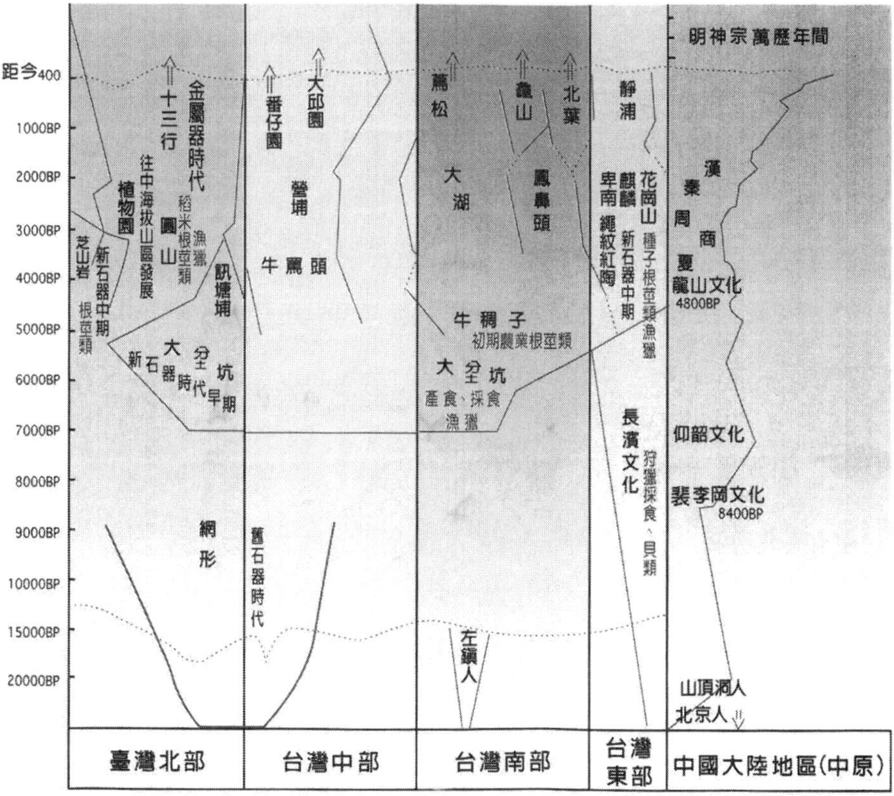

目前所知臺灣地區史前文化演進圖　　BP: 距今

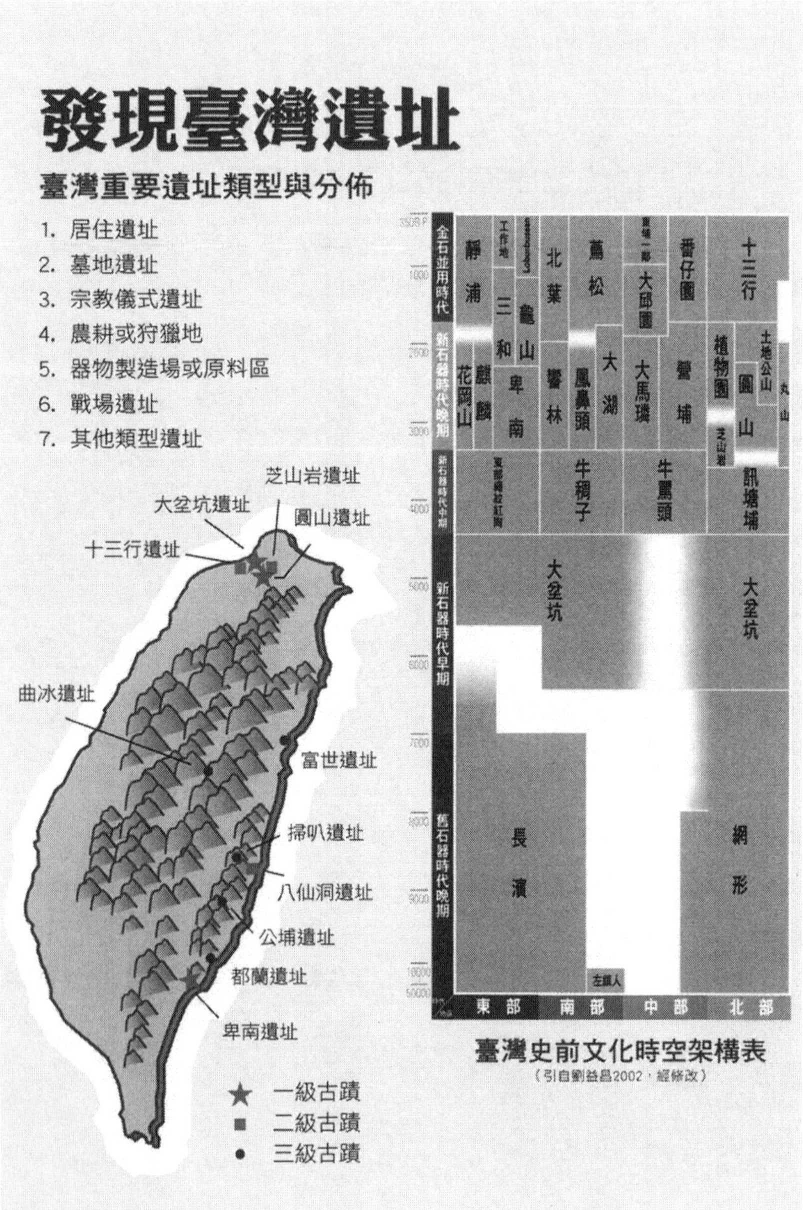
發現臺灣遺址
臺灣重要遺址類型與分佈
1. 居住遺址
2. 墓地遺址
3. 宗教儀式遺址
4. 農耕或狩獵地
5. 器物製造場或原料區
6. 戰場遺址
7. 其他類型遺址
芝山岩遺址
大坌坑遺址
圓山遺址
十三行遺址
曲冰遺址
富世遺址
掃叭遺址
八仙洞遺址
公埔遺址
都蘭遺址
卑南遺址
一級古蹟
二級古蹟
三級古蹟
金石並用時代
新石器時代晚期
新石器時代中期
新石器時代早期
舊石器時代晚期
3500 B.P.
1000
2000
3000
4000
5000
6000
7000
8000
9000
10000
50000
靜浦
工作地
三和
龜山
北葉
蔦松
大邱園
番仔園
十三行
花岡山
麒麟
卑南
響林
鳳鼻頭
大湖
大馬璘
營埔
植物園
圓山
土地公山
丸山
芝山岩
牛稠子
牛罵頭
訊塘埔
大坌坑
大坌坑
長濱
網形
左鎮人
東部
南部
中部
北部
臺灣史前文化時空架構表
（引自劉益昌2002，經修改）

時光遺址．史前臺北

臺北數千年的遺址就像是一部凍結在時空關係中的史書，人類在大自然生態體系中，為了在自然界中求生存，人類的祖先經過長期的演化，從人與自然、人與人、人與超自然三方面間，發展出一套與自然界互動的方式，產生的各種行為的總和，就構成了人類的文化。

從一個考古遺址在時空的長軸上經過數千年的演化，包含了許多文化層，圓山遺址就包含了圓山文化共七個文化層位。不同文化層位代表著不同時期不同的人群，曾經在同一的地方生活過，所留的遺物。從過去的立體空間轉傾頹為地層中的平面堆積，數千年來，曾經的地平線，人類在沒有文字的時代，用最真實、最生動的生命力，在這塊土地裡 所留下的生活片段。

而考古遺址就是從亙古的時空中所遺留下來的人類的「寶」，這數千年消失的地平線，我們解讀與學習這塊土地上的族群、自然生態、超自然間的結構關係。希望透過推廣活動讓民眾參與、認識、了解臺北史前文化，並進而寶貝、保護我們共有的人類遺址瑰寶。

圓山遺址是北臺灣最重要、最具特色的新石器時代圓山文化的代表遺址，於民國77年經內政部評定為「一級古蹟」，並於民國95年由行政院文化建設委員會(今 文化部)重新指定為國定遺址。

圖片出處：書名 [illegible] 出版，民國86年6月

槍頭

先民的足跡
從考古發現史前文化的秘密

一般挖到的只是一些古人的遺物，可是藉著這些東西，可以了解古人的生活方式，例如挖到了石頭做的鋤頭，就可以推測當時住在這裡的人，已經學會耕種了；如果發現槍頭和箭頭，就說明他們會打獵，發現貝殼和動物骨頭，則告訴我們古人吃的是什麼東西。

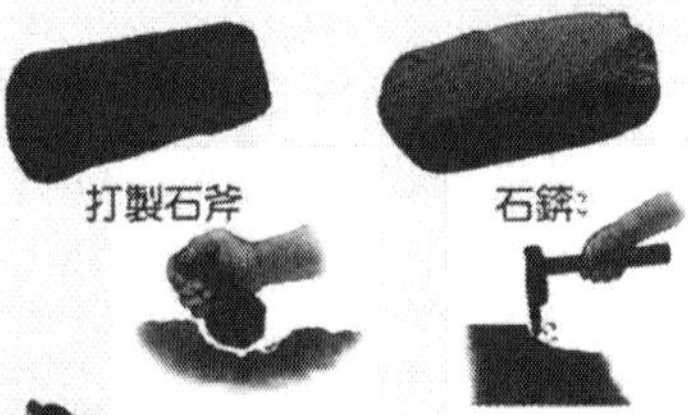

圖片提供／陳有貝先生

圖片提供／劉益昌先生

常見的考古遺物

石器

是以石質材料所製成的器物，由於材料隨手可得，而且有其硬度上的優點，故遠從人類演化以來，石器一直都是伴隨人類最重要的器物之一。

骨角器

是利用動物骨骼所製成的器物，常見的利用部位如角、骨、牙齒等，所製成的器物以小型帶尖器物最為常見，如魚鉤、箭頭、魚叉等。另外如裝飾品有常以骨角器磨製而成，如梳子、簪、環、綴飾等。

貝器

是環海洋地區文化的特色，利用貝殼堅硬的質地以及美麗的外表特徵，貝器以做成工具與裝飾品居多。如以擁有珊瑚礁海岸的墾丁地區遺址常見有貝刮器、貝匙與貝珠飾品等。

遺址與層位

層位是考古發掘中的基本概念之一，由於地質上同地層的形成年代相同，而且隨著時代層層向上堆積，所以在同地層中的各種遺留時代亦相同，且在沒有人為或自然的破壞下，堆積在地層上層的遺留之年代晚於地層下層的遺留。

文化層其意義也是由地層概念延伸而來，意旨含有人為考古遺留的地層。文化層的概念可說相當言簡意賅，不僅能用來指示地層中的人為堆積，而且也成為說明一個遺址基本屬性的最好指標。

植物園遺址為植物園文化的命名遺址

根據植物學家田代安定與伊能嘉矩的書信中推測植物園遺址的發現可能更早於1901年，但在日治時期並無學者對此遺址有重要發掘。直到經歷1999年與2009年，經過中研院史語所劉益昌研究員的發掘研究，已確定該遺址內含豐富多樣的文化層，包含了北部繩紋紅陶文化（訊塘埔文化）、圓山文化、植物園文化、十三行文化、清代文化與日治時代文化等等文化層。遺址的範圍包括植物園、歷史博物館至建國中學及龍口里一帶，目前在植物園附近的「布政使司文物館」有展示植物園遺址的發掘展出，有興趣的民眾不妨前往參觀。

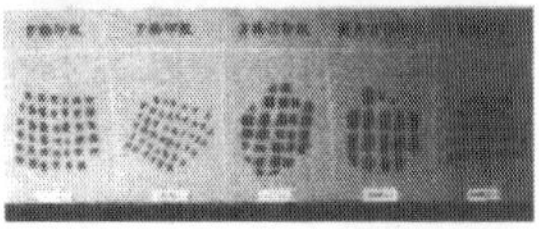

植物園文化　特有印紋

年代	文化史	經濟史	生態史
50000B.P.-10000B.P	舊石器時代晚期	採食（採集+狩獵+捕魚+採貝）	人爲自然的一部分，未改變環境
6500B.P.-4300B.P	新石器時代早期	產食+採食（初期農業根莖類+漁獵，晚期稻米、小米引入）	人配合自然互動，未改變環境
4500B.P.-3400B.P	新石器時代中期	產食+採食（種子+根莖類【稻米、小米】+漁獵）	人配合自然互動，未改變環境
3500B.P.-1800B.P	新石器時代晚期	產食+採食（種子+根莖類【稻米、小米】+漁獵）	尋找新的適應方式，往中海拔山區發展，略改變自然
1800B.P.-350B.P	金屬器與金石並用時代	產食+採食（種子+根莖類【稻米、小米】+漁獵）	尋找新的適應方式，往中海拔山區發展，略改變自然

臺灣史前時代各階段人類生活形態簡表

植物園文化的陶罐、磨製石鋤和石錛

臺北三大考古遺址

圓山遺址是以圓山文化的命名遺址

1897年，由日本學者伊能嘉矩和宮村榮一發現發現含有石器、骨器和陶器的貝塚和文化層，確定了圓山貝塚和遺址的存在。圓山遺址是國內最重要的貝塚遺址，出土豐富精緻的考古遺物，並發現巨大砥石，因遺物多樣的內容，帶動了早期臺灣考古學研究的蓬勃發展。

圓山遺址包含七個文化層位

遺址的範圍約於臺北市育樂中心所包含的整個山頭及附近的平地。本遺址已確定存有先陶文化、大坌坑文化、北部繩紋紅陶文化（又稱為訊塘埔文化）、芝山岩文化（零星）、圓山文化、植物園文化及十三行文化晚期等史前文化層。本遺址是非常重要的北部史前文化遺址，除了出土大量重要的遺物、遺構以外，也出土許多外來物品如玉器、青銅器等等，是近期學者研究臺灣北部與其他區域，甚至是與大陸之間互動往來的重要依據。

清代文化層	
十三行文化	約1800～400年前後 金屬器時代
植物園文化	約2300～1800年前後 新石器時代末期
圓山文化	約3300～2300年前 新石器時代晚期
訊塘埔文化	約4500～3000年前後 新石器時代中期
大坌坑文化	約6000～4500年前後 新石器時代早期
先陶文化	約為6000年前 古臺北湖時期

圓山文化 雙口圈足罐

(復原圖) 圖片來源／芝山岩文化特展

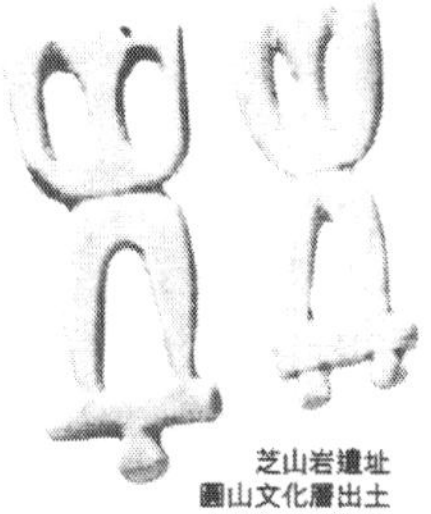

芝山岩遺址
圓山文化層出土
人獸形玉玦耳飾

芝山岩遺址為芝山岩文化的命名遺址

該遺址早在1896年粟野傳之丞就已發現，是臺灣第一個被正式發現且發表的史前遺址。遺址在士林雨農國小附近的突起小丘－芝山岩，及其四周整個雨聲街和至誠路一段所涵蓋之範圍。該遺址存在有舊石器時代晚期文化、大坌坑文化、北部繩紋紅陶文化（訊塘埔文化）、芝山岩文化、圓山文化、植物園文化及清代漢人文化等等文化層。由於該遺址具有相當重要且豐富的史前文化內涵，目前在遺址現場有考古探坑教室可供教育展示該遺址的豐富地層內容，相當值得有興趣的民眾參觀。

考古探坑教室實景外觀

民國三十年 士林芝山巖全景／臺北市文獻委員會 藏

芝山岩文化漁獵生活復原圖

游覽臺北三大遺址

圓山遺址展示室

地點：臺北市立兒童育樂中心(需門票)
(昨日世界園區內，由圓山大門3號門售票入口)
開放時間：上午9:00-下午5:00
公休時間：每週一(如遇假日則正常開放)、除夕
連絡電話：(02)2593-2211
展示室現況：常設展「圓山遺址」
備註：接受團體預約導覽，請洽(02)2593-2211轉311

芝山文化生態綠園 — 芝山展示館

地點：臺北市士林區雨聲街120號
開放時間：上午9:00-下午5:00　公休時間：每週一、春節假期
連絡電話：(02)8866-625
展示館現況：常態展覽「芝山岩遺址」

考古探坑教室
開放時間：非假日 - 接受團體事先預約，導覽費用NT500元
週六、週日及國定假日：＜開放免費導覽解說＞
11:00AM~12:00AM／15:30PM~16:30PM

臺北植物園內遺址展示室 — 布政使司文物館

地點：臺北市南海路53號（免費參觀）
(臺北植物園內，由和平西路旋轉門入口)
開放時間：上午9:00-下午4:30
公休時間：每週一、春節假期
連絡電話：(02)2303-9978
展示館現況：
常態展示「植物園遺址考古探勘」
團體導覽解說，電洽(02)2303-9978分機 1420
需解說服務線上預約http://www.tfri.gov.tw

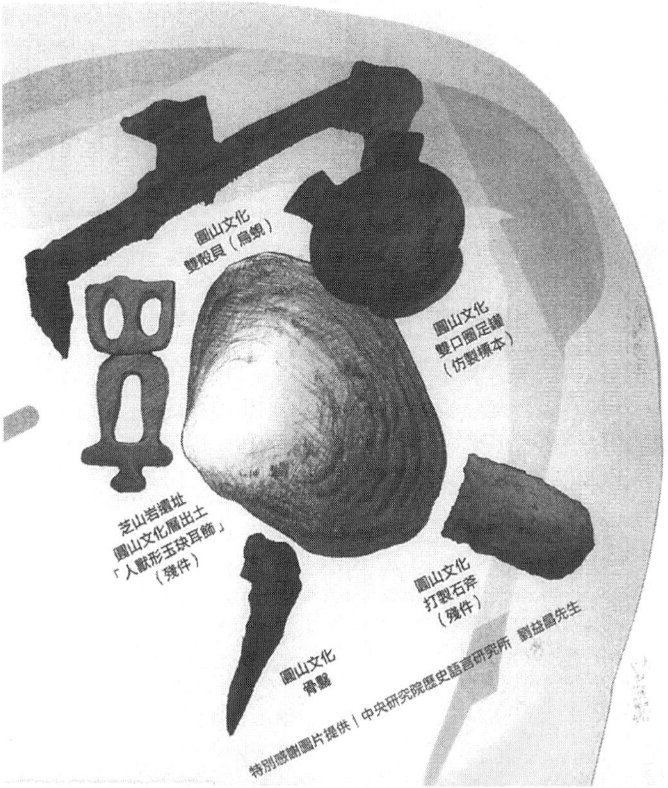

圓山文化人生活復原圖
干闌式的房子、社區中製造石器的大砥石、種植穀類、喜歡吃貝類、鹿肉。

圓山貝塚出土的烏蜆

生動的展示

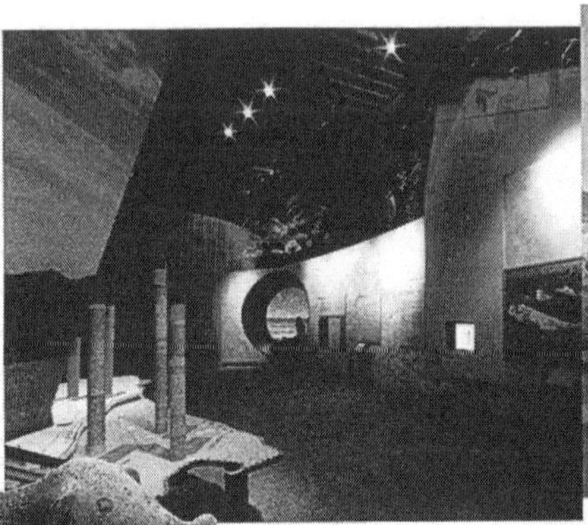

2

重返十三行常設展

展出十三行遺址的文化內涵及重要出土文物。展示從發現十三行遺址的空軍少校所搭乘的飛機說起，加上一連串的搶救十三行遺址報導，生動的帶領觀眾進入十三行人的世界，參觀當年十三行人生存的時空環境及精采的出土文物。

3

十三行人生活於距今1800年前到500年前，係史前時代鐵器文化的代表文化，也是目前發現台灣擁有煉鐵技術的史前居民，其文化內涵十分豐富，推測可能是凱達格蘭族的祖先。

1

豐富多元的特展

本館的特展區域有第一特展廳、第二特展走廊與第三特展室等。本館將以豐富多樣的展覽活動帶領大家認識考古奧秘、世界各地的族群文化，以及在地淡水河海豐富的自然與人文景觀。

1.雕花陶罐 2.小豬陶偶 3.人面陶罐
4.青銅錢幣 5.青銅刀柄

4

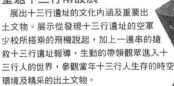

"Back to Shihsanhang" Permanent Exhibition

This is our significant exhibition area which displays the cultural meaning of the Shihsanhang Site. The Story starts with the air craft flown by the air force major who discovered the Shihsanhang Site. This and a series of reports on the rescue excavation work conducted at the site, vividly introduce visitors to the world of people of Shihsanhang as they view the context and many of the exquisite artifacts unearthed.

The residents of Shihsanhang had lived in the prehistoric Iron Age, between 1800-500 years ago. This in turn makes Shihsanhang people the only confirmed example of prehistoric people possessing iron-smelting technology in Taiwan to date. Their rich cultural meaning suggests a close relationship between the people of Shihsanhang and the Katagalan tribe of plains aborigines.

Special Exhibitions

The Museum's special exhibition space consists of the First Special Exhibition Hall, the Second Special Exhibition Hallway and the Third Exhibition Room. Through a combination of exhibitions and activities, we aim to introduce visitors the mystery of archaeology, the culture of ethnic groups from all over the world and the rich nature and manmade scenery around the Tamshui River area.

5

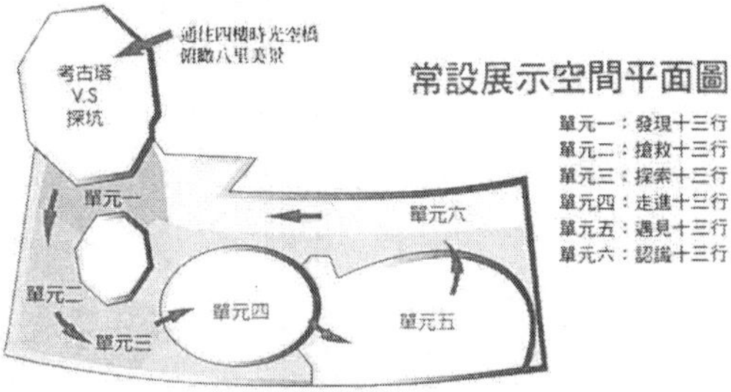

創意的活動

▶▶

有趣互動的學習體驗室

學習體驗室是特地為學生、兒童設計的空間，內部有各式各樣的互動式教具，讓參觀者藉由動手操作的過程，瞭解「什麼是考古學」、「台灣的史前史」等。此外，還規劃有圖書區、多媒體視聽區、小特展區，內容十分豐富。

各類教育活動

本館安排了一系列的課程，針對不同的年齡層、不同的族群，設計適合其需要的課程內容，如植物染等，創造多元的學習環境，讓來館觀眾得以習得更多的知識，拉近博物館與觀眾的距離。

The Discovery Center

The Discovery Center was designed specifically for children and students with a wide range of interactive educational tools. By using these visitors can learn more about "Archaeology" and "Prehistoric History in Taiwan". In addition, this area also offers books, multimedia and special exhibits, providing a wide range of choices.

Educational Activities

The Shihsanhang Museum of Archaeology has arranged a series of classes based on the interests of various age groups and people from different backgrounds. This diverse teaching environment has been developed to provide interested members of the public with the chance to learn more. It also serves to facilitate greater interaction between the Museum and the public.

奇特的建築

關於十三行博物館

十三行博物館的成立，起因於民國79年十三行遺址的搶救發掘事件。當時政府計劃興建污水處理廠，廠址即位於遺址所在地上，考古學者大力呼籲搶救遺址，獲得社會大眾熱烈的迴響，因而促成保留遺址部分面積，指定為台閩地區第二級古蹟，並在民國81年奉行政院核定，由台北縣政府負責籌設十三行博物館，以保存展示十三行遺址出土文物。民國92年十三行博物館開館，成為八里左岸生態博物館的核心。

About the Shihsanhang Museum of Archaeology

The establishment of the Shihsanhang Museum of Archaeology can be traced back to "rescue excavation work" undertaken at the Shihsanhang Site in 1990. At that time the Taiwan Provincial Government's Department of Housing and Development planned to build a sewage treatment plant in the area. As a result, a group of noted archaeologists launched a campaign to save the Shihsanhang Site, which quickly received wide public support. This successfully resulted in the area being designated a Historical Site - Second class and part of the original site was ordered preserved. In 1992 the Executive Yuan ordered Taipei County government to establish a Shihsanhang Site Exhibition Hall to display objects unearthed in the area. After the Museum's official opening in 2003, the Museum has become the center of the ecomuseum on the Bali Left Bank.

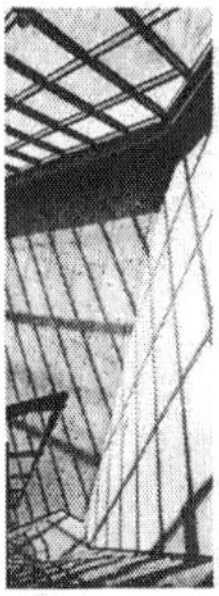

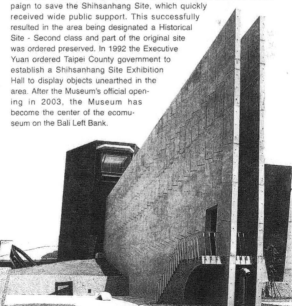

走入社區 關懷地方
「水岸・社區・博物館」
社區總體營造計劃
十三行博物館不僅是遺址博物館，同時更是淡水河左岸的生態博物館，以「水岸・社區・博物館」社區總體營造計劃，整體規劃八里左岸，包括生態、人文、自然、史蹟及博物館等資源，與社區民眾共創八里左岸為淡水河海口魅力新故鄉。
"Shore-Community-Museum": An integrated Community Development Project
The Shihsanhang Museum of Archaeology is not only an archaeological museum but also the ecomuseum on the left bank of Tamshui River. The integrated community development project "Shore - Community - Museum" aims to bring together and make optimal use of the natural, cultural, historic and leisure resources in the Bali area.

十三行文化人的屈肢葬
埋葬時不忘送一些貝類做為死者帶往陰間一路上的食物，象徵著十三行文化人的往生觀念，同時出土的十三行文化人以曲肢埋葬，顯示著頭朝向來自海洋的方向。

十三行文化人生活復原圖

十三行文化的煉鐵爐

大坌坑陶器碎片

大坌坑文化陶器復原圖

十三行出土遺物中
竟有元代花瓶

十三行遺址

「芝山文化生態綠園」原是軍事情報局彈藥庫，釋出後經臺北市政府自2012 年起陸續整修園內建物，並規劃為教育展示、休閒遊憩空間，現委由臺北市野鳥學會芝山岩管理處經營。

作為我國第一座文化生態公園，園區內各項設施皆突顯本地豐沛的文化、生態資源：園區所在為全國唯一一處擁有七個文化層的地方、臺北地區唯一現存「芝山岩文化層」遺跡之所在。走訪園區就像開啟一座秘密的寶庫， 您可以在水生池、生態暖房、臺灣野花園、林間植物區、楓香走廊、得得之家 — 芝山岩野鳥護育中心與大自然做近距離的接觸；也可以到展示館、考古探坑教室，體會老祖先的生活點滴及臺北城市的歷史印記。

第三章　古台北人：誰是最早的台北原住民

前章講到台南「左鎮人」生活在三萬年前，約同我國「山頂洞人」的年代，那也表示三萬年前台北也可能有住民。（經二〇一五年最新科技測定，左鎮人只有三千年，詳見附件四），當時台灣和大陸尚有陸地接連，大陸的「古中國人」可以任意到達台灣各處，這是合理的推論，只是科學上要拿出證據，目前證據尚未「出土」！

有證據的圓山、芝山岩、植物園等文化遺存，吾人僅知是人類的活動證據，科學上並未能認定其族群的血緣關係。我大膽推論，應該是平埔族祖先。在台灣談到「原住民」，都說是泰雅等九族（目前擴張到十四族，仍在增加中），其實這是政治操弄造成的錯誤，「九族」或十四族）的起源最多上推一千五百年；而平埔族可以上推到五千年前。這些都是人類學長期研究的結論，由不得任何人亂說！因此，台灣或台北要推原住民，平埔族當之才正確。

台灣平埔族的分布如後圖，學術上分八個族，但翻譯用語並未統一，例如「噶瑪蘭族」，有的書用「卡瓦蘭族」。今僅針對台北盆地的凱達格蘭族，含周邊地區共有三十九個社。

1. 淡水社（上淡水社，淡水鎮水源里社厝坑）。
2. 毛少翁社（麻少翁社，台北市士林區永平、倫等、三玉等里）。
3. 里族社（台北市松山區舊宗、新聚等里）。
4. 內北投社（北投社、內北頭社，台北市北投區公仙、長安、中正、中央、溫泉、光明、中心等里）。
5. 外北投社（外北投社，淡水北投里）。
6. 奇里岸社（唭里岸社，北投區風度、立農等里）。
7. 巴琅泵社（大浪泵社、圭泵社，大同區鄰江、福境、文昌、老師、大同、新塘、保安、保生等里）。
8. 奇武卒社（圭母卒社、奎府聚社，大同區）。
9. 麻里折口社（錫口社、麻里即吼社、毛里即吼社、貓裏即吼社、麻里錫口社，松山區頂松、有福、豐祿、上壽、富全等里）。

昔時之臺灣土著（錄自日人發行最早之「臺灣寫真帖」明治 14 年即光緒 43 年。三百年前之臺灣土著生活諒必也如此。）

10. 蜂仔峙社（房仔嶼社、蜂仔嶼社，汐止江北里番社庄）。
11. 金包裏社（金包里社、金包裡社，金山磺港村）。
12. 武勝灣社（武溜灣社、勝非灣社，新莊海山、全安、文衡、興漢、榮和、文德、文明等里）。
13. 雷裏社（雷里社、雷裡社，台北市雙園區全德、壽德、興德、美德等里）。
14. 繡朗社（雷朗社、秀朗社、挖仔社，永和、中和兩區）。
15. 里末社（台北市龍山區）。
16. 擺折社（擺接社，板橋社後、中正等里）。
17. 瓦烈社（三峽溪北里挖子）。
18. 八里分社（八里坌社，八里埤頭、頂罟、舊城、訊塘、荖阡等村→台北市北投區）。
19. 坌社（小八里分社，淡水竹圍、八勢等里）。
20. 瑪陵坑社（基隆七堵瑪東、瑪南、瑪西等里）。
21. 三貂社（山朝社，貢寮龍門村）。
22. 雞柔社（雞洲山社、雞柔山社，淡水義山、忠山等里）。
23. 大雞籠社（大雞社、雞籠社，基隆中正區社寮、和寮、平寮等里）。

24. 小雞籠社（三芝八賢、埔頭、古庄等村）。
25. 大洞山社（圭北屯社、大屯社，淡水鎮屯山里）。
26. 八芝蓮社。
27. 大加臘社。
28. 搭搭攸社（答答攸社、塔塔悠社，台北市松山區永泰里）。
29. 南港社（台北縣蘆洲正義村，或曰台北市南港區東新里番子埔）。
30. 茬鼜社。
31. 木喜巴壠社。
32. 八百盆社。
33. 沙蔴廚社（紗帽廚社，台北市龍山區）。
34. 了阿八里社（龍匣口社，台北市古亭區花圃、愛國等里）。
35. 嗄嘮別社（台北市北投區一德、桃源、稻香等里）。
36. 南崁社（桃園縣蘆竹鄉山鼻村）。
37. 龜崙社（桃園縣龜山鄉楓樹、新洛、龜山等村）。
38. 坑仔社（蘆竹鄉坑子村）。

39. 霄裡社（桃園縣八德鄉竹園、霄裡等村）。

以上是最早的古台北人，自古以來居住在大台北地區的平埔族中之凱達格蘭族的三十九社。在漢人尚未入墾台北地區前（約明末清初前），這三十九社的原住民總共約四千人不到，可謂在原始古台北地區過著「幸福美滿」的日，直到「荷西人」來了！

凱達格蘭文化館是臺北市政府充分展現臺灣原住民族文化、藝術、技藝的專屬空間；也是都市原住民共同分享的一個據點，是一個具備傳統與當代藝術的展示場所，更是一個凝聚都市原住民族群情感和團結共榮的重要窗口，除了可增厚臺北市民對原住民文化藝術的欣賞與認知，促進原漢二族相互的包容與尊重，也使臺北市向多元文化藝術之都推進一階。

本館目前由臺北市政府原住民族事務委員會經營，1 樓為本館大廳，2、3 樓為原住民文化常設展示區，透過多媒體及實物陳列，介紹臺灣原住民 14 族及平埔族的重點特色及文物。其他樓層分別提供會議、表演、圖書查詢、舉辦工藝、族語教學等課程或相關研討活動。

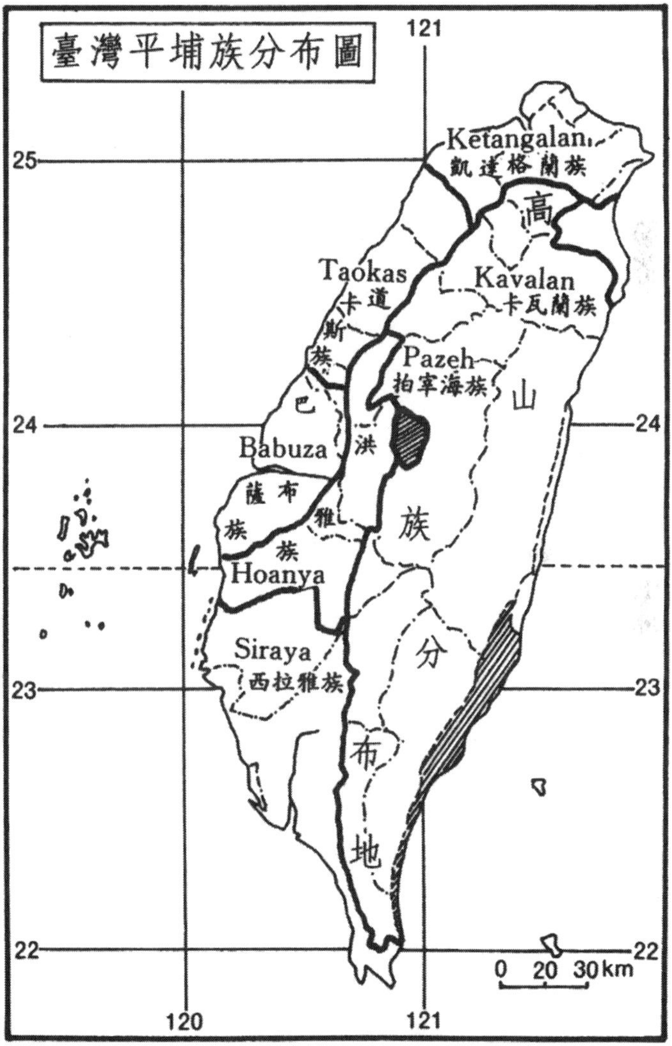

分布在台北地區的平埔族就是凱達格蘭族人

平埔族婦女生產後，有立即浴兒於溪的風俗（採自《臺灣內山番地風俗圖》，故宮博物館藏）

布床是平埔族人育兒的必需品（乾隆年間所繪《番社采風圖》，中央圖書館臺灣分館藏）

平埔族結婚謂之牽手（採自《臺灣內山番地風俗圖》，故宮博物館藏）

平埔族人娶親盛況（乾隆年間所繪《番社采風圖》，中央圖書館臺灣分館藏）

具有拍宰海族原始文化與漢文化混合風格的錢帶、刺繡、肚兜，採自豐原岸裡社
（原載《臺灣民俗文物圖錄》）

乾隆年間所繪《番社采風圖》中的織布圖。
（中央圖書館臺灣分館藏）

▶平埔族是臺灣原住民族中最懂得織布的，其精緻近乎「織錦」程度。

平埔族人耕稼等事都由女人承擔，男人則負責送飯到田中。（採自《臺灣內山番地風俗圖，故宮博物院藏）

平埔族人在收成後常全社不分男女，席地而坐歡聚宴飲。《採自《臺灣內山番地風俗圖》，故宮博物院藏）

平埔族人善於捕捉野生並將其馴服成爲家牛。（採自《臺灣內山番地風俗圖》，故宮博物院藏）

篠橋、獨木舟（艋舺）均是平埔族人的交通工具。（採自《番社采風圖》，中央圖書館臺灣分館藏）

平埔族人善於捕捉野牛並將其馴服成爲家牛。（採自《臺灣內山番地風俗圖》，故宮博物院藏）

篠橋是平埔族人的交通工具之一，驚險萬分（乾隆年間所繪《番社采風圖》，中央圖書館臺灣分館藏）

乾隆年間所繪《番社采風圖》中的舂米圖。（中央圖書館臺灣分館藏）

乾隆年間所繪《番社采風圖》中的種芋圖。（中央圖書館臺灣分館藏）

乾隆年間所繪《番社采風圖》中的耕種圖。
（中央圖書館臺灣分館藏）

乾隆年間所繪《番社采風圖》中的割稻圖。
（中央圖書館臺灣分館藏）

平埔族人建望樓，由年輕男子負責守衛，以保衛家園。（採自〈番社采風圖〉，中央圖書館臺灣分館藏

平埔族人稱「穀倉」爲「禾間」。（採自《臺灣內山番地風俗圖》，故宮博物院藏）

平埔族人的門走，具宗教意義，且為勇武的表徵之一，有謂係成年禮之一（採自《臺灣內山番地風俗圖」，故宮博

第二編　荷西與明鄭時代台北的「演化」

第四章　從古地圖發現台灣　找尋台北

儘管台北這個「地方」已存在幾百萬年，台灣這地方更有幾千萬年了，但從地圖上要找到台北或台灣的存在，其實才是不久以前的事。找尋台北當然要從「發現」台灣開始，若台灣不被發現，台北當然是找不到的。

這一章從一些古地圖來發現台灣。我國自三國時代以降，對台灣稱謂有夷洲、流求國等，其實在迷霞中看不到真實的走了一千多年（見附件一）

比較接近實況，大約到了十五世紀中葉（我國明天順年間），所繪出的地圖台灣仍叫「琉球」，但很奇怪的，大明皇室繪出的地圖，似乎比西洋製圖先進而正確。如明天順五年（一四六一年）的「大明一統之圖」、嘉靖八年（一五二九年）的「大明一統輿圖」，台灣（琉球）的外形和現在較接近。但到一五六八年後西洋人繪製的台灣竟成了三個小方塊（分開的），直到一六二五年的一張東亞海圖，首次把台灣繪成一個單獨的島，其外形與現在很接近，唯台北地區失準很多。

大明一統之圖 天順5年（1461）

■「大明一統之圖」的改繪圖。

■「大明一統之圖」中的海浪形狀與上一頁的「輿地圖墨線圖」中的類似，頗具動感與立體感。原刻本現藏於北京大學圖書館。

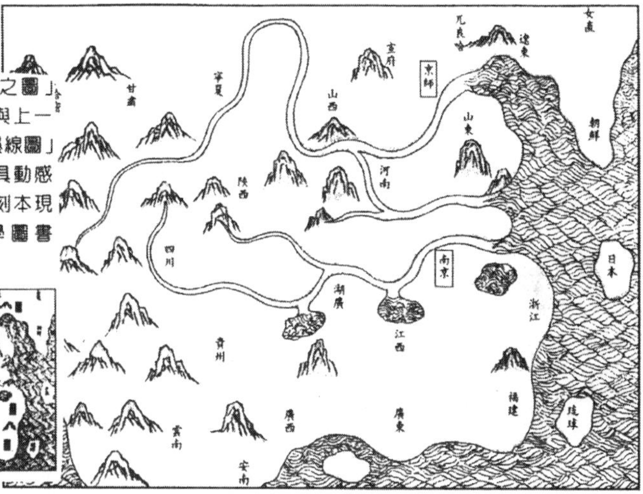

嘉靖「大明一統輿圖」 嘉靖8年（1529）

■內閣大學士桂萼所繪的《皇明輿圖》是在《大明一統志》的地圖基礎上增補地名及相關註記，並加以上色後，呈給嘉靖皇帝而得到讚許。從著作權的觀點來看，桂萼涉嫌抄襲或剽竊並以此不當獲利，值得檢討。不過他在各圖之後均附有「敘」與「紀」，評述各地山川形勢、物產民情與各州縣衛所的戶口、錢糧、軍馬等數字，此一體例影響了後來的地圖集與方志撰繪者。

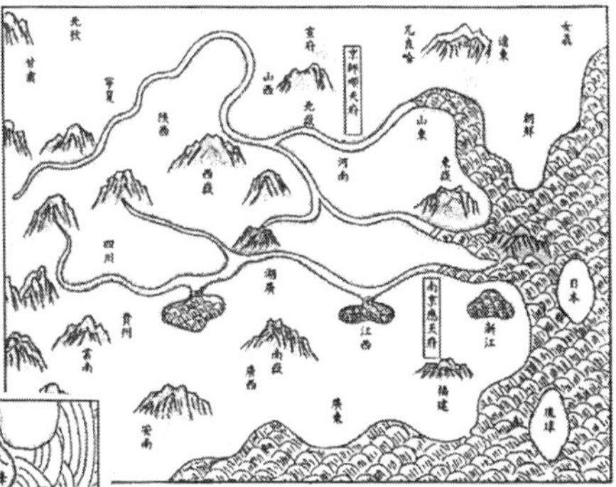

■「大明一統輿圖」的改繪圖。

■明朝萬曆21年（1593）的「乾坤萬國全圖」。

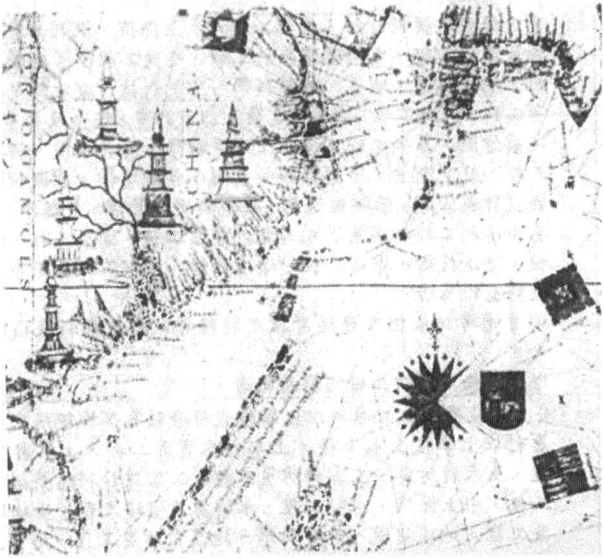

一五六八年 Fernao Vaz Dourado 所繪的東亞地圖，在北回歸線上有三個島，即指台灣。
三個小方塊指的是台灣的北中南，而中間是海峽隔著。

一五七三年仍為 Fernao Vaz Dourado 所繪東亞地圖

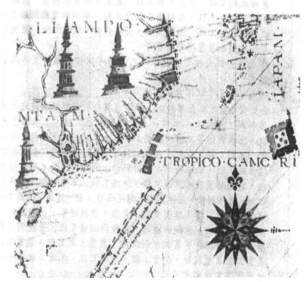

1570 年出版的「中國新圖」

這一張「中國新圖 China-Chinae olim Sinarum Regionis」曾收錄於荷蘭製圖師 Abraham Ortelius 1570 年所出版「寰宇概觀」-Theatrum Orbis Terrarum 地圖集中，地圖左下角繪圖者 Ludovico Georgio 就是葡萄牙耶穌會士製圖師 Luis Jorge de Barbuda。

這張地圖有趣的地方在於不以北方而是以西方為上位，本圖一般，被認為是歐洲最早印刷出版有關中國的地圖，可看見長城及塞外的蒙古包，甚至洞庭湖已被西洋人所知，而台灣也標示於福建沿海。

台灣被標示成 Lequeio parva（小琉球）和 Ins. Fermosa（福爾摩沙島）兩個島，兩島之間還距離滿遠。

1593 年的「亞洲新圖」

接下來這一張則是 1593 年的中國地圖，只不過台灣被紅色粗線的北回歸線擋住了。

這幅「亞洲新圖 Asia nova descriptio」出自於 Abraham Ortelius 1580 年再版的地圖集中。Ortelius 於 1570 年初集結出版「寰宇概觀」-Theatrum Orbis Terrarum，被人們稱為「現代地理學之父」，因此「寰宇概觀」理所當然立刻成為地圖集圭臬，在 1612 年以前，「寰宇概觀」不斷地再版印刷，並譯成歐洲多國文字。

這幅地圖顯示蒙古人成吉思汗於十三世紀所建立的帝國版圖，而中世紀幾位歐洲人穿越裡海以東，留下許多地理資訊，因此中國許多地方的位置相當正確。

台灣仍然混在鹿兒島南面的一串島嶼的琉球群島中。

圖一

圖二

1609 年的「中國地圖」

圖一是「1609 年中國地圖」，由比利時 Jodocus Hondius（洪第烏斯）製圖，主要還是根據葡萄牙的資料繪製而成的；韓國被繪成一個島國、日本則參照 Ortelius 1595 年所繪的。

圖二是圖一台灣位置的放大圖，台灣仍是以群島的型態出現，在 Lequeo grande（大琉球－沖繩島）、Dosreis Magos（宮古島）之間的一連串島嶼有 I. Formosa（福爾摩沙島），之後的一連串島嶼，才有 Lequeo minor（小琉球）。

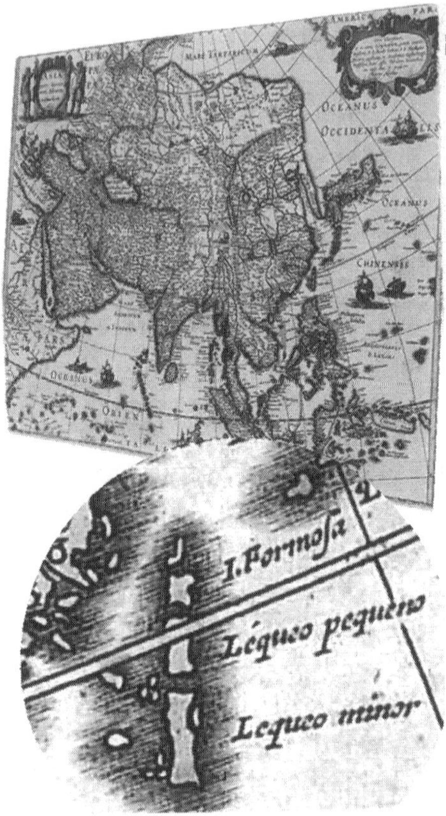

1631 年的「全亞洲詳圖」

距離 1625 年呈現了世界第一張台灣島圖（請參考『491.台灣古地圖－1625 年』）已經 6 年的 1631 年「最新繪製全亞洲詳圖 Asia recens summa cura delineata」，是由 Henricus Hondius（1587～1638）與 Jan Jansson（1588～1664）修訂出版，此圖主要是依據 Henricus Hondius 的弟弟 Jodocus Hondius（1594～1629）在 1623 年所製的圖繪刻而成的。

台灣仍然以三個島來呈現：福爾摩沙（I.Formosa）、小琉球（Lequeo pequeno）、小琉球（Lequeo minor），島名有兩個小琉球，可能是製圖者參考葡萄牙人資料，而將同名異語的小琉球當成兩個地名。

「東印度群島圖 Indiae orientalis insularumque adiacentium typus」和『451. 台灣古地圖－1570 年』的「中國新圖 China－Chinae olim Sinarum Regionis」，均收錄於荷蘭製圖師 Abraham Ortelius 1570 年所出版「寰宇概觀」-Theatrum Orbis Terrarum 地圖集中。這張東亞圖顯現出歐洲在十六世紀中葉對東亞知識的增進，而這些知識主要源於 15～16 世紀葡萄牙人的航海探勘。

本圖與 Ortelius 另一張圖「亞洲新圖誌 Asiae nova descriptio」，同被認為是西方出版地圖中，最早以「Formosa」名稱標示出台灣，台灣在外界的眼光中，仍屬於琉球弧群島：Lequio maior（大琉球－沖繩島）、ya. Fermosa（福爾摩沙諸島）、Reix magos（宮古島群島）、Lequio minor（小琉球），台灣與琉球混淆，到十六世紀末、十七世紀初才慢慢釐清。

還有一個有趣的地方，台灣在北迴歸線的上方，這一點反而倒是『441. 台灣古地圖－1568 & 1573 年』比較準確。

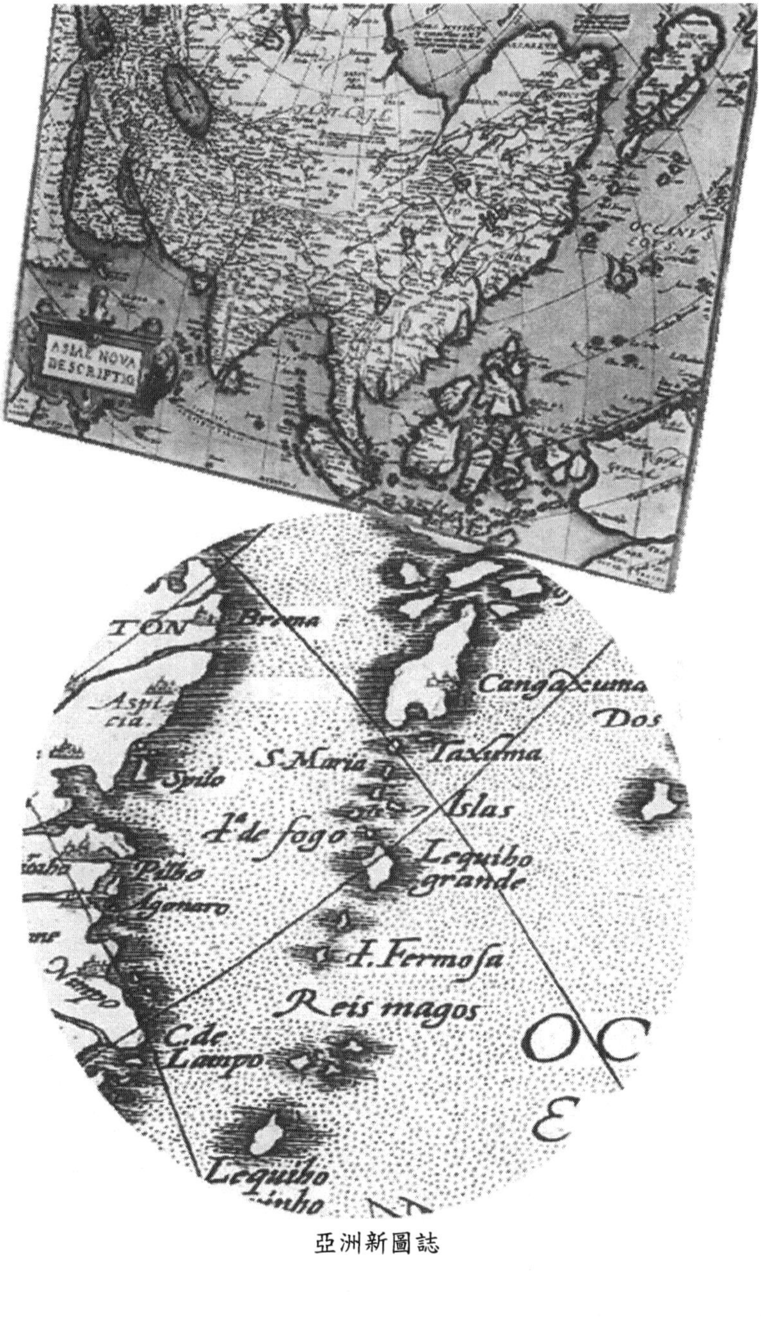
ASIAE NOVA DESCRIPTIO
TON
Brema
Cangaxuma
Dos
Aspi cia.
S.Maria
Taxuma
Spilo
Aslas
Iª de fogo
Lequiho grande
Pilho
I. Fermosa
Reis magos
C.de Lampo
OC
Lequiho

亞洲新圖誌

「東印度群島圖」及局部放大圖

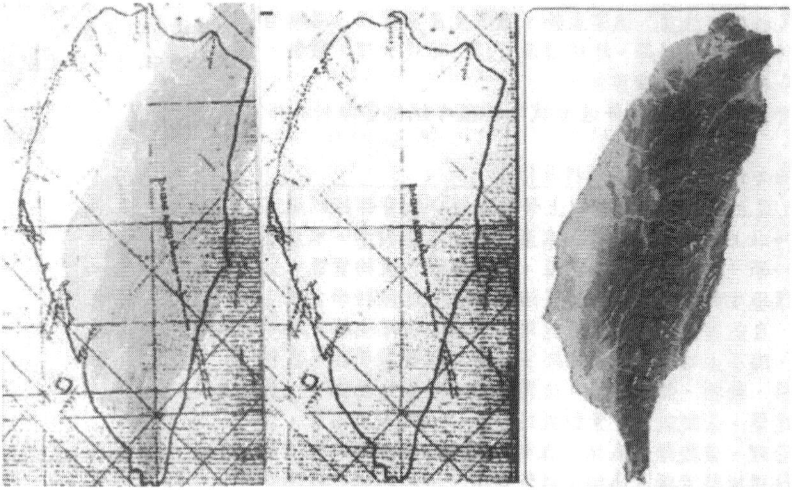

底部為基準重疊圖　　1625 年　　2007 年

在上一篇的台灣古地圖：『483. 台灣古地圖－1609 年』，預告了這篇的台灣將有重大的歷史性改變，這張海圖是目前所知，全世界第一次將台灣繪成單獨一個島，有別於以前的三個島或群（弧）島的狀態呈現。

1625 年，偉斯在 Batavia（巴達維亞，今印尼首都雅加達－【巴達維亞維基百科資料】）不斷地要求下，命令高級舵手諾德洛斯率領二艘戎克船（中國帆船-【中國帆船維基百科資料】）Sinckan 號和 Packkan 號，探測北方的福爾摩沙島。

這次探測花費了 20 天，完成了全世界第一張的「台灣島」地圖，距今約 400 年。

第五章　荷西搶據下的台北平埔族與反抗運動

明天啟四年七月十三日（一六二四年八月二十六日），荷蘭人由台窩灣（Taian 或 Tayovan，台南地區平埔族西拉雅族的部落名稱）登陸，占據台灣南部。明永曆十五年四月初六日（一六六一年五月四日），鄭成功攻陷赤崁城（荷人稱普羅民遮城）；十二月十三日（一六六二年二月一日），荷人正式投降，據台凡三十八年。

西班牙人則自明天啟六年四月十七日（一六二六年五月十一日）登陸台北三貂角，翌日進入雞籠港，占據雞籠嶼（今社寮島，即和平島）；至明崇禎十五年八月初二日（一六四二年八月二十六日），投降荷人，占據台北地區凡十六年。以下僅針對荷西據台期間，其在台北地區概況略說之。

壹、荷人搶據下的台北凱達格蘭族

部落社會原是一種無政府狀態，荷人據台為彰顯其統治主權，即以武力為後盾，強制各部落必須簽訂「協約」（實即降書），其大意謂：

一、荷人代表「荷蘭聯合東部印度公司」統治平埔各族，依法取得全部土地所有權。

二、對平埔各族採間接統治，社中大事由荷人選出之長老和首領，共同協議決定，但須服從「荷人評議會」。

三、各部落壯丁必須幫荷人作戰。

四、部落各社必須繳交實物以抵稅款，並服勞役。

如此這般，當然全台各地都有抗荷事件，台北地區的有二個凱達格蘭族抗荷之役，致使荷人不能行使其有效統治，保住這些「古台北人」很多利益。

第一是「淡水、噶瑪蘭之役」：荷人於一六四二年驅逐西班牙人後，駐兵淡水、雞籠，附近之凱族各部落不服，起而反抗。一六四四年，荷人由淡水以武力出征，因嚮導有誤，損失荷兵二十一人，兵敗而還。但仍獲得雞籠附近基馬武里社及淡水附近十社歸降。是年八月，荷兵三百人征噶瑪蘭，有四十四社相繼投降；十月回師征三貂社，淡水至八仙溪一帶有九社歸降。

第二是「**Tackamaha** 社之役」：此役為荷人為打通台灣南北通路所致，一六四五年，荷兵二百餘人進討 **Tackamaha** 社（地不詳），使安平通淡水、雞籠道路暢通，該社敗降，使附近十餘社受到嚴重破壞，族人傷亡慘重。

荷人據台的兩大「戰略目標」是傳教和經濟，此二者乃西方帝國主義之先鋒，時至今日廿一世紀了，美國式的「隱形帝國主義」先鋒，還是宗教和經濟。四百年前的荷人亦然，先用醫療為人治病、經濟幫助、教育文化，改變平埔族信仰基督教，有了相同信仰才有助於納入統治，產生更大的經濟利益。這是大帝國的「頂層策略」，中下層的人根本無知無覺。

按歷史所記，荷人實際可以控制僅在台南地區的五大社。台北地區則始終未能納入荷人真正統治，台北的凱族各社仍可當家作主。淡水、雞籠遲至一六四八年始派傳教士，但教績不著。

貳、西人搶據下的台北凱達格蘭族

西班牙人占據台北地區期間，也將凱族各社納入統治，再以天主教教化之，形式上類似荷人。實質上差距甚大，西人只想用天主教化凱族人，使其馴服，方便統治（掠奪經濟而已），並無積極作為，故凱族各社仍有很大自主空間，西人也並未有效統治。

但詭異的是，台北凱族各社多未反抗即歸附。雞籠附近的基馬里（瑪陵坑）、大巴里（金包里）、班豆（外北投）、巴里窟（鼻仔頭）等社，在西人據雞籠後，就表歸順西人。

一六三二年三月，西人溯淡水河，入台北平原，稱該河「基馬遜河」，再沿基隆河開闢雞籠到台北之陸路，沿路的基巴豆（內北投）、里招古（里族）、卡馬古（大浪泵）、毛白（在大稻埕）等社相繼歸順。

又沿新店溪開拓，沿途的布羅灣（武勝灣）、三貂角之卡起那灣（三貂社）等社亦順服。

唯一以武力征服是蛤仔難諸番社，一六三二年，西人第一次派兵征討未果，一六三四年再派西兵二百人及土番（凱族）四百名往征，蛤仔難諸社才降。但凱族各社之歸順西人，似乎只是表面，他們常殺害西兵、神父，使歸順如虛文。

一六二八年，淡水有土番殺西兵八人，經西人以雞籠守軍百名往討，始平；一六三三年西人華愛士神父被淡水西那社人射殺；一六三五年，西那社又襲擊西人運糧船，殺害神父多人；一六三六年，淡水諸社聯合破壞砲台，燒淡水河沿岸教堂四所，死西人三十多人。到一六三八年，西人終於撤退淡水駐軍，並燬其城，退守雞籠一地。

台北的凱族各社，懂得表面歸順，然後伺機反擊，迴異於台南的五大社平埔族「真正歸順」。

總的來說，西人未能有效統治北台各族，其傳教成效亦不大。荷人驅西人後，對台北各族經營並不積極。故北台凱族、噶瑪蘭族等，尚能有不少自主空間，但大約再過百年後，漢人大量移民入墾台北盆地，凱族的好日子就完全改觀了！

昔時帆船（Junk）群集的淡水河

淡水西人聖多岷古城（San Domingo 1629）

第六章　明鄭時期北台之開發

不論稱台北或北台，在荷西（含）時代之前，其實談不上「開發」、「發展」或「經略」，比較像是一種「演化」。

鄭氏父子孫三世，其收復台灣，反清復明，使明正朔不斷達二十三年之久，雖終歸失敗，但其忠烈的民族精神，是我們今日仍崇仰「民族英雄鄭成功」的原因。鄭氏治台時間雖短，已是一種有計畫的政經經略之開發。

壹、推行明朝政經綱領

明鄭時代東寧行政區域

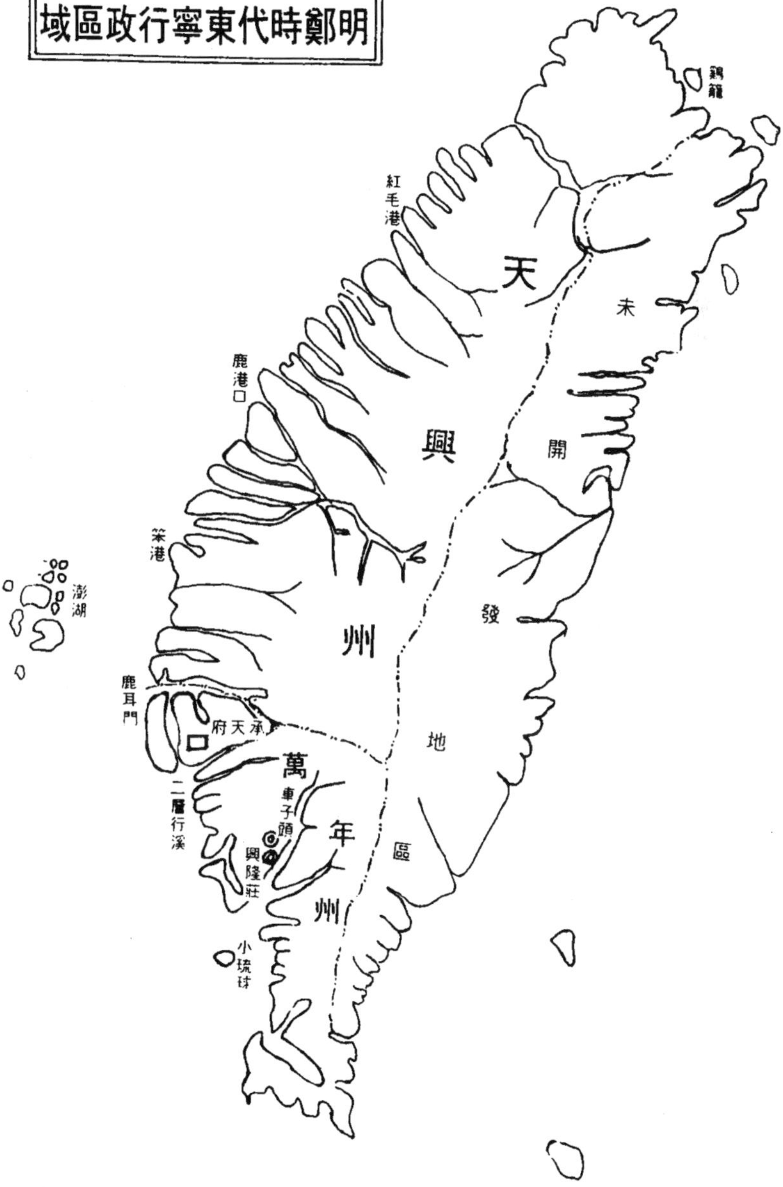

鄭氏治台，其政經制度按明制，全台設一府二州（如圖），台北地區大致屬天興州。政治上勵精圖治，經濟上寓兵於農之法，對原住民土地力拓耕地，發展產業。據史載，當時大陸來台耕墾者有二十五萬人，拓地南到琅璚（今恆春），北到淡水、雞籠。開拓田園有三萬甲，主要產業有稻米、甘蔗、製糖、製鹽等。

對原住民，鄭氏採「撫綏」加速屯墾政策，到鄭經當國時，開發已到北台地區。開拓淡水河下游的台北平原，溯淡水河而上，開拓重點在沿河地帶。雞籠河畔的劍潭寺，傳為鄭氏時代所建；北投吉利慈生宮則建於明永曆年間。雞籠一帶則略有開拓。

其他如興建水利、教育文化、通商貿易，都是鄭氏治台的政經重點工作。但本章重點，乃在北台，尤其台北地區的開發。

貳、北台與台北盆地的開發

明永曆十五年（一六六二年）十二月十三日，荷蘭的首領揆一，率其殘部，分乘八艘戰船，退出台灣南部。惟尚有竊據雞籠、淡水之部份荷人，在鄭氏治權尚未涵蓋北台時，仍據守城堡，以圖頑抗，久戀不去達六年之久。後其臨去前，曾在今和平島的岩洞（番字洞），刻字紀念，並有一六六四、一六六六、一六六七等數子。

數年後，永曆十九年，荷人提督波爾特率十餘戰船攻入雞籠港，意圖恢復。鄭氏命勇衛黃安督水陸軍北上征討，在金包里海岸的萬里加投小澳登陸，兵分兩路；一攻雞籠側面，一襲淡水背後。荷人不支，孤軍無援，乃自毀城堡而去。

鄭氏因北台軍事防衛須要，乃建桃澗堡、芝蘭堡、金包里堡等軍事要地。進而從事道路開拓（如唭哩岸到關渡一帶），以利屯墾和防戍，文化教育亦蒙其利。今台北石牌一帶的明鄭屯田遺跡，及關渡附近有三將軍廟，均為歷史佐證。明鄭時代北台開拓，見於載籍如：

一、台北盆地的一部，由淡水地方，溯淡水河而上，開拓其沿岸之台北平原一部分。

二、雞籠地方，在明永曆三十五年（一六八一年、清康熙二十年），由北路安撫司何佑修復荷人的舊城堡。

原來芝蘭三堡的淡水港，自荷人敗退後，即由何佑守備，據北台滬尾城為堡。其時屯弁鄭長，由鹿港至淡水港（八里坌）溯淡水河而上芝蘭二堡，開屯招佃。《淡水廳志》說：「淡水開墾，自奇里岸始。」奇里岸即唭哩岸，今名石牌。明永曆末年，王錫祺至淡北，墾唭哩岸荒野，當時荒埔初闢，尚無官衙學校，錫祺招集漳泉流民去開墾，並建慈生宮，以為教戒之所。（《台灣省通志稿》卷七人物志）。

明鄭開拓北台，啟屯招佃，係以南崁溪（今桃園龜山鄉內）為著陸點，南崁一帶，以南崁廟口之營盤坑為根據地，此處的五福宮傳明鄭所建。又鶯歌山海山堡附近（今三峽、鶯歌），遺有鄭氏砲轟傳說，均是明鄭開發事跡。

台北盆地自古就是平埔凱族各社祖居之地，荷、西及漢人雖曾印其足跡於平原四周，但尚未有組織之開發。直到明鄭始有較大規模的墾拓。據《台灣外記》說：「永曆二十五年（一六七一年），台灣秋禾大熟，鄭經飭諸島守將，勿得侵擾百姓。」自此，漳泉移民紛至，今桃園南崁及台北北投地區，已有漢人小集團的開拓。

至永曆二十九年（一六七五年、康熙十四年），淡水、雞籠、金包里、大直庄、劍潭均已開墾，而此時台北盆地的開發，尚未及於台北市中心的平野地帶。

民族英雄 —— 鄭成功　資料來源：發現台灣 —— 天下雜誌。

鄭成功將荷蘭人逐出熱蘭遮城，結束荷蘭在台 38 年的政權。
資料來源：發現台灣 —— 天下雜誌。

第三篇　清代台北地區的開發

第七章　清代古地圖中的台北

按我國對於歷史朝代的年代劃分，明朝於崇禎帝第十七年（一六四四年）三月崩於煤山，多爾袞入北京迎清帝。之後明鄭雖在台灣維持政權，到康熙二十二年（一六八三年）八月，提督施琅入台灣，鄭克塽降，中國又歸統一。

史家所公認的明朝結束年代，仍以明崇禎十七年（一六四四年、清世祖順治元年）為準；而清朝的開始以清順治二年（一六四五年、明福王弘光元年、明唐王隆武元年）為準。

故本書為清楚明白起見，一六四五年起的地圖，均在清代這個階段來說明。首先看到「一六五四年大台北古地圖」，可略知十七世紀的北台灣。

繪圖者於繪製本圖時即於各重要地點標上號碼，同時在地圖左上角標出與號碼對應的地名。這些地點包括了當時北台灣原住民、西班牙人、荷蘭人、與漢人經常活動的地點與聚落。我們根據翁佳音先生所著【大臺北古地圖考釋】一書，將原圖上的地名譯成中文並加以說明。點選右方地圖上的圓點和產業標誌，您可以知道這些地點的現代位置，並且能夠知道十七世紀時北台灣的住民在當地進行了哪些活動。

《大臺北古地圖》上地名分佈圖

本圖為一六五四年荷蘭人所繪製的「淡水及其附近村落並雞籠島之圖」（**Kaartje van Tamsuy en omleggende dorpen, zoo mede het eilandje Kelang**）」，簡稱「大臺北古地圖」，彩繪紙本，約為28公分x35公分，原藏於荷蘭海牙國家檔案，在日治時期，由臺北帝大的岩生成一教授翻拍重印。由於本圖將當時臺北盆地的原住民聚落，以及大臺北地區的大致地形都弘觀地描繪出來，因此深獲學界的關注。如中村孝志、曹永和、翁佳音等研究者皆曾用此圖作相關考證，而翁佳音還更深入討論圖上的文字、符號，以及相關的歷史，重新檢討與修正早期的北臺歷史。

按：始自大航海時代，荷蘭人即不斷地展開海外的擴張，尤為重視航海圖與地圖的繪製。一六四〇年代初，荷人勢力抵達中部臺灣，並於一六四二年開始攻下雞籠，並驅逐北臺的西班牙人。其後荷蘭人銳意探查北臺，致力完成各類的報告書與相關地圖繪製，本圖即在荷蘭人海外擴張與深入北臺的背景之下所產生，而描繪出的臺北、淡水雞籠地區更是頗為詳細，曹永和教授即撰文提到：「臺北盆地出現於古地圖較詳細者當以此圖為首次。」

就圖細分研析，大臺北古地圖圖左下方的大島為和平島，圖右下為淡水河入口與淡水鎮，淡水河中段呈九十度向左轉處為基隆河與交接處的關渡，沿基隆河之平埔族村落有由下方至上方順序為奇裏岸、社子，劍潭、大直、內湖、汐止與松山。而轉彎處不轉，向圖上延伸的河流則為淡水河末段，在末段尾處則有萬華、板橋、中和、碧潭等平埔族部落。

荷蘭於一六二四年開始統治臺灣南部，西班牙則約為同時佔據臺灣雞籠（今基隆）。隨後在多次戰役後，荷蘭戰勝西班牙，取得基隆，不過其統治地方，只有基隆與淡水兩港口的周圍，其餘地方均為平埔族所居。

後幅「雍正十二年台灣輿圖」，現藏於台北故宮博物院，圖名編目為「台灣圖附澎湖群島」，根據《北台古輿圖集》一書判定，為雍正五到十二年間繪製。

圖中地名如奇里岸、大加臘社等，對台北歷史有些常識的人，都知道指的是那裡？

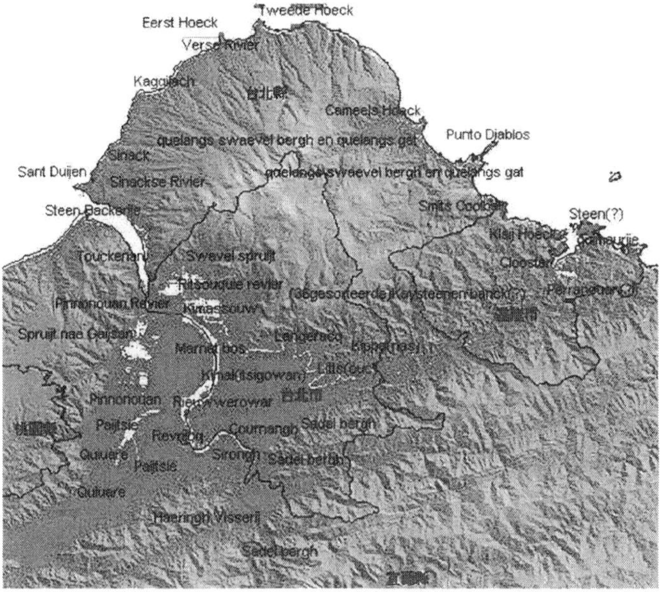

1654 年荷人繪製「大台北古地圖」原圖

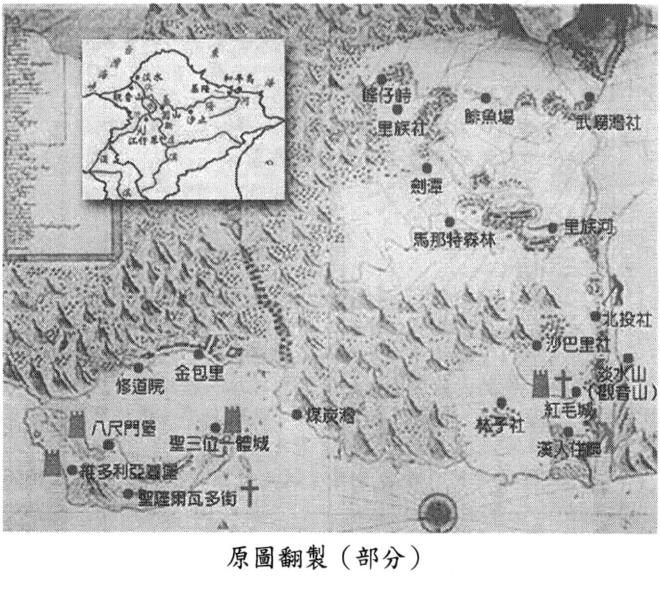

原圖翻製（部分）

雍正「天下地輿圖」

雍正元年（1723）

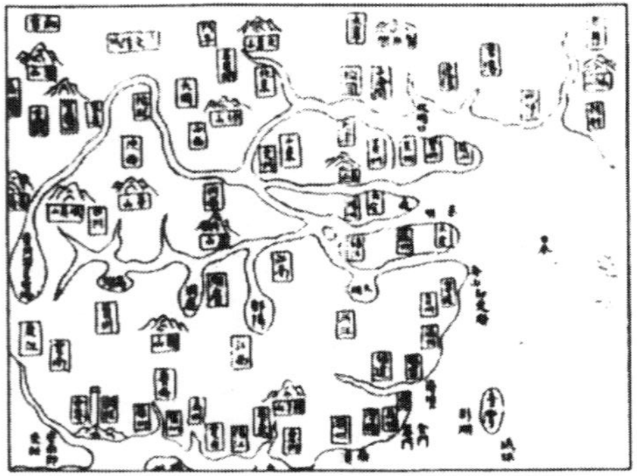

■「天下地輿圖」為《清初海疆圖說》中的第一幅地圖，該書抄本現藏於中央研究院歷史語言研究所。

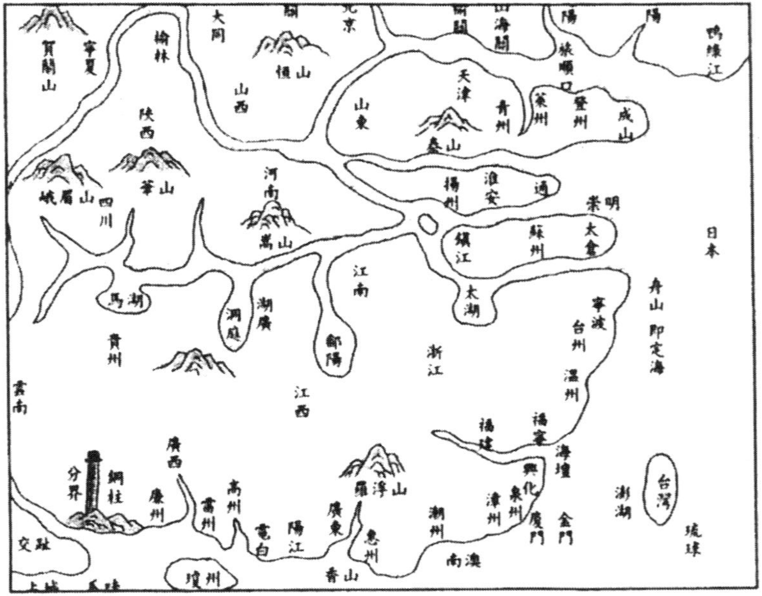

■「天下地輿圖」的改繪圖。

雍正12年(1734)台灣輿图

■「雍正台灣輿圖」北部地區改繪圖。

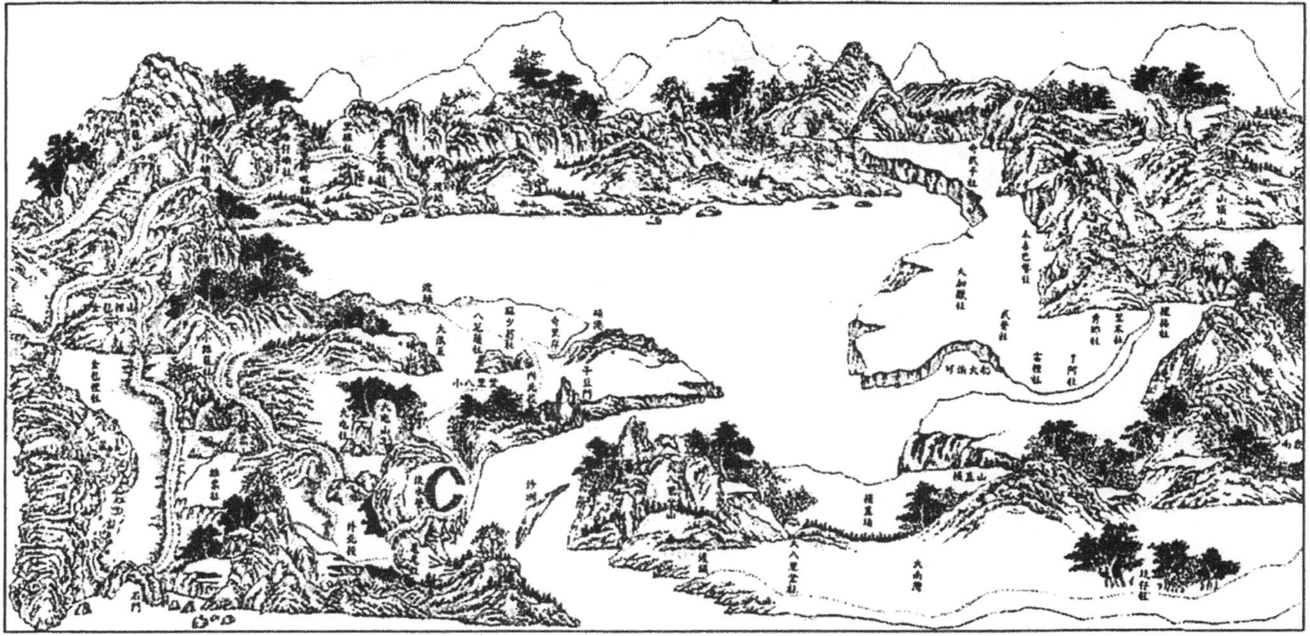

這幅「雍正十二年台灣輿圖」，現藏於台北故宮博物院，圖名編目為「台灣圖附澎湖群島」，根據《北台古輿圖集》一書判定，為雍正五到十二年間繪製。

圖中地名如奇里岸、大加臘社等，對台北歷史有些常識的人，都知道指的是那裡？

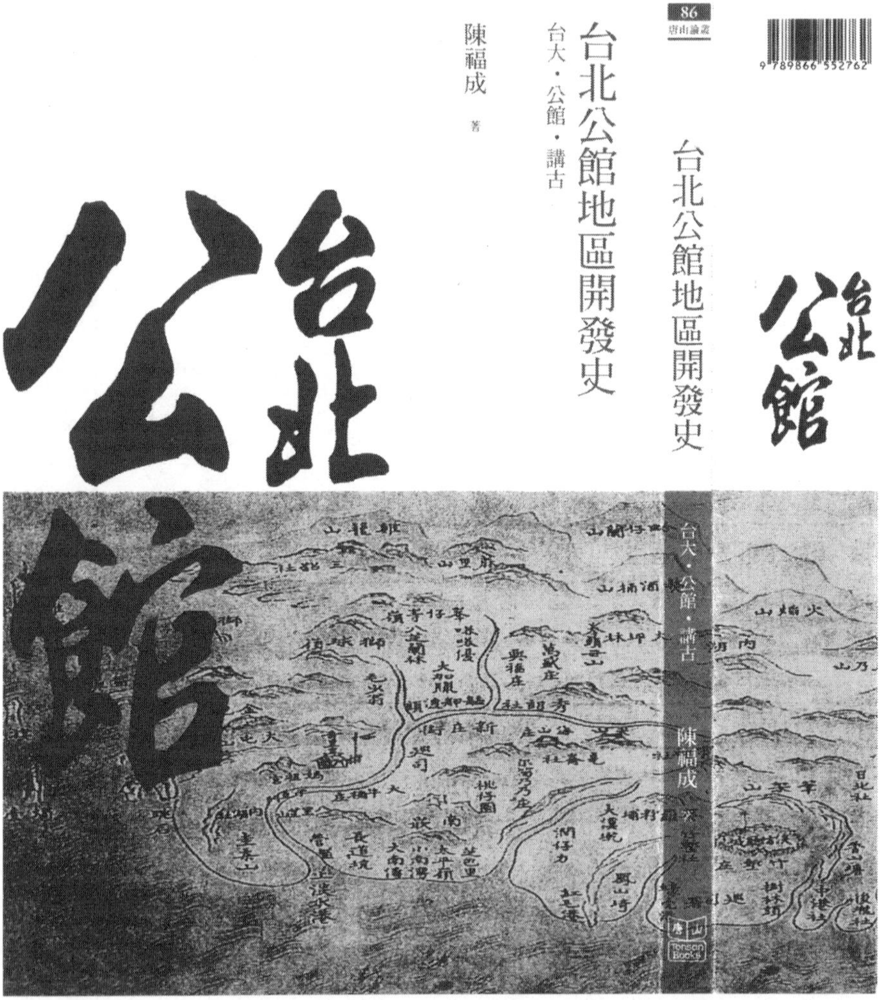
86
台北公館地區開發史
台大・公館・講古
陳福成　著
台北公館
台北公館地區開發史
台大・公館・講古
陳福成

■「大清萬年一統天下全圖」繪於乾隆 32 年（1767），距彩繪本「乾坤萬國全圖」的乾隆 8 年不久，但已將原先被視為台灣的「琉球國」往北移，與「小琉球」一起併入今日的琉球群島中，原來的位置則讓給這個造型怪異的台灣島，右圖為「大清萬年一統天下全圖」局部改繪圖。。

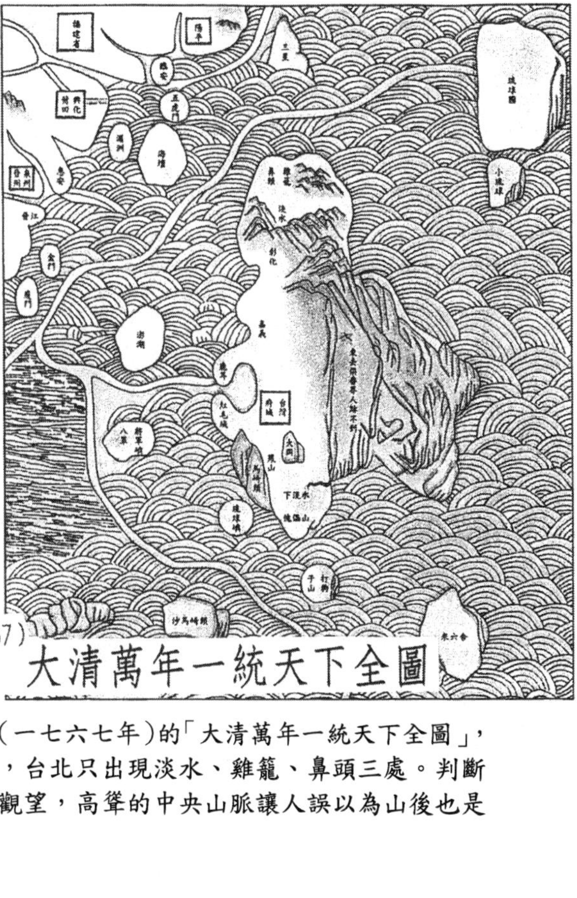

乾隆 32 年（1767）

這幅乾隆三十二年(一七六七年)的「大清萬年一統天下全圖」，台灣造型失真很多，台北只出現淡水、雞籠、鼻頭三處。判斷繪製者從台灣海峽觀望，高聳的中央山脈讓人誤以為山後也是高山。

■道光 10 年（1830）《台灣采訪冊》中的「北台水師洋界圖」分別自台灣島兩側海面東向和西向註記符號與文字。

這幅道光十年的「台灣采訪冊」中之「北台水師洋界圖」，是一幅軍備圖，文字註記符號很有趣，從台島兩側正反註記。台北各地名（街），已算清楚。

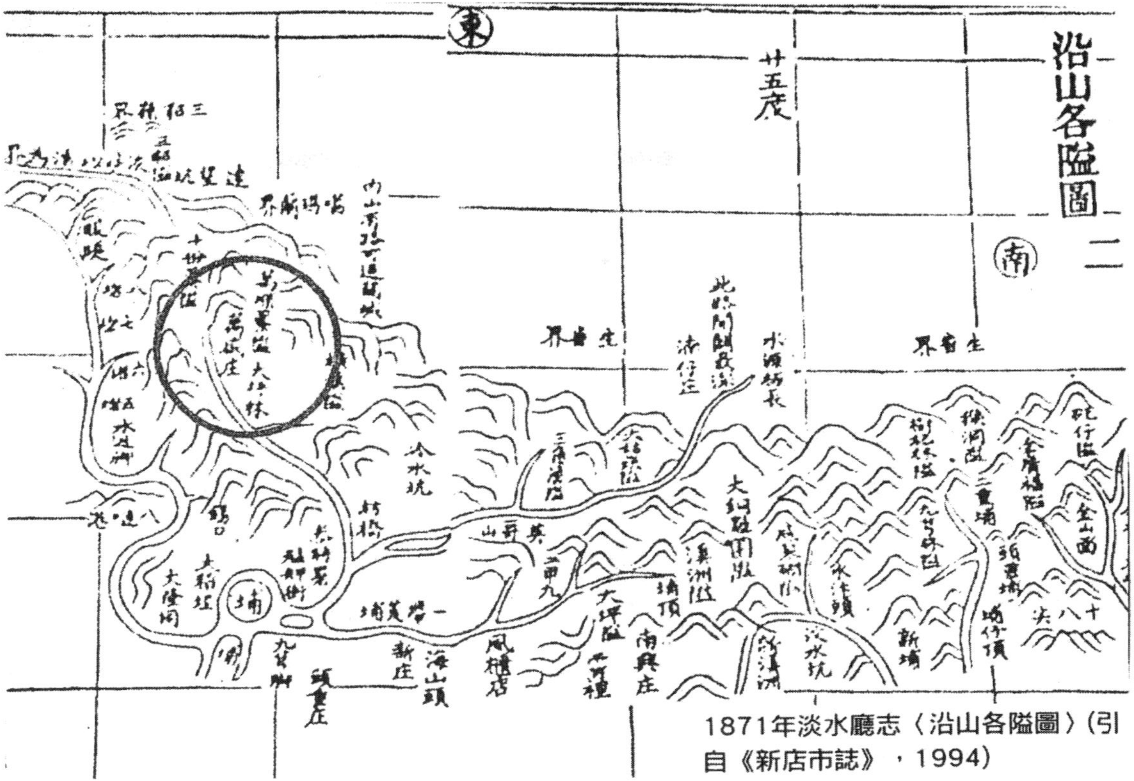

1871年淡水廳志〈沿山各隘圖〉(引自《新店市誌》，1994)

清同治十年（一八七一年）《清水廳志》的各山隘圖，今台大公館到萬盛庄和大坪林一帶，是重要隘口，其他各台北古地名也清楚。

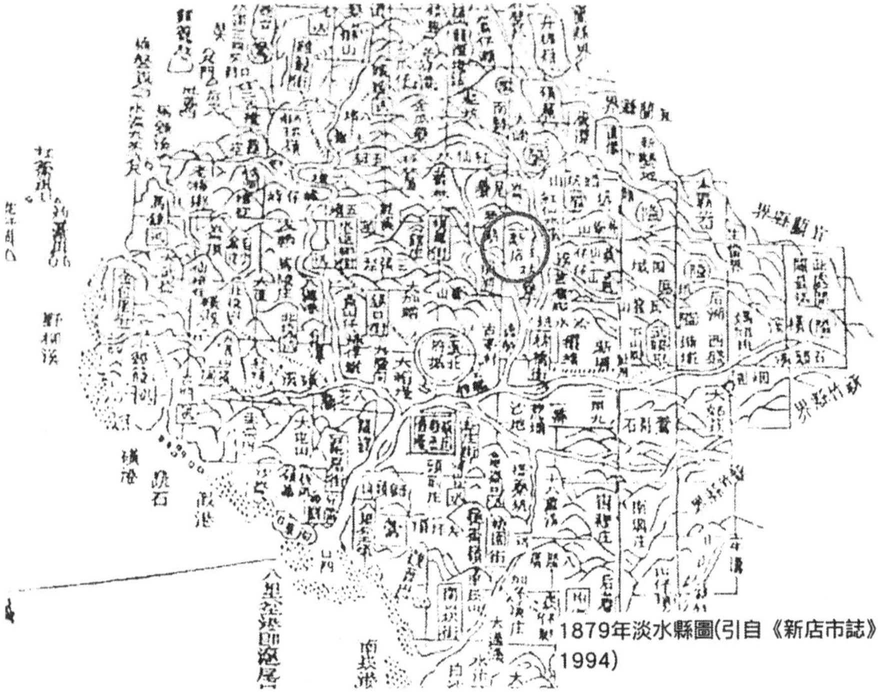

1879年淡水縣圖(引自《新店市誌》1994)

光緒元年（一八七五年），重劃台灣行政區，分二府、八縣、四廳，今台北地區稱淡水縣，基隆改廳。

這幅是光緒五年（一八七九年）淡水縣圖，中間台北府城，今大台北地區重要地名、山名都算清楚。

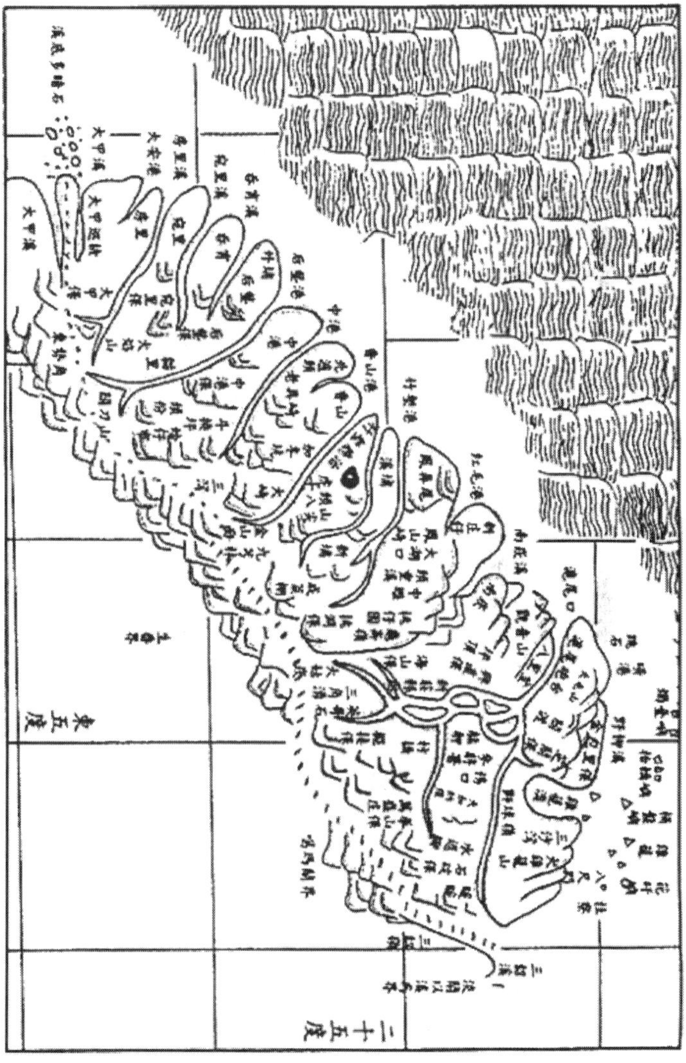

同治 10 年（1871）《淡水廳志》中的「淡水廳全圖」是從島上俯視西部沿海平原與大海。

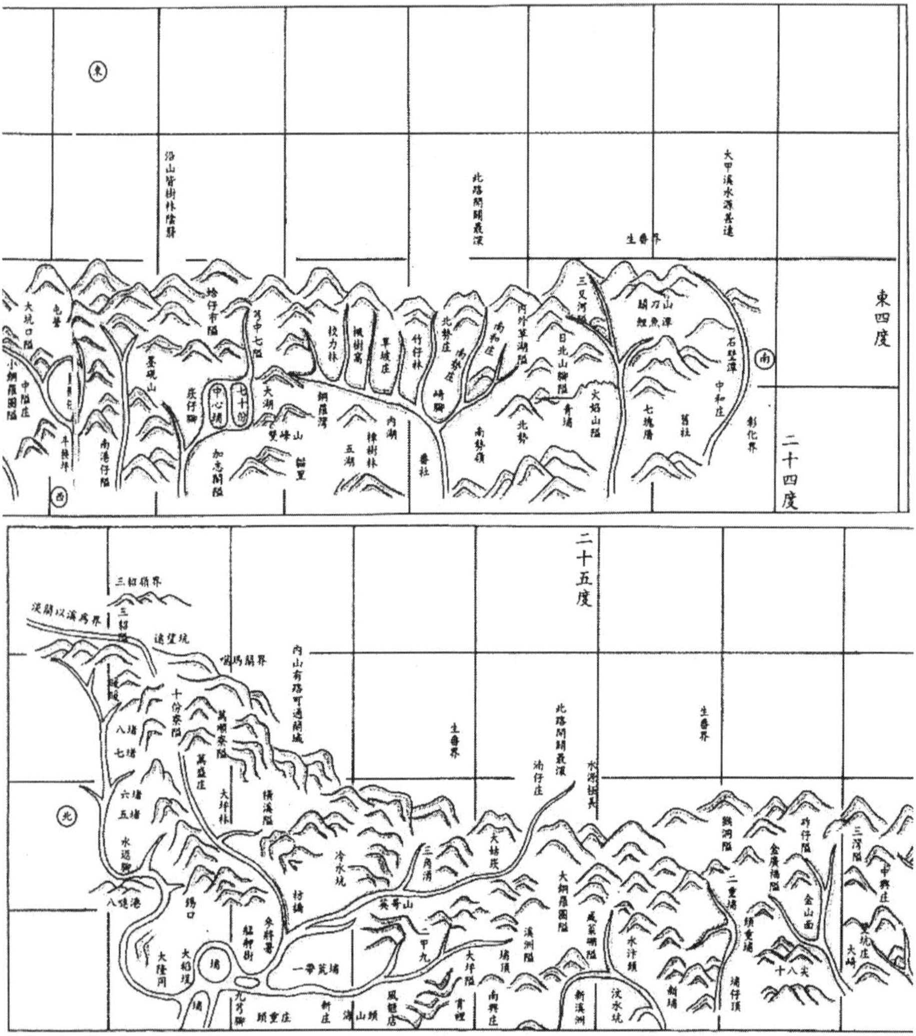

同治 10 年（1871）《淡水廳志》中的「淡水廳沿山各隘圖」因台地大勢向西，所以採西向橫軸式繪法。

同治12年（1873）

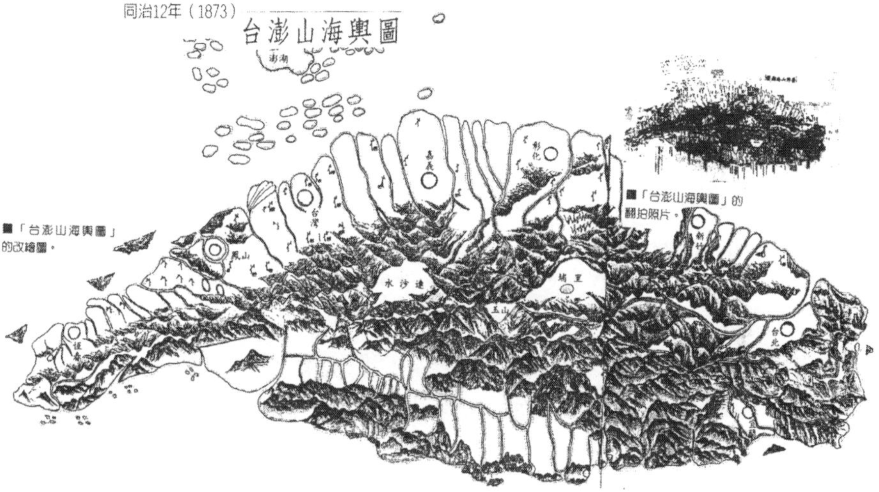

■「台澎山海輿圖」的改繪圖。

■「台澎山海輿圖」的翻拍照片。

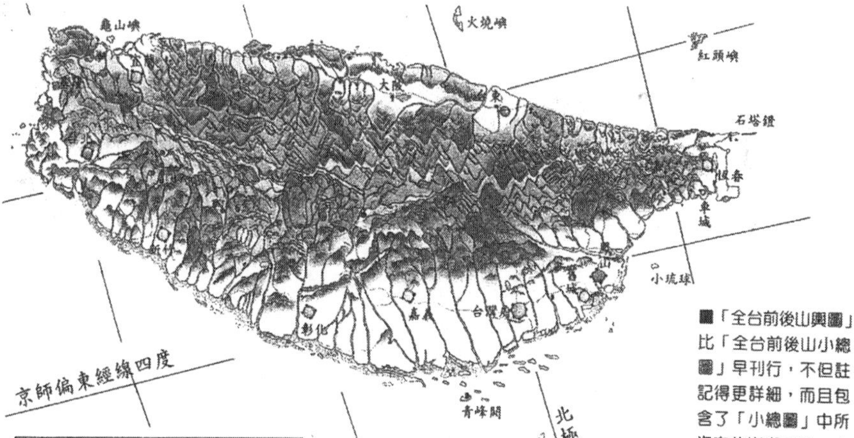

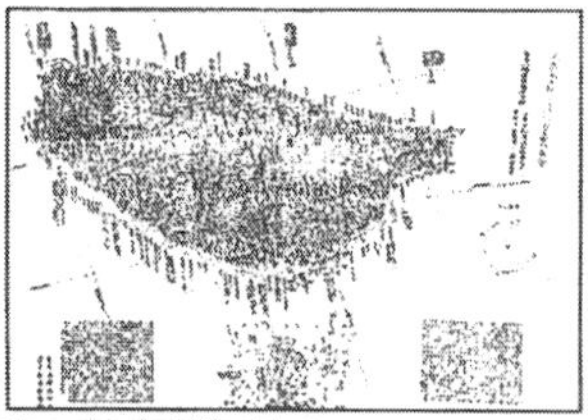

■「全台前後山輿圖」比「全台前後山小總圖」早刊行，不但註記得更詳細，而且包含了「小總圖」中所沒有的澎湖群島，左圖為「全台前後山輿圖」的改繪圖。

光緒 4 年「全台前後山輿圖」

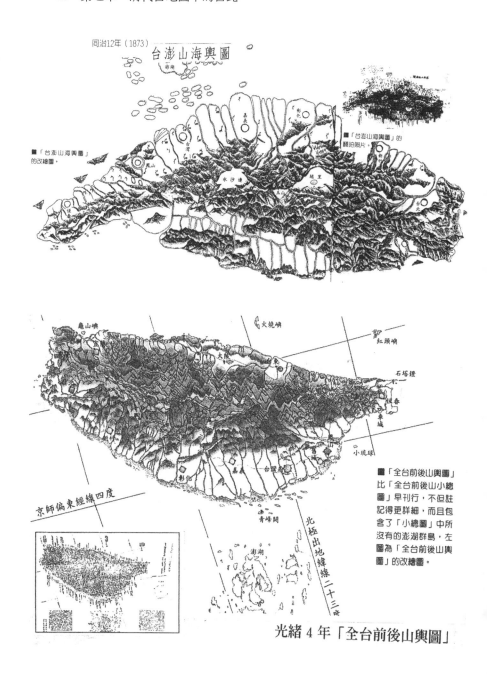

全台前後山小總圖

光緒 6 年（1880）

■「全台前後山小總圖」乃清廷結束在台統治前，最能反映台灣整體地表景觀的一幅代表地圖。

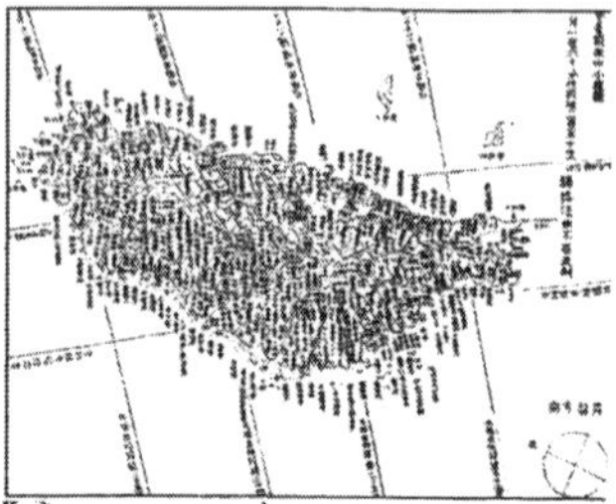

■「全台前後山小總圖」的改繪圖。

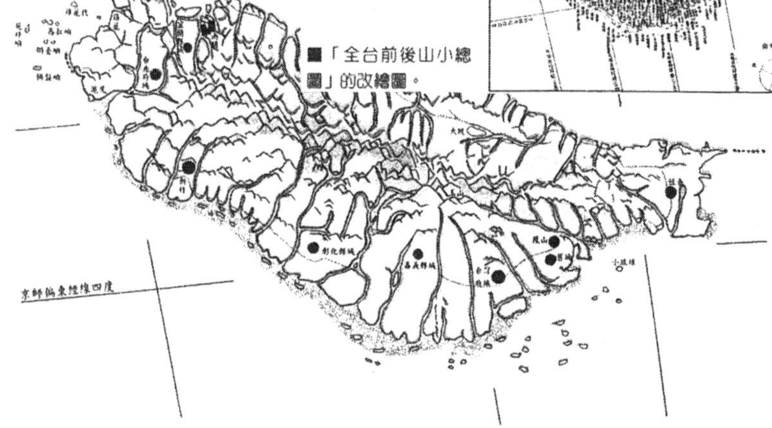

皇輿全圖

光緒 25 年（1899）

■「皇輿全圖」是清朝末年相當重要的一幅現代化地圖，圖中使用的圖例多達 21 種，而且均為彩色。

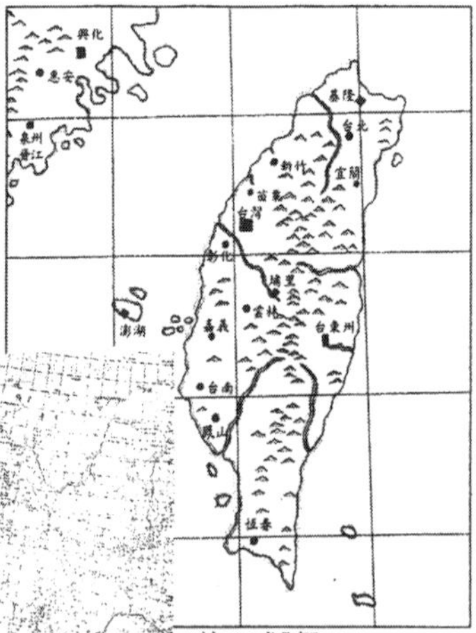

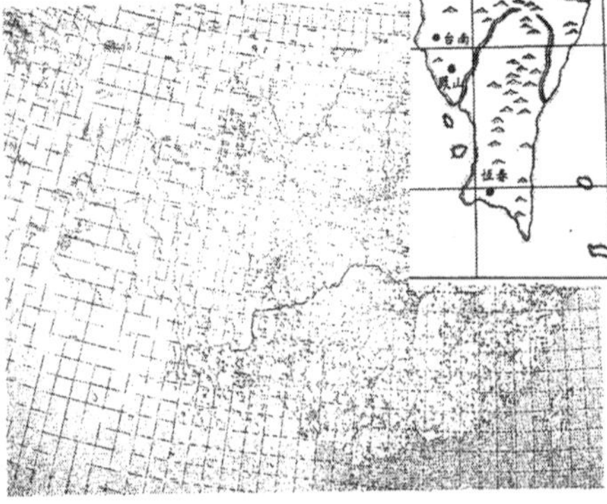

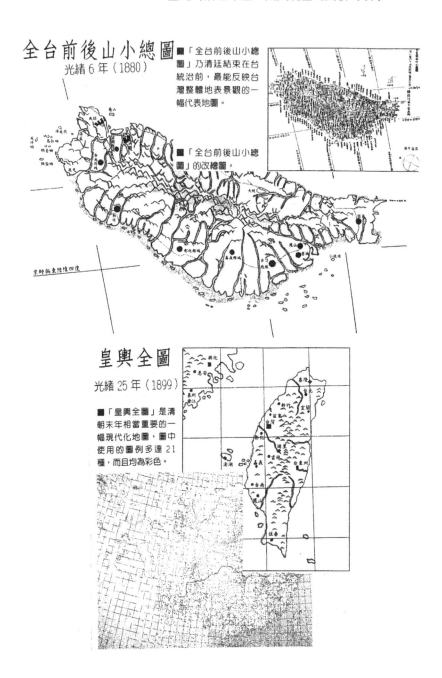

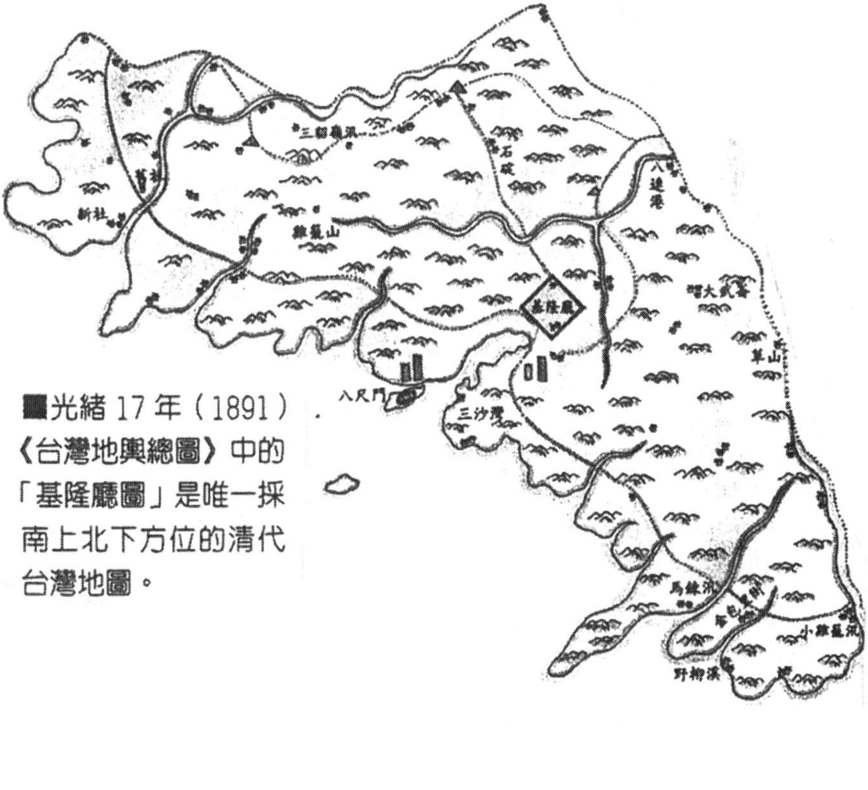

■光緒 17 年（1891）《台灣地輿總圖》中的「基隆廳圖」是唯一採南上北下方位的清代台灣地圖。

第八章　清代台北行政位階的改變

清代於康熙二十二年（一六八三年）收回台灣，完成中國統一後，次年設台灣府，下轄三縣（台灣縣、鳳山縣、諸羅縣），隸屬於福建省。到雍正元年（一七二三年），增設彰化縣、淡水廳。

嘉慶十七年（一八一二年）再改（如後圖），仍維持一府（台灣府），轄四縣；鳳山縣、嘉義縣、台灣縣（今台南）、彰化縣；及三廳（澎湖廳、淡水廳、噶瑪蘭廳），今北台地區均屬淡水廳範圍。

光緒元年（一八七五年）十二月二十日再改制，為二府（台北府、台灣府）、八縣（恒春縣、鳳山縣、台灣縣、嘉義縣、彰化縣、新竹縣、淡水縣、宜蘭縣）、四廳（基隆廳、卑南廳、澎湖廳、埔里社廳），而基隆廳因境界未定，尚在預設中。此時的台北府範圍很大，大甲溪以北各縣廳均屬之。

光緒十四年（一八八八年）再改，三府、一直隸州、十一縣、三廳（如後圖）。此時因新設苗栗縣，故台北府範圍縮小，台北地區仍屬淡水縣。

早在光緒十一年（一八八五年）九月五日，清廷宣佈台灣建省，劉銘傳為第一任巡撫。同年十二月十二日，據《德宗實錄》謂：「籌度台灣情形，暫難改設省會，所謂從緩改設巡撫，著毋庸議。次年六月十三日，劉銘傳與楊昌濬會奏台灣改設行省事宜十六款，以目前整頓海防，百廢待舉，改設行省，經費浩繁，請撥協銀八十萬兩，以五年為度。不久，台北府設「清賦總局」，逐田清丈，就田問賦；又設「撫墾總局」，劉銘傳兼撫墾大臣，林維源為幫辦，辦理台北撫墾事務。

光緒十三年（一八八七年）八月十七日，劉銘傳、楊昌濬奏請設郡縣為三府、一州、十一縣、三廳，九月八日詔可：

◎台灣府：領台灣、彰化、雲林、苗栗四縣及埔里社廳。

◎台南府（舊台灣府）：領安平（舊台灣縣）、鳳山、恆春、嘉義四縣及澎湖廳。

◎台北府：領淡水、新竹、宜蘭三縣及基隆廳。

◎台東置直隸州。

台灣建省，以台灣府台灣縣橋仔圖（今台中市南區）為省會，駐巡撫。因設備未成，暫駐台北，以一過渡性省分，直到台灣淪陷。

台北的行政位階必隨著全島建制改變而變動，故本章以下圖示，不同年代的行政區劃改變圖供閱。

建省後清朝治下臺灣政治機關系統表（資料來源：臺灣慣習記事第一卷）

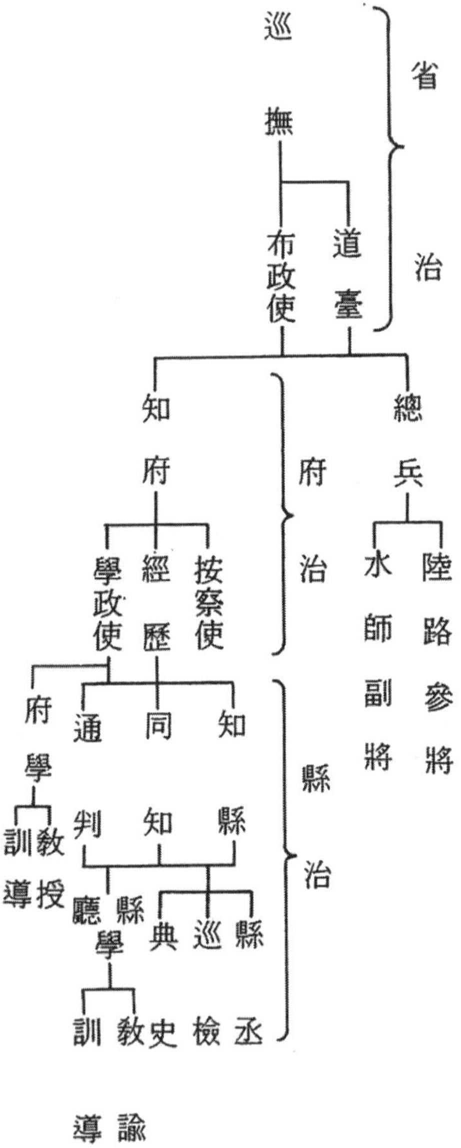

清代臺灣行政區域之演變

	府	縣　廳
康熙二十三年至六十一年（公元一六八四年至一七二二年）	臺灣府	臺灣縣（康熙二十三年） 鳳山縣（康熙二十三年） 諸羅縣（康熙二十三年）
雍正元年至乾隆五十二年（公元一七二三年至一七八七年）	臺灣府	臺灣縣 澎湖廳（雍正元年） 鳳山縣 諸羅縣 彰化縣（雍正元年） 淡水廳（雍正元年）
乾隆五十三年至同治十三年（公元一七八八年至一八七四年）		臺灣縣 澎湖廳 鳳山縣 嘉義縣（乾隆五十三年諸羅縣改稱嘉義縣） 彰化縣 淡水廳 噶瑪蘭廳（嘉慶十五年）
光緒元年至十年（公元一八七五年至一八八四年）	臺灣府	臺灣縣 澎湖廳 鳳山縣 恆春縣（光緒元年） 嘉義縣 彰化縣 埔里社廳（光緒元年） 卑南廳（光緒元年）
	臺北府	新竹縣（光緒元年淡水廳改新竹縣） 淡水縣（光緒元年） 基隆廳（光緒元年） 宜蘭縣（光緒元年噶瑪蘭廳改宜蘭縣）
光緒十一年至二十一年（公元一八八五年至一八九五年）	臺南府	安平縣（光緒十三年臺灣縣改稱安平縣） 澎湖廳 鳳山縣 恆春縣 嘉義縣
	臺灣府	彰化縣 雲林縣（光緒十三年） 苗栗縣（光緒十三年） 臺灣縣（光緒十三年） 埔里社廳
		臺東直隸州（光緒十三年）
	臺北府	新竹縣 淡水縣 基隆廳 宜蘭縣 南雅廳（光緒二十一年）

（資料來源：伊能嘉矩「臺灣文化志」上卷二四八頁以下）

附註：括弧內文字為設立年代。

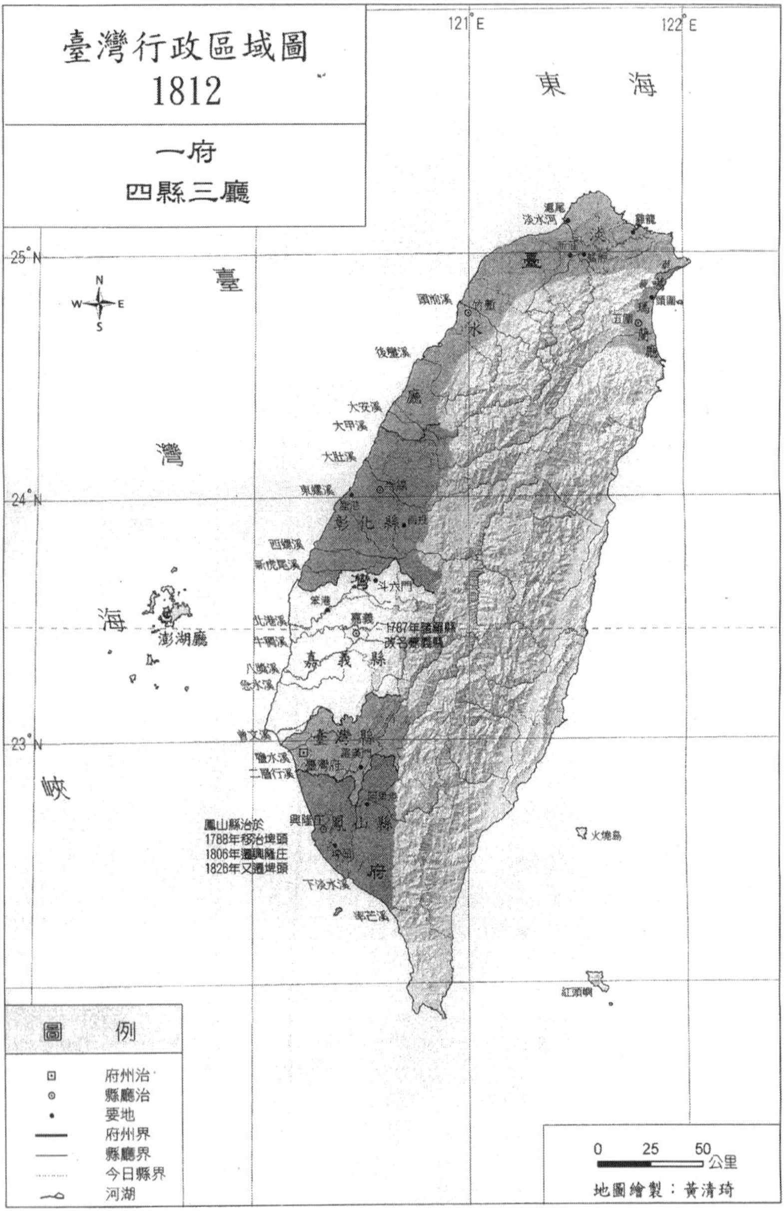
臺灣行政區域圖
1812
一府
四縣三廳
121°E
122°E
東　海
25°N
24°N
23°N
臺
灣
海
峽
澎湖廳
滬尾
淡水河
雞籠
淡
臺
頭前溪
竹塹
水
廳
五圍
頭圍
噶
瑪
蘭
廳
後壠溪
大安溪
大甲溪
大肚溪
東螺溪
彰化縣
西螺溪
新虎尾溪
灣
斗六門
笨港
北港溪
嘉義
1787年諸羅縣
改名嘉義縣
牛稠溪
嘉義縣
八掌溪
急水溪
曾文溪
臺灣縣
鹽水溪
二層行溪
臺灣府
興隆庄
鳳山縣
府
鳳山縣治於
1788年移治埤頭
1806年遷興隆庄
1826年又遷埤頭
下淡水溪
率芒溪
火燒島
紅頭嶼
圖　例
府州治
縣廳治
要地
府州界
縣廳界
今日縣界
河湖
0　25　50
公里
地圖繪製：黃清琦

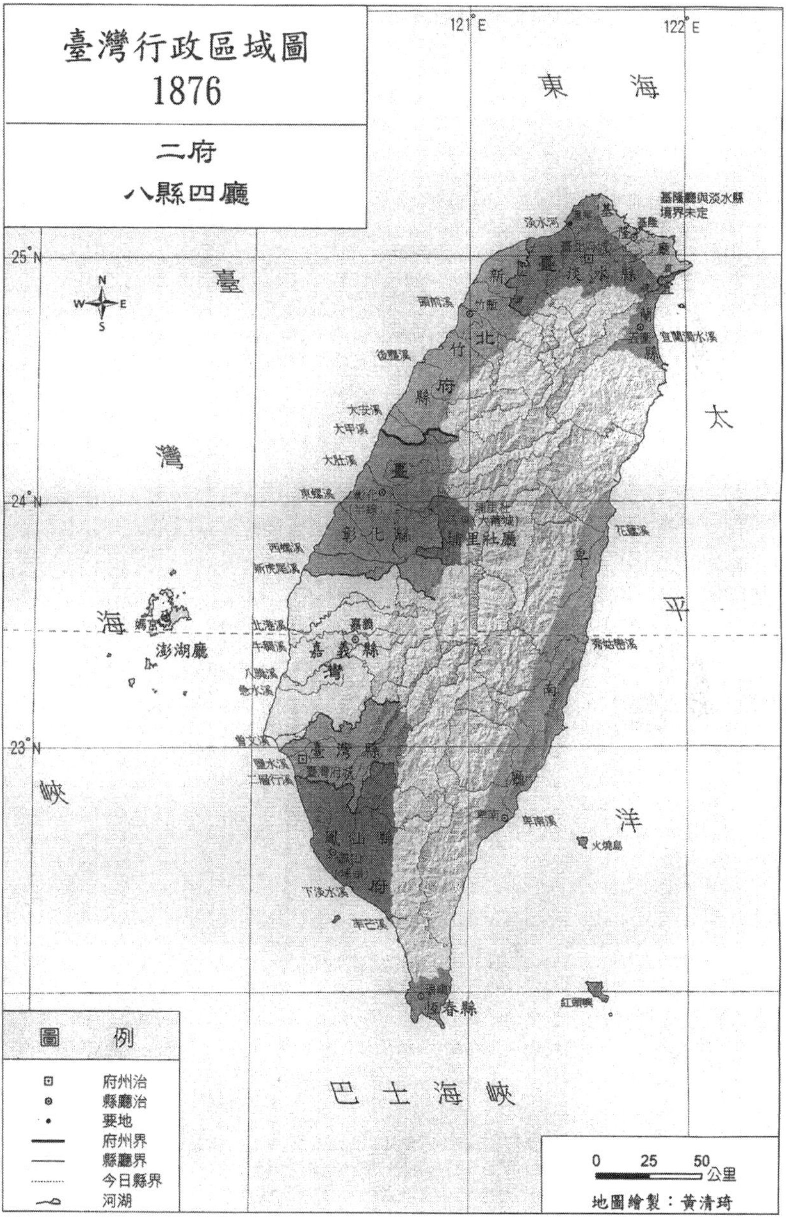
臺灣行政區域圖
1876
二府
八縣四廳
121°E
122°E
25°N
24°N
23°N
東海
臺灣海峽
太平洋
巴士海峽
基隆廳與淡水縣
境界未定
淡水河
基隆
臺北府城
淡水縣
新竹
頭前溪
後壠溪
宜蘭濁水溪
宜蘭縣
臺北府
新竹縣
大安溪
大甲溪
大肚溪
東螺溪
彰化縣
埔里社
(大埔城)
埔里社廳
花蓮溪
西螺溪
新虎尾溪
北港溪
嘉義
牛稠溪
嘉義縣
八掌溪
急水溪
澎湖廳
曾文溪
臺灣縣
鹽水溪
臺灣府城
二層行溪
卑南
卑南溪
火燒島
鳳山縣
下淡水溪
率芒溪
恆春縣
紅頭嶼
臺灣府
圖例
府州治
縣廳治
要地
府州界
縣廳界
今日縣界
河湖
0
25
50
公里
地圖繪製：黃清琦

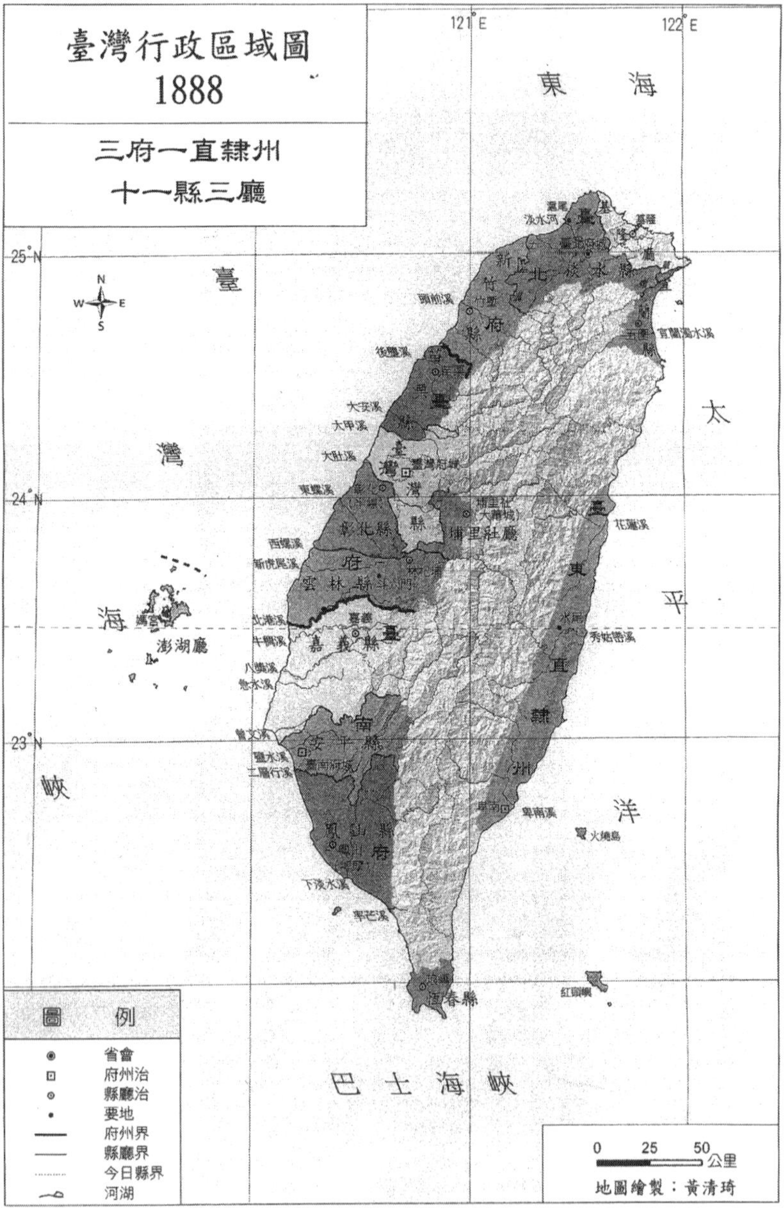
臺灣行政區域圖
1888
三府一直隸州
十一縣三廳
121°E
122°E
25°N
24°N
23°N
東 海
臺 灣 海 峽
太 平 洋
巴 士 海 峽
N
W
E
S
臺北府
新竹縣
淡水縣
基隆廳
宜蘭縣
臺灣府
苗栗縣
臺灣縣
彰化縣
雲林縣
埔里社廳
臺南府
嘉義縣
安平縣
鳳山縣
恆春縣
臺東直隸州
澎湖廳
火燒島
紅頭嶼
花蓮溪
秀姑巒溪
卑南溪
下淡水溪
曾文溪
八掌溪
牛稠溪
西螺溪
大甲溪
大安溪
後壠溪
頭前溪
大肚溪
東螺溪
圖 例
省會
府州治
縣廳治
要地
府州界
縣廳界
今日縣界
河湖
0 25 50
公里
地圖繪製：黃清琦

第九章　從大佳臘到大台北

所謂「大佳臘」（Touckunan），原是凱達格蘭族一個部落（社）的名稱，位於大漢溪與新店溪相會的淡水河北岸，最早叫「大佳臘社」，但漢人來後耳聞其名，以為就是指整個台北盆地，延用日久，清代官方文件稱大佳臘就指台北盆地，這是廣義統稱，狹義稱謂指今天的萬華地區，清代設大佳臘堡，至今仍有稱萬華一帶叫「加蚋仔」。

大佳臘，清代初期亦稱「大加蚋」，此一稱謂直到光緒的沈保楨奏准於台北建一府三縣，府名「台北府」，府治選定在大加臘堡，本文所稱大佳臘時期，約從清初到光緒初年，時程二百餘年，按開發先後，略分大佳臘初期、新莊時期、艋舺時期、大龍峒的堀起、大稻埕時期，以此五段落，簡說如後。

壹、大佳臘初期（明末到雍正末年）

清廷於康熙廿二年（一六八三年）平定台灣，翌年設台灣、諸羅、鳳山三縣，但政今所及僅限台灣縣（今台南）。且因政策消極，不欲拓土聚民，此時的台北盆地猶屬滿目荒服之年代，康熙三十六年（一六九七年）浙人郁永河抵北投採硫礦，他對台北盆地有許多詳實記錄，他所撰「裨海紀遊」記載：

> 鬼物未見有徵，然人至輒病者，特以深山大澤，尚在洪荒，草木晦蔽，人跡無幾，瘴癘所積，入人肺腸，故人至即病，千人一症，理固然也……
>
> 平原一望，固非茂草，勁者覆頂，弱者蔽肩，車馳其中。如在地底……蚊蚋蒼蠅，吮咂肌體……夜半猴啼，如鬼哭聲……水急廣，漶為大湖，渺無涯涘。

此時郁永河所見到的台北盆地，河水氾濫，一片汪洋外，僅散見大小番社而已。而郁水河所言「漶為大湖」，乃早在三年前，康熙三十三年（一六九四年）四月，台北盆地因大地震地層陷

淡水營圖：這幅雍正年間繪製的北部地圖，清楚描寫地震陷落的古台北湖，經三十幾年後還存在。

落，淡水河河水流入，整個盆地西北部成為湖泊，這就是有名的「古台北湖」。直到三十多年後的雍正年間繪製的台灣北部地圖（淡水營圖），清楚的描述地震陷落的古台北湖。

由於明鄭以來台灣的開發，先南後北，故早期到台北墾荒大多南部上來，有記載最早到台北盆地開墾的墾首是鄭維謙，他在康熙四十二年（一七〇三年）到達台北盆地。但因非官方正式核准，且人數又少，結果不了了之。

對後世影響最大，對台北盆地開發貢獻也最大的，是陳天章、賴永和、陳逢春合股，得到官方批准的正式文件（如右圖），成立「陳賴章」墾號（三人姓名各取一字）。

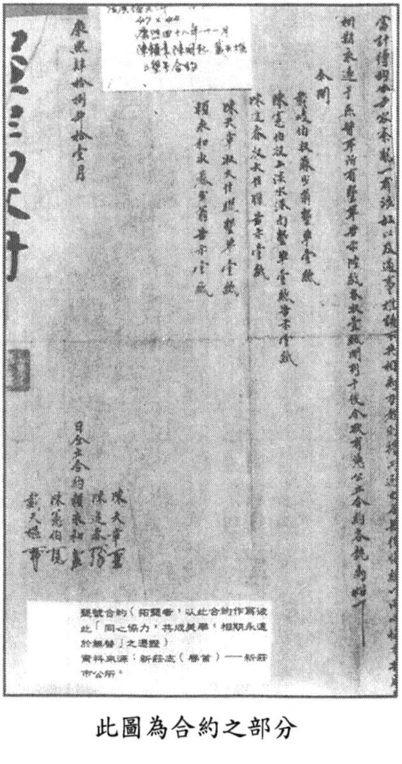

此圖為合約之部分

按歷史記載，這個「陳賴章」墾號，從當時的住地諸羅縣（今嘉義）一路向北，經無數山水拔涉，二十天才走到台北盆地，他們依康熙政府允准的開墾範圍，東至大浪泵溝（今基隆河），北到關渡，西到興直山（觀音山）腳下，南到秀朗社（今中和，永和市），包括大浪泵溝以南的淡水河兩岸。這個範圍幾乎是現在全台北市的「黃金地段」了！

陳賴章墾號之後，另一個有規模的是康熙五十二年（一七一三年）核准的「陳和議」墾號，裡墾首賴科、王謨、鄭珍和朱崑侯四人組成，他們獲准的開墾範圍是北投社附近（今士林北部地區）。

研究大佳臘初期台北盆地的墾拓，時在康熙、雍正兩朝，墾荒土地多在近水區，因為水田農作需要水，也因近水方便，尚未出現水利工程問題。在人力規模上，移民人數初期不多，聚落的形成較慢，大約到雍正末年，以陳賴章墾號為主的族群，才形成一個叫「大佳臘社區」的地方。

貳、新莊時期（乾隆元年到嘉慶初年）

台北盆地的西側（今新莊一帶），嘉慶時稱「興直莊」，當時已形成很大的漢人聚落，這片廣大的平地（含今三重、蘆洲），本來住著平埔族的武勝灣社族人。早在雍正五年（一七二七年）墾首楊道弘獲准到這片土地墾荒，他帶來不少移民。

乾隆初年，墾首胡焯猷與林作哲、胡習隆合組「胡林隆」墾號，獲准開墾今之新莊平原南部地區，拓地數百甲，得到極大成就，乃建觀音寺，名西雲岩寺，給新移民有精神寄託，晚年又建關帝廟。乾隆二十八年胡氏捐出自己的舊宅，創辦明志書院，又捐地百甲做為學田，這是北台灣的第一間學校。

約同「胡林隆」時，尚有墾首郭宗嘏成立「施茂」墾號，林秀俊成立「林天成」墾號，都在新莊一帶開墾。而另一個極有成就的是張士箱家族成立的「張廣福」墾號，他們從鳳山縣轉進北上到新莊平原，不數年農墾獲極大成就，乃又轉戰海運，專經營新莊與廈門兩地客貨商務。後來，張士箱的四個兒子都考中貢生，六個孫子中舉，一門六舉人，一時傳為佳話。

大約到乾隆中期，新莊是當時僅次台灣府城、鹿港，位居全台第三繁榮的市街。張氏家族則為新莊首富。乾隆三十二年（一七六七年），巡檢（警察、稅務的組織）也從八里坌移到這裡，成立新莊巡檢。

此期間，雖說新莊已開發成台北盆地最繁榮的市街，其他地方也仍是「冒險家的樂園」。從各種證據顯示，大量移民湧入台北盆地，現今的艋舺、鼓亭（今古亭）、梘尾（今景美）、木柵、六張犁、三張犁、錫口（今松山）、大龍峒、八芝蘭、公館等地，已略具規模。此時期與前項「大佳臘初期」開墾方式不同，大佳臘初期墾地在近水區，尚未碰到水利工程問題。到乾隆時則必須向遠水地帶開墾，需要開圳道引水灌溉，如新莊有萬安陂大圳和永安陂大圳，其他如大坪林圳、瑠公圳和霧裡薛圳等，其中最著名也是對「公館地區」影響最大的，是郭錫瑠（一七〇五—一七六五）開創的「瑠公圳」，本書以專篇講述。

經漢人如此這般的勤勞、積極開墾，約到乾隆中葉，台北盆地已完全的「水田化」。但能成為兩岸航運、農業及商務之重鎮者，正是最繁榮的新莊，乾隆五十四年（一七八九年），新莊再升等為「新莊縣丞」，掌控全台北盆地，是謂「台北行政中心」。惟好景不常，因大嵙溪（今大漢溪）上游沖刷下來的泥沙形成沙洲，使得大船不能靠岸。（當時新莊也是淡水河流域諸多內港中，最大的港口，海船能直接航行到新莊岸邊。）。於是，慢慢的，許多商業活動，兩岸重要貨物運輸等，逐漸轉移到艋舺，從此以後，淡水河南岸的繁榮，被東岸和北岸取代，直到廿一世紀的今天依然如是。

參、艋舺時期（嘉慶六年到咸豐九年）

「艋舺」亦作「蟒甲」，為原住民族語，意指獨木舟及獨木舟聚集之處，其地濱河而土地肥沃。最早的漢人和原住民交易主要土產為蕃薯，故艋舺最初形成的市街名叫「蕃薯市」，後改稱「歡慈市」。

艋舺，也是現在萬華的舊名，其最早形成市街在今貴陽街二段和環河南路一段交接處。在清代這裡可是天然良港，西、北均濱淡水河，南倚新店溪，三面環水，當時的大船可直接進入停泊。

但艋舺能取代新莊地位，也是經過幾十年的開發。這裡原住著「沙麻廚」部落，康熙年間的泉州人「陳賴章」墾照，獲准開墾大加蚋地方，先在新莊，後移墾艋舺，泉州人來者日眾。

到乾隆初年，漢人墾區已擴大到東部，即今之松山、大安、南港、內湖，並向南部的景美、新店拓展。艋舺以水運的天然條件優越，成為台北盆地的貨物集散中心。到嘉慶十四年（一八〇八年），新莊縣丞移往艋舺，改稱「艋舺縣丞」，並將都司（軍事首長，明朝為省級，清代改四品武職，嘉慶政府能在艋舺設一「都司」，表示此處軍事地位的重要性。），改成水師游擊，兼管水陸弁兵。至道光五年（一八二五年），升游擊為參將，艋舺乃成北台灣之政經與軍事中心；而漢人入墾台北盆地，約在嘉慶二十五年（一八二〇）前後，已完全「佔領」台北平原，原住民絕大多數已退居山區。

艋舺從此步入繁榮，咸豐三年（一八五三年）堪稱全盛時期。當時所稱「一府、二鹿、三艋舺」（府指台南、鹿是鹿港）。噶瑪蘭通判姚瑩在「台北道里」一書記載：

> 五里渡大溪至艋舺，途中山水曲秀，風景如畫，擺接十三庄在其東南，為北路第一勝景。艋舺居民舖戶約四、五千家。外即八里坌口，商船聚集。

這是艋舺的繁榮，較之當時之竹塹（今新竹）係淡水廳所在地，其戶數亦不過二千戶左右。中國人不論走到那裡？發達後通常會蓋廟（不發達亦蓋小廟，發達更蓋大廟）此乃文化習俗使然。住於艋舺之晉江、南安、惠安等泉州「三邑人」，共同捐建的「龍山寺」，乾隆五年（一七四〇年）竣工，乾隆十一年「媽祖宮」亦告竣，乾隆五十五年泉州安溪移民，亦集資興建「清水岩祖師廟」。在中國傳統社會中，廟宇除了精神信仰外，幾乎也承擔「政經軍心」功能。

但好景亦不常，艋舺只維持約半世紀繁榮便走向衰落。其衰落原因比新莊更為複雜，歸納有三：第一是人為原因，泉州的三邑人（亦稱頂郊人），與同安和漳州的下郊人，發生勢力範圍衝突，雙方均不讓步，咸豐三年（一八五三年）雙方因碼頭力伕口角引發大械鬥。結果同安人慘敗，所居住的八甲庄被焚燬，其領導人林佑藻（有書寫「右」，可能筆誤）率族人退出八甲庄，舉族向北遷移，至奎母卒（後來稱大稻埕）重建新居，艋舺經這次大械鬥，元氣大傷。

第二是自然原因，三條河流（大漢溪、新店溪、淡水河）泥土沖積，使艋舺河岸日漸淤淺，大型船隻不能靠岸，航運商務乃告衰落。第三是人為和自然原因都有，原居住台北盆地的原住民被迫退入附近山區，在山坡地實施火耕、濫焚森林，加速河川之淤塞，對艋舺的打擊真是雪上加霜。

肆、大龍峒的崛起（康熙到同治）

大龍峒位於淡水河和基隆河交界處，其開發晚於艋舺，而較早於大稻埕。這裡原先住著凱達格蘭族的巴琅泵（Paronpon）部落，「諸羅縣志」作「大浪泵」，後又因與奎母卒社合併，改稱「奎泵社」，亦稱「雞泵社」。大龍峒開發雖晚於艋舺，卻是台北盆地歷史優久而古老的舊街區，至今仍散發古香古色的媚力。

按明末入據台灣的荷蘭人調查史料，一六四五年（明弘光元年、清順治二年）九月，巴琅泵部落有十八戶，七十二人。五年後（一六五〇年）增至二十五戶，八十人；再五年（一六五五年）的調查，減為十七戶，五十二口人，可能遷到別處所致。

康熙四十八年（一七〇九年），「陳賴章」墾號入墾大佳臘堡時，大浪泵即為重要墾區。康熙六十一年（一七二二年），御史黃叔璥巡視台北盆地，在他的「台海使槎錄」記載：「北港水路十里至內北投，四里至麻少翁，十五里至大浪泵，此地可泊船。」

乾隆初年入墾漢人日多，至乾隆中葉形成大浪泵庄，旋改稱「大隆同」。乾隆三十八年（一七七三年），有吳廷誥等捐建劍潭寺，府志稱「觀音亭」。惜因日據末期以太近神社為由，命令拆遷到大直竹子林。嘉慶十年（一八〇五年），大隆同之同安人集資建保安宮，主祀保生大帝；旋由王、鄭、高、陳四姓富商發起，在保安宮西側（今保安里、龍峒里之一部）興建舖房兩排，每排二十二幢，共四十四幢，出售給人營商，此即有名的「四十四坎」。這是大隆同最早市街，由此向四周發展，日趨發達。

前述咸豐三年艋舺大械鬥，戰敗者部份逃至奎母卒，部份來到大隆同，增加了大隆同人口和商務。發展到同治年間已是地靈人傑的世外桃源，再改名稱「大龍峒」至今。道光、咸豐後，此處碩士如林，鴻儒競秀，不分軒輊。同治年間，中舉人有六，秀才滿街，當時有「十步一秀、百步一舉」之說，可見大龍峒非僅虛名。

伍、大稻埕時期（咸豐元年到光緒元年）

當艋舺繁榮與大龍峒形成街肆，大稻埕仍是一片水田，而有一處公設曝稻之大埕（埕即場），約在今永樂戲院後至建昌街派出所之間，農民晒穀之用。

更早這裡住著平埔族「奇母卒」部落，或叫「奎母卒」（後又稱奎府聚），而台灣府誌記載「乾隆初年大稻埕被稱為奇武卒莊」。康熙初年只有少數漢人移民在大稻埕，至康熙末年開始有較多移民。

但大稻埕之開始有店鋪，始於咸豐元年（一八五一年）。林藍田自基隆移居大稻埕建店鋪三幢（今迪化街一段），店號「林益順」，從事與華北、廈門、香港之貿易往來。咸豐三年是關鍵，艋舺大械鬥後，林佑藻率族人播遷大稻埕重建市街，幾年間繁榮的新城竟超越艋舺；加以咸豐六年及九年，新莊亦發生漳、泉械鬥，泉州的同安人敗退，紛紛逃到大稻埕定居，大稻埕日益興盛，大商巨舖隨處可見，如「怡和鑽」、「復振行」。

咸豐六年，居民捐款在南街興建霞海城隍廟，同治五年（一八六六年）林佑藻等發起建媽祖廟「慈聖宮」。咸豐年間，大稻埕的海上貿易遠達寧波、上海、乍浦、天津等地，已成台北盆地的商業中心。乃至大稻埕周邊之郊戶亦日趨發達，經營福州、江浙貿易者稱「北郊」；跑泉州者稱「泉郊」（亦叫頂郊）；赴廈門者稱「廈郊」，總稱「三郊」。公舉林佑藻為三郊總長，凡事由總長裁決，並設三郊會館，對地方發展建設貢獻很大。

咸豐十年（一八六〇年）訂北京條約，闢台灣四口通商，外商紛紛來台，北部即以大稻埕為中心。直到光緒元年（一八七五年）十二月二十日，全島重劃行政區，增設台北府、淡水縣、恆春縣、新竹縣、卑南廳、埔里社廳、基隆廳，改噶瑪蘭廳為宜蘭縣。全島共分二府、八縣、四廳。

由沈葆偵奏准成立台北府，是台北盆地邁向現代化的起點（因電力由此開始），台北府、大稻埕和艋舺合稱「台北三市街」，這三地區也合稱「台北」。

大稻埕繁榮後也為招徠外商，在南區的建昌街（今貴德街）、六館街（今南京西路西端）及千秋街（今西寧北路南段），興建兩層連棟洋樓，成立外僑區。後來，荷蘭、德國和美國，都在此設立領事館。約在光緒十六年（一八九〇年）前後，實為大稻埕發展之鼎盛時期。

當新莊、艋舺、大龍峒、大稻埕，逐一在台北盆地展現他的光華時，本章似未提及公館週邊地區或其他地帶。事實上，也都以不同規模在開墾發展中，如雍正時的「七股圳」，乾隆時的「瑠公圳」，都以灌溉公館地區水田為主，本書後有專篇論述。台北盆地其他地方亦然，前面講過大約到乾隆中期，台北盆地已全數水田化，可見漢人開墾之努力積極，難怪漢人成為全世界散佈最廣、人口也最多的族群。

臺灣開拓沿革圖

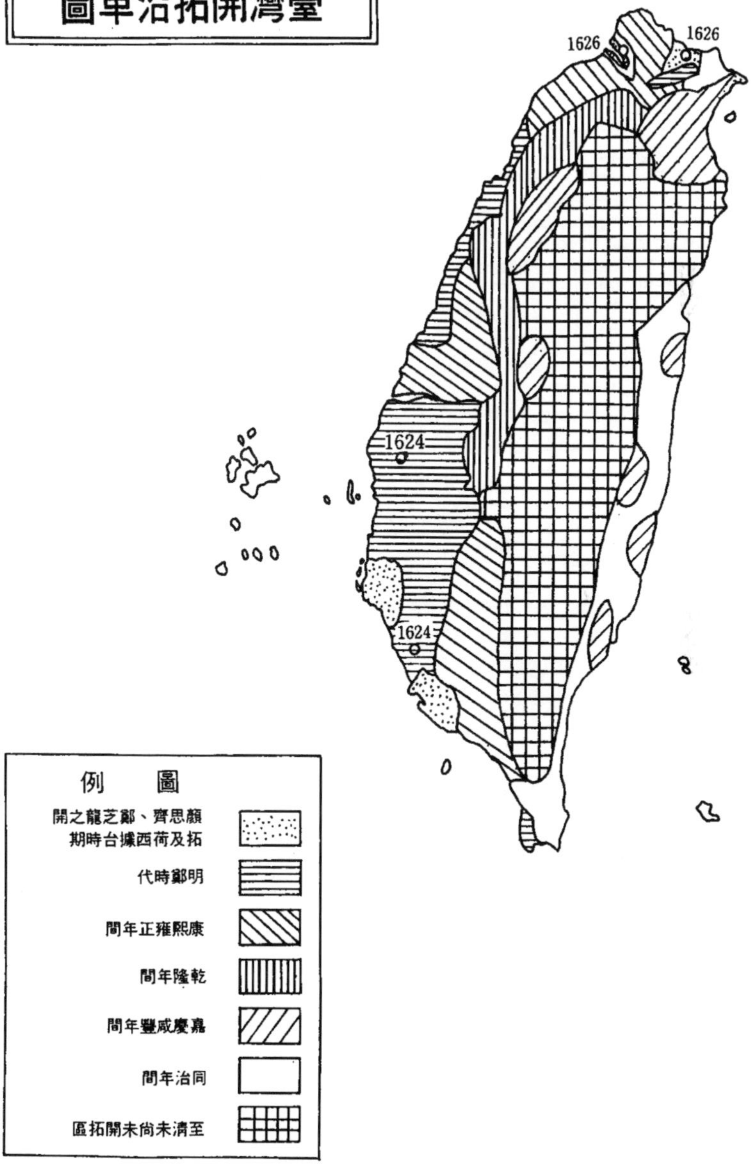
1626
1626
1624
1624
圖例
顏思齊、鄭芝龍之開拓及荷西據台時期
明鄭時代
康熙雍正年間
乾隆年間
嘉慶咸豐年間
同治年間
至清末尚未開拓區

上圖：台北大湖及平原圖（這是台北大湖形成後二十三年，即康熙五十六年，西元一七一七年所繪的圖，這時平原上已是拓墾者雲集）資料來源：台北市志（卷首）引陳夢林（諸羅縣志）台北市文獻會。

左圖：青山宮的祭典是艋舺盛事，其夜間繞境的「暗訪」已被指定為「無形文化遺產」。（王能佑攝）

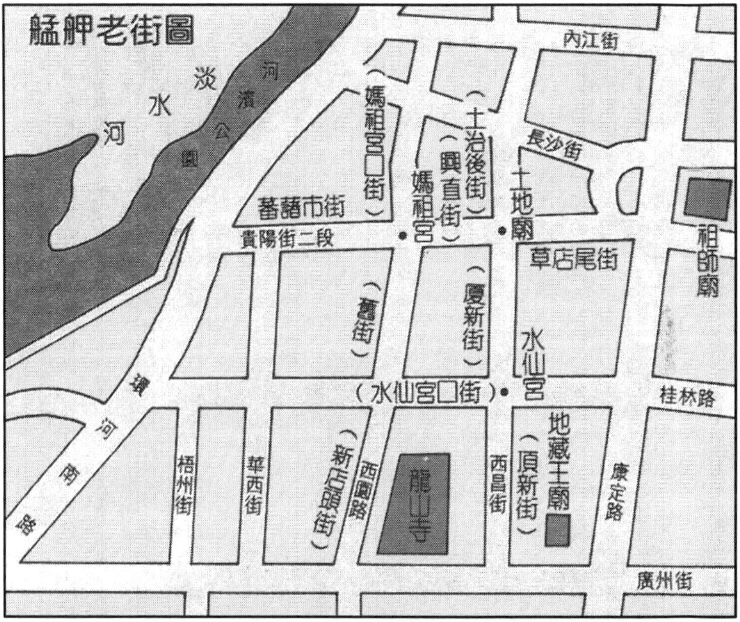

艋舺老街發展圖　資料來源：台灣深度旅遊手冊 —— 遠流出版公司。

清光緒 34 年的大稻埕河岸，《台北畫刊》98.11，台北市文獻會提供。

1858年臺灣對外開港後，大稻埕成為洋行、製茶廠的所在地。（臺北市文獻委員會提供）

百年思想起系列活動及陳輔章墅號特展將於剝皮寮歷史街區舉行。（王能佑攝）

以上兩圖，《台北畫刊》，98.11.

加蚋文化節　萬華14日登場

【記者郭書宏台北報導】台北市南萬華的年度廟會盛事「加蚋文化節」，十四日起一連三天在楊聖廟登場，除有保儀大夫神明遶境慶典、社區藝文表演及手工藝教學活動外，還有挽豆芽比賽、豆芽美食饗宴與農特產展，重現早年當地傳統的豆芽產業。

台北市萬華區公所表示，四十多年前加蚋地區竊竹林立，早期務農常有蟲害，鄉間盛傳請「保儀大夫」在農田遶境可消除蟲害，尤其農曆三月蚊蟲繁殖季，各村莊爭相邀請，如今農業早已沒落，但每年保儀大夫遶境活動，卻成為加蚋地區重要民俗慶典，近年來則由萬華區公所輔導轉型為「加蚋文化節」。

其中，保儀大夫十四日上午十一時自東隆宮啓程，隊伍將遶行南萬華十二個里的主要巷道，附近宮廟、陣頭都會參與遶境，祈求風調雨順。

十五日將邀請原住民、客家、新移民及社區藝文團體表演，又由於加蚋地區目前是大台北地區豆芽菜最主要的供應區，各家業者除現場展示，也將舉辦挽豆芽大賽，供應各式豆芽餐，讓民衆品嘗。

十六日下午邀請花藝及紙黏土手工藝老師於現場免費教學。晚間的閉幕典禮則邀請視障團體生命爵士樂團（lifejazz）表演精采的薩克斯風樂曲，及樂扶協會輪椅標準舞，期待給民衆一場宗教與藝文兼具的文化饗宴。

2011.4.6

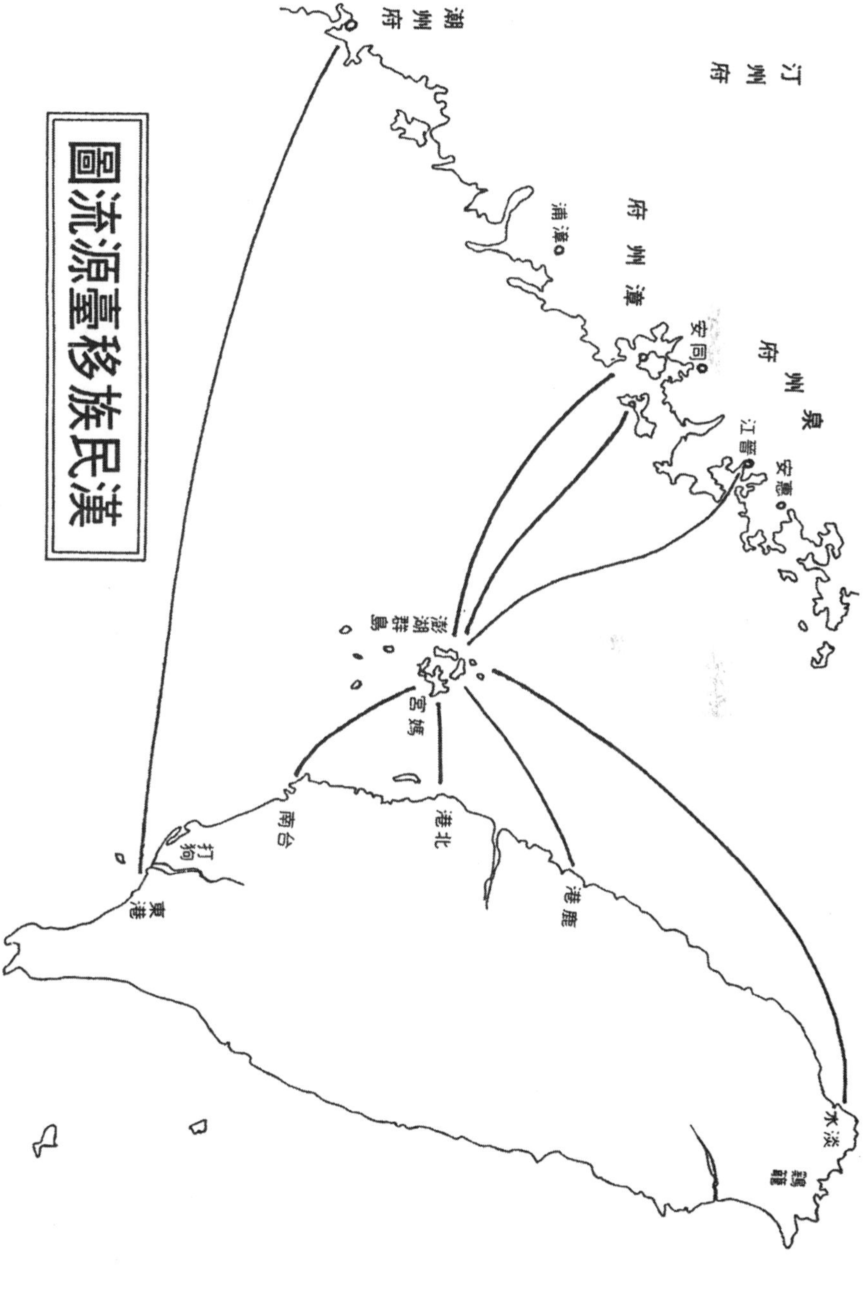
漢民族移臺源流圖
汀州府
潮州府
漳州府
漳浦
同安
泉州府
晉江
惠安
澎湖群島
媽宮
台南
打狗
東港
北港
鹿港
淡水
雞籠

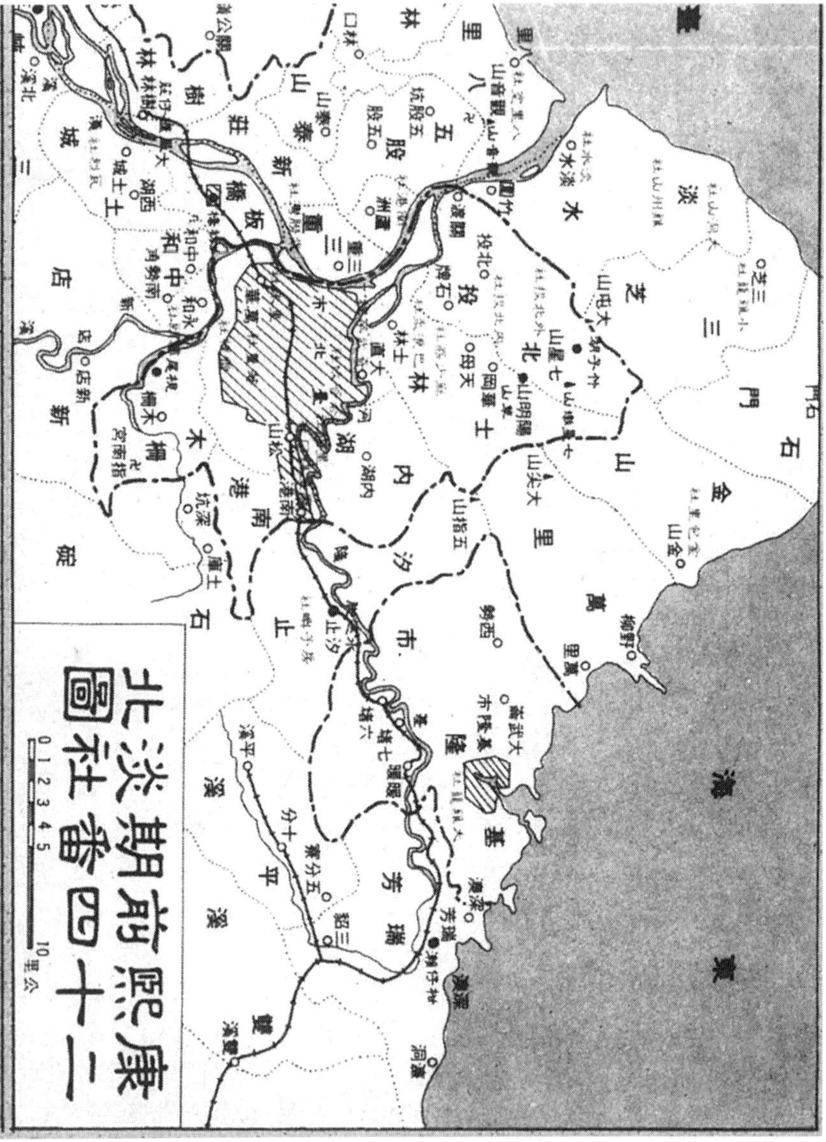

資料來源：台北市文獻會

清乾隆 19 年（1754 年）祖籍福建安溪的林欽明（林堯公）率家人東渡來臺，其四子林志能（林回公）因善於經商，在艋舺開設「榮泰行」，在累積財富後，於現今台北市大安區四維路 141 號蓋大厝，大厝的正身完工於清乾隆 48 年至 50 年（1783～1785 年），清道光 2 至 3 年（1822～1823 年）其餘左右護龍等也陸續完工。林回公為紀念家鄉，遂取福建泉州安溪的「安」和榮泰行的「泰」，將宅第定名為「安泰厝」，是臺北市現存古宅中年代最久的古厝之一。2000 年 5 月由臺北市政府民政局精心規劃為「林安泰古厝民俗文物館」，對外開放參觀，2009 年配合臺北國際花卉博覽會活動成為展館並擴建庭園，2011 年繼續以「林安泰古厝民俗文物館」開放民眾參觀，為本市重要觀光景點。

臺北盆地開發圖

（一）北投：原為平埔族北投社的社址。北投為其音譯，有「巫女」之意。

（二）大龍峒：原來是平埔族「大浪泵社」的社址。乾隆年間，因同安人之聚落己形成，乃改名「大隆同」，屬吉利語。後因該地人才輩出，僉認為龍峒山（圓山）之靈氣所使然，遂改今名大龍峒。

（三）景美：舊名「梘尾」，「梘」是架在地上用以輸送用水的木製涵管，因位在「梘」之尾端，故名「梘尾」。後改為「景尾」，再改為景美。

（四）士林：原稱「八芝蘭」，有溫泉之意，因林木茂盛又有「八芝蘭林」之名，簡稱「芝蘭」。後來該地文教發達且「士子如林」故稱士林。

（五）松山：原為平埔族貓里錫口社之社址。泉州安溪人來此墾殖，興建市街。嘉慶年間，簡稱錫口，1920（民國9）年改稱松山。

（六）南港：舊稱「南港仔莊」，因位於基隆河南岸與汐止北港相對稱，故名南港。

第十章 台北、台北府城的故事

古今以來住台北的人何時才知道「台北」？何時才把這地方叫「台北」？而不叫「大佳臘」（或大加蚋）！可能很少人想過！

台北府城存在的時代雖只有短短的二十年，光緒元年（一八七五年）到光緒二十一年（一八九五年），但這是「台北」的誕生，也是關鍵性的二十年。故本章以下列各節，分述其始末。

壹、「台北」的誕生：何時「台北」才有現代意義？

「台北」，是由「台灣」和「北方」兩個概念，合組簡稱而來，但從那裡起算才是「北方」？在歷史上每個時代都不同，康熙二十二年（一八六三年），施琅平台，結束明鄭在台灣的廿一年「南明」時代。翌年，清廷設台灣府，隸屬福建省，下設台灣（今台南）、鳳山（高雄）、諸羅（嘉義）三縣。

當是時，人們對台灣島地理所知不多，把台灣縣（即台南）稱「台灣中路」，而今之台南佳里以北就叫「台灣北路」。直到十八世紀末（約嘉慶初年），人們才意識到今天的彰化、台中地區，才是正確的台灣「中」路。是故，以上所謂「北路」，並非台灣全島地理上的北部，而是文化、政治中心「台灣縣」以北的地區。

現代「台北」的誕生，仍可以追尋到「進化」的過程。第一、乾隆五十三年（一七八八年），平定林爽文事件後，史學家趙翼來到福建，才以新的眼光把台灣劃分成北、中、南三路。其次，來台任台灣海防同知、攝噶瑪蘭通判的姚瑩（約道光中期），主張北路副將移駐竹塹（今新竹），以便「中權淡水，南可以應彰化，北可以應艋舺、噶瑪蘭，惜未引上級重視與更動。第三、同治十年（一八七一年），「淡水廳志」以廳治竹塹為中心，把淡水廳轄區分淡北、淡南（或塹南），今之台北地區為「淡北」。到此時，「台北」的現代界定仍在孕育中。

「台北」一辭開始有明確的現代意義，源自同治十三年（一八七四年）三月二十二日，爆發琅嶠（恒春）「牡丹社事件」，欽差大臣沈葆楨於事後受命來台處理。他把台灣劃分為北、中、南三區，在地理、行政和軍備上，「台北」指的是「台灣北部」，不再是以彰化為中心的八掌溪以北地區。

光緒元年（一八七五年），沈葆楨有見於台灣地位的重要，須全面建設海防，以成東南七省屏障。而在台北方面，他擬議「一府三縣」，改噶瑪蘭為宜蘭，改淡水廳為新竹縣，艋舺設淡水縣，雞籠改基隆並設通判，總轄於台北府。府治設於艋舺，同年十二月獲得奏准。

台北府的成立使「台北」正式誕生，從此住在台北的人們，慢慢的習慣把這裡叫「台北」，稱「大佳臘」等漸漸減少。但此後「台北」也仍有許多變動，日據時改制「台北州」，光復後的「台北市」，都隨著時代在不停的變動。

貳、台北府城的興建與規模

皇帝可以一夜讓「台北府」誕生，卻不能使「台北府城」瞬間落成，而是經過十年，到光緒十年（一八八四年）十一月竣工，其規模如下頁圖，與大稻埕、艋舺合稱「台北三市街」。

按現在位置，其東畔今之中山南路，約長一三六七公尺；西畔今之中華路一段，長度略與東同。南畔今之愛國西路，長約一一三八公尺；北畔今忠孝西路，長約一一二八公尺。四週城垣以堅石砌為牆，城牆高約五公尺，厚四公尺，雉堞高約一公尺。

府城外環以濠塹，闢有五門及門樓。東門名景福門通錫口（松山），西門名寶成門通艋舺新起街（今長沙街），南門名麗正門通景美、新店，小南門名重熙門通艋舺八甲（今桂林路），北門名承恩門通大稻埕。東北兩門另建外郭，俗稱「甕門」，新建之府署及重要設施均在府城之內（如圖）。

整個台北府城歷經十年

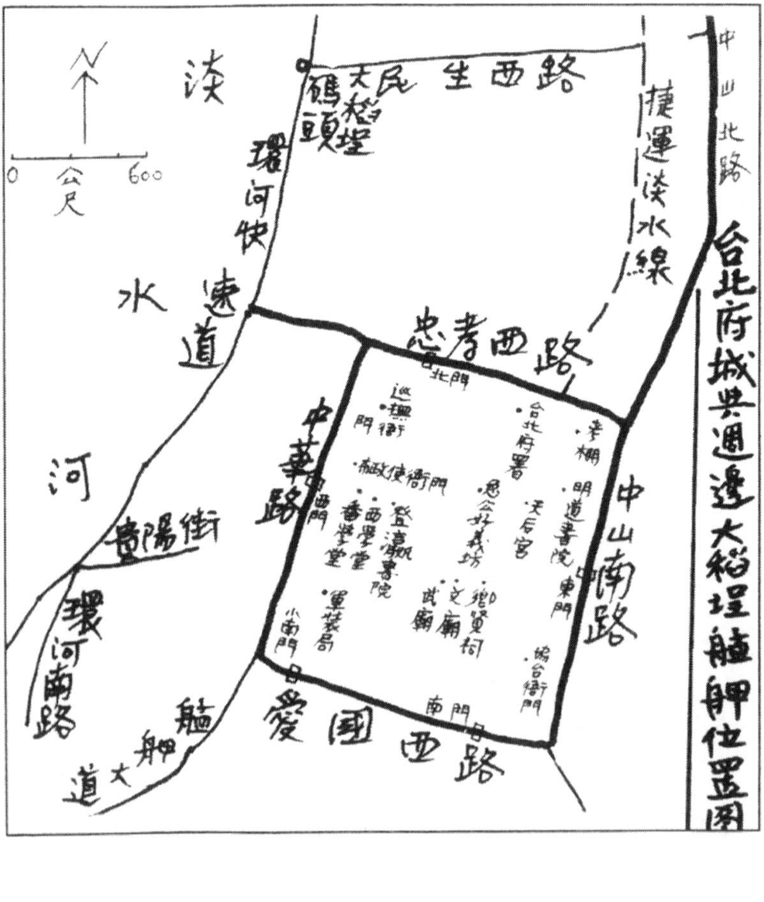

才竣工，原來台北府奏准設立，首任知府林達泉上任半年卒於官，第二任陳星聚，至此時台北府均暫設於淡水廳署（竹塹），即是說府治仍在新竹。光緒五年（一八七九年）閏三月，淡、新分治，台北府署才遷回台北府城內，並積極籌建台北府城，他算是首任「開府台北」的知府，也是與府城建設相始終而「勞瘁不辭」的知府。

光緒五年初，陳星聚決定之城基和街道，在艋舺和大稻埕間的大片水田上，土質鬆軟，乃先在預定城牆線上植竹以培土，計畫三、四年間土質固實能承受城牆重壓。築城經費先後以官民勸募，得二十餘萬兩。光緒七年，岑毓英任福建巡撫，巡視台灣防務後奏稱台北府「尚無城垣……不足以資捍衛」。不久岑升任雲貴總督，台灣防務改由台灣道劉璈主持，但他於光緒十一年五月十三日被彈劾革職。

建城籌款均不易，中間夾雜漳泉人岐見，終於在光緒十年十一月竣工。但台北府城能完工，林達泉和陳星聚二位知府居功至偉，前述台北府成立時府治仍在新竹，因當地紳商不斷建議台北府維持在新竹。惟林達泉堅持台北府之府治所在必須在台北，他發檄文通告稱「台北四山環抱，山水交匯，府治於此創建，實是收山川之靈秀，而蔚為人物……」以現代觀點看，林達泉之見仍合乎地緣戰略之原則。可惜他勞心於台北府城外，又要為當時征討原住民的防衛募兵、籌餉等，上任半年多便積勞成疾，病逝於台北知府。

接任的陳星聚積極規劃台北府興建，完工後鼓勵公正紳商，興建店舖商號，不數年功夫便與大稻埕、艋舺合稱台北三市街。但不幸，中法戰爭時法軍侵擾台灣，陳星聚協助欽差大臣劉銘傳，發動紳商籌募軍備，而台北府不過是個誕生不久的「嬰兒」。光緒十一年（一八八五年）中法議和後，陳星聚便因積勞成疾，病逝於台北知府任上。

參、台灣建省與台北府城的現代化起點

光緒十一年（一八八五年）九月五日，台灣建省，這天起台灣正式成為中國的一個省，至今而未改變；這也表示清廷從牡丹社事件和中法戰爭，體認到台灣對中國的戰略性影響。

光緒十二年四月，督辦台灣事務大臣劉銘傳就任第一任台灣巡撫，先設總務處於台北府城。他在台灣進行很多現代化建設，如鐵路、郵傳、航運、軍備、電力等，無疑的，他在台灣現代化的起跑點上，用廿一世紀的眼光看當然是很「古老」的。單就台北府城

而言，已是十九世紀末僅次於上海租界的近代城市，雖然光緒十六年（一八九〇年）八月二十二日，劉銘傳因豪強巨室中傷而辭職，但省會就從台中移來台北。從此，台北府城成為台灣之政軍經及文化之中心。

台北府城在建省後也有更多建設（前圖），如鐵路總局、郵政總局、番學堂、西學堂、軍備局、機器局等。城內主要街道有府前街（今重慶南路）。府後街（今館前路）、府中街、府直街、撫台街（今博愛路及延平南路）。文武街、文武廟街、石坊街（今衡陽路）。又自光緒十四年（一八八八年），城內初設電燈，發電所設在撫台街，除巡撫衙門、布政使、機械局有電燈外，尚有西門街、新起街、北門及祖師廟有路燈。當時台北府城之有「電燈」，是全台灣之首舉，吸引很多中南部的人來參觀。

一八七〇年代愛迪生開啟電力的大門，到一九〇〇年全球已進入「電力應用」新時代，電力已是「國力」的基本要件，沒有電力，一切都免談了。

根據清末淡水海關稅務司馬士（H. B. Morse，英國人）海關報告原件，劉銘傳在光緒十一年（一八八五年），於台北府城修建行轅已安裝電燈。（註）

不管那一種推論，至少證明一八八五年台北府城的巡撫辦公室內已有電燈，這可能只是一種「實驗性」。因為又隔三年，府城內的其他地方才開始有電燈。

劉銘傳另一重大建設構想，是建全省鐵路南北幹線，為此他在台北成立鐵路總局。可惜他離職太早，光緒十七年大稻埕到基隆竣工，光緒十九年台北到新竹亦竣工，繼任者邵友濂上任竟以工程艱鉅，奏請清廷停工。又隔兩年，台灣割讓日本。

劉銘傳在台北還有一項開創性記錄，他設計了台灣第一座水力發電廠，即「龜山電廠」（在新店）。按台電公司出版「台灣電力百年史」和台灣省文獻會編「台灣省通志」所述，皆說劉銘傳已計劃建龜山電廠，且已完成設計案。倭人據台後，循著劉銘傳的設計繼續推動，而完成台灣第一座水力發電廠。

註：但劉銘傳是在光緒十二年四月就任台灣巡撫，故推論修建行轅時，他尚未到台灣；另一推論，因中法戰爭時（光緒十年）劉銘傳人已在台北守備，戰後仍負責駐台籌辦善後，直到就任巡撫，行轅裝電燈他曾親自指導。）

臺北城之北門（自外側觀看）

臺北城之北門（自正面看）

清代布政使衙門及其附屬建物

1936 年興建完成的中山堂，原為日治時期的「公會堂」，是大型的市民集會場所。更早是清代布政使衙門，1945 年抗戰勝利臺灣光復，「中國戰區臺灣省受降典禮」即在此舉行。此後，許多重要藝文展演，如臺灣省第一屆美術展、臺北市第一屆集團結婚、蔡瑞月首次舞展、李梅樹首次個人油畫展等，甚至總統就職大典均在此舉行。由於這些特殊的歷史地位與意義，1992 年中山堂被列為二級古蹟。自 2011 年整修與再利用後，陸續開放 2 樓展覽室、3 樓臺北書院與茶坊及 4 樓蔡明亮咖啡走廊等空間。蛻變後的中山堂，不再只是市民欣賞表演節目場所，而是兼具有教育、藝文及休閒之多功能場所。

右圖：1885 年所開闢的「洋人街」建昌街，是清末洋行、使館聚集之處，今為貴德街。（圖/臺北城市博物館籌建小組提供）

左圖：艋舺是臺北最早開發的市街，曾因「一府、二鹿、三艋舺」享譽全臺，此照為日治初期所拍攝。（圖/臺北城市博物館籌建小組提供）

臺北城之小南門

左圖：奏請建臺北城的沈保楨

下圖：倭據時代，位於大稻埕的霞海城隍廟原貌

現在的博愛路在清代時之景象

光復時期的博愛路

巖疆鎖鑰

第十一章　台北近郊小史

有清一代三百年，對台北盆地及其周邊地區開發，最有計畫且規模最大，應屬光緒時的台北府城。但可惜，城池的建設仍未合十九世紀國際戰略觀，亦未能前瞻未來數百年的「大國視野」，以為可以用「城牆」就能擋住西洋砲火。這只能說當時滿清已腐敗衰弱，能力、視野、信心已極欠缺，不久台灣割給倭鬼，台北府城立即被拆光光，台灣人躲不掉的「業」吧！

台北近郊的開發雖較少公權力的注入，但以漢人的努力打拼精神，很快的就把原住的凱族各社「擠」到山裡。這種情形不能說漢人使壞，但也只能說是「演化」的結果，除此很難有合理的說法。以下略說台北近郊的演化（或開發）小史。

1. **錫口街（今松山區）**：此地原屬大加臘堡，昔為凱達格蘭族之 Malysyakkaw 社平埔番原居地。康熙三十六年（一六九七年），郁永河探險到此，後在他著《裨海紀遊》

一書中，譯稱「麻里折口」。到乾隆二十九年（一七六四年），在余文儀《續修台灣府志》番社中，稱此地「貓裏錫口庄」，後漸簡稱「麻里錫口」、「錫口」。

漢人入墾錫口，乾隆時已有泉州、安溪人在此形成村落，乾隆二十三年（一七五七年）慈佑宮落成。至嘉慶時錫口已形成市街，成為艋舺到噶瑪蘭及基隆之要道。光緒十年（一八八四年），劉銘傳建基隆、台北間鐵路，錫口為中間站，但因客貨均以一車之便，直抵台北或基隆，街勢才日見蕭條。

2. **內湖庄（今內湖區）**：有記錄的漢人入墾，始於乾隆初年漳州何士蘭、林成祖二人。何姓開拓以北勢湖庄、碧山村為主要範圍，林姓墾地以湖興村和五分村為主。內湖以四山環繞，中為盆地，故以得名，漢人未來前是凱族新里族社番原居地。

3. **南港子庄（今南港區）**：因在基隆之南，且與汐止交界處有小港可出入船隻，故名南港。雍正時有漢人入墾，乾隆初年有泉州詹姓開闢南港三重埔庄，闕姓開拓東新庄子庄；另番子埔為泉州楊、李二姓共墾。

4. **雞籠（今基隆）**：為平埔番 **ketangaran** 社族人祖居地，一般稱大雞籠社，後簡音 **keran** 而譯雞籠。光緒元年（一八七五年），在此地置台北分防通判時，改叫「基隆」，取「基地昌隆」之意。早在明末時，漢人已在雞籠建置街肆，原土著則遷往田寮港附近及社寮島（今和平島）。

5. **八芝蘭庄（今士林區）**：乾隆五年（一七四〇年）稱八芝蓮林庄，至乾隆二十九年改稱八芝蘭，原是凱族語溫泉之意，指北方山地（三角埔北投一帶）有溫泉 Pattsiran 為地名。至清末，科名特盛，文風蔚起，改稱士林，取士子如林之意。明末開始有移民入墾，康熙四十二年（一七〇三年）有漳州人鄭姓建雙溪圳，至雍正和乾隆兩朝，土地已大致開闢。士林各區開發有先後，有不同故事。

◎**下樹林庄（今士林街區）**：乾隆時期已有漳、泉人入墾，咸豐九年（一八五九年），漳、泉械鬥，芝蘭莊舊街區（今舊街里）被焚燬殆盡。鄉紳潘永清領導街民，移建新街於此，即於此時改名「士林」。

◎**外雙溪庄（今臨溪里）**：乾隆十七年（一七五二年），漳州人楊國策向凱族毛少翁社承租開闢，為今之士林水源地開拓之始；另內雙溪（今溪山里），相傳為乾隆時漳州人何士蘭開闢。

◎**社子庄（今社子里）**：原亦毛少翁社聚落，雍正初年有粵人入墾，又百餘年，有閩人陳請、陳仲山、陳天賜、陳贊、陳奇能，由金包里（今金山）來墾。

另浦雅庄（今蘭雅里）乾隆時漳州賴姓入墾，崙子頂庄（今倫等里）乾隆末泉州李姓開拓，葫蘆堵庄（今葫蘆里）乾隆中漳州吳陸拓墾。

6. **北投庄（今北投區）**：與基隆、淡水、八里坌等，同是北部開拓最早之地區。明萬曆以降即有漢人來此貿易，明鄭時代闢建芝蘭二堡。唭哩岸慈生宮建於永曆年間，康熙末年雞籠通事賴科入墾北投庄，建關渡山靈山廟。

◎關渡庄（古稱干荳、甘答門、墘竇，今關渡里）：在《諸羅縣志》和《台灣府志》稱關渡門，因地處大屯、觀音兩山支脈之狹道峽門，康熙中葉漢人入墾。

◎石牌庄（今石牌里、福德里）：雍、乾之初，漳州人賴、魏、謝三姓來墾，逐漸侵墾原民土地，時起爭端。淡水同知曾日英立番界碑於此，嗣以傳訛，而稱石牌。

◎唭里岸（今立農里、風度里）：明永曆時，閩舉人王錫祺來墾，建慈生宮廟。故《淡水廳志》載：「淡水開墾自唭里岸始。」

7. **淡水**：為台北開發最早的地區，明代中葉就有記載。至崇禎元年（一六二八年），西班牙人搶竊淡水，築聖哥明高城，十餘年後被荷人驅逐。明鄭時屯軍於此，康熙時漢人來墾，乾隆時開港通商。

清代「淡水」範圍很廣，大台北地區多數地方幾可納入淡水範圍。

8. **水湳庄（今蘆州區）**：雍正時有八里坌業戶由觀音山入墾水湳，為此地開拓之始。

乾隆時有「關渡僧」梅福多有其地且招佃開拓，故有「和尚洲」之稱。然因地勢低窪，大多淡水河浮沙地帶，種植不易。至嘉慶時地勢漸高，始由泉州移民大規模開闢。

9. **枋橋（今板橋區）**：康熙六十年（一七二一年）漳州賴姓來此拓土，為本地區開闢之始。乾隆十五年（一七五〇年）再有漳州人林成祖入墾，後開鑿大安圳以灌溉擺接，以更盡地利。

◎枋橋街區（今留侯、赤松、黃石、流芳、挹秀五里）：乾隆十五年漳州人廖富椿來墾，至嘉慶時漸成村落，庄之西北通往新莊要道，上架木板為橋，以閩南發音稱「枋橋」，日久成地名，用至民國九年改稱板橋。

道光九年（一八二九年），枋橋街外的崁子腳附近，已漸有瓦房興建成街肆，稱枋橋新興街，此為枋橋街之前身，後成林家遷居枋橋的住宅基地。

枋橋林家，始於乾隆四十三年（一七七八年），漳州龍溪縣文人林應寅到新莊開館授徒，此後其子林平侯，及平侯子國華、國芳，在北台奮鬥數十年而成首富。

10. **鶯歌石庄（今鶯歌區）**：明鄭時有在此屯軍之說，康熙二十二年（一六八四年），粵人來種茶，後因閩粵械鬥，安溪人許丁到此種茶，粵人悉去，以名茶山。康熙二十四年，泉州人陳瑜由南部招佃來墾南靖厝，是為本地區有規模開拓之始。

民國九年，鶯歌石改稱鶯歌，起因鶯歌山，山之小腹有一巨岩，狀如鶯歌，此後即以山名轉地名。

其他如水返腳（今汐止）、雞籠（今基隆）、金包里（今金山）、八里坌（今八里）、梘尾（今景美）等地區，也幾乎在清代形成街庄，凡可以開墾種植者，也幾乎完成「農田化」。可參考書末「附件三」，台北各古地名沿革略說，惟人名、地名經數百年口耳相傳，難免有不同說法。例如「大佳臘」、「大加臘」、「大加蚋」……凡此，正可證明人類腳步走過留下各種不同跡痕，其代表的意義（地區、範圍）相同。

昔時婦女挽面情景所謂挽面，一般由年長婦女以紗線撚活結，口咬線之一端，在線之拉縮中去除臉毛，今士林天主堂前面可看到。　資料來源：台北市文獻會

北臺粵籍移民衣飾及婦女髮結。圖為新竹洲中壢人。
資料來源：台北市文獻會

牛車

昔時臺灣之交通工具——轎

碑界業園田岸哩嗔
資料來源：台北古蹟探索

昔時郊區露天理髮編結辮子情形。　資料來源：台北市文獻會

臺北大稻埕的閩南移民衣飾及婦女髮結（俗稱龜仔頭）
資料來源：
台北市文獻會

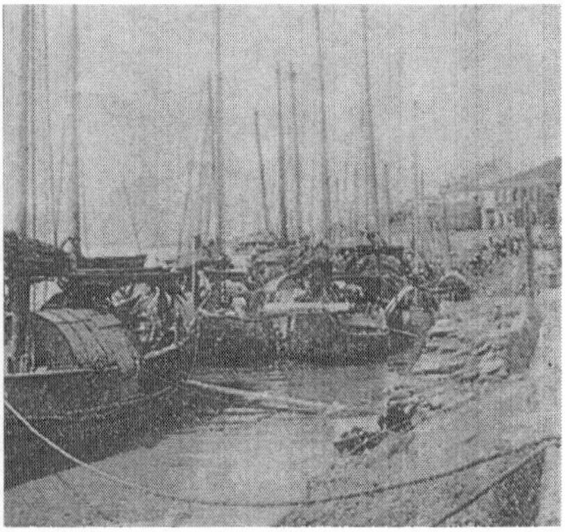

上圖：位於淡水河畔的大稻埕，由於交通便利，吸引了大量的洋行及華商聚集，成為當時台灣北部最繁華的城市。
資料來源：發現台灣 — 天下雜誌。
左圖：瑠公圳原址，碑（位於現在的新生南路）。

清瑠公圳景美溪梘，架在地上的木製管子可輸送用水。

瑠公圳當年情景

淡水河岸邊的艋舺

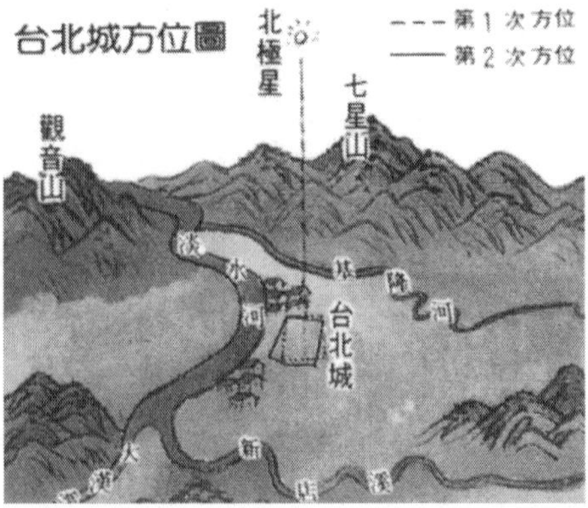

臺北城方位圖

甲午戰爭圖

臺北府城北門（原貌）

臺北府城北門（承恩門）

布政史司衙門

學海書院

清代的臺灣刑罰

馬關條約圖

一八九五年清廷代表李鴻章與日本代表伊藤博文（李鴻章正對面）簽下馬關條約，把臺灣、澎湖割讓日本。

劉永福抗日宣傳圖

臺灣民主國圖

藍地黃虎的臺灣民主國圖，表示不願成為日本的殖民地。

一座橋的前世今生

- 景美的地名清朝時叫「梘尾」。「梘」是給水過的橋，為了讓瑠公圳的水能順利從新店大坪林（梘頭）越過景美溪流到景美（梘尾）而架設的灌溉設施，稱「梘橋」。
- 西元 1909 年，倭人拆除「梘」橋，將它改築成水泥橋，橋上行車走人，橋下箱涵通水。在當時是台灣第一座混擬土建築物，稱為「公橋」。
- 西元 1963 年，即民國 52 年，因橋面距離溪底太近，豪雨來襲時常氾濫成災，因此將瑠公橋拆除改建，新橋稱「景美橋」。
- 西元 2009 年，使用了將近 50 年的景美橋再度功成身退，繼以斜吊索拱橋形式的全新風貌展現並於 2010 年 9 月 27 日完工啟用，繼續承載串聯景美與新店繁忙交通的重責大任。

第十二章　光緒《全臺輿圖》中的台北府

光緒六年（一八八〇年）出版的《全臺輿圖》，是滿清治台政策由消極轉而積極的重要文獻。起因於同治十三年（一八七四年），倭人出兵佔領恆春半島，史稱「牡丹社事件」。在欽差大臣沈葆楨。台灣兵備道（最高行政首長）夏獻綸等人主導下，在台灣展開許多新政，測繪地圖只是一部份工作。本章略說《全臺輿圖》，並針對台北府這部份概述之。

名稱與出版時間

《全臺輿圖》原善本，目前典藏在台灣歷史博物館，本文按該館發行出版，黃清琦編著《臺灣輿圖暨解說圖研究》一書簡介。

《全臺輿圖》是一本地圖集，有數個別名，《臺灣輿圖並說》、《臺灣輿圖》、《光緒臺灣輿圖》都是別名。善本扉頁（書刊封面內印）題名用《全臺輿圖》，版口（內文折頁中縫）題名用《臺灣輿圖》，外封面書籤則用《臺灣輿圖并說》，後世學者亦有用《光緒臺灣輿圖》等。

惟吾人研究清代台灣地圖，歷朝尚有稱「臺灣輿圖」者，如《康熙臺灣輿圖》、《雍正朝臺灣輿圖》、《乾隆朝臺灣輿圖》等。

光緒《全臺輿圖》出版時間，有兩種說法，原因是序文落款在「光緒五年歲在己卯孟夏」，但內封載「光緒庚辰蒲夏開刷」，也就是序文寫於一八七九年，地圖印刷則在一八八〇年。

《全臺輿圖》中的台北府

早在光緒元年（一八七五年），十二月二十日全台行政區重劃，共分二府八縣四廳，台北府轄三縣（淡水縣、新竹縣、宜蘭縣）一廳（基隆廳）。

但光緒六年印刷的《全臺輿圖》台北府只有三縣，沒有基隆廳地圖。這是因為當時雞籠（基隆）疆界未定，所以仍放在淡水廳圖中，僅在雞籠加註「添設通判」。

台北府所轄三縣（淡水、宜蘭、新竹），地圖外尚有短文「說略」和附錄道里」（參閱以下各圖文），宜蘭和新竹參閱，僅針對涵蓋台北盆地的淡水縣說略簡介。

台北府淡水縣說略與附錄道里

台灣富庶，以淡北稱最。鄭氏以前，未之聞；康熙中，既入版圖，猶隸彰化。雍正九年，分設淡水同知，治以大甲溪以北。二百年來，聲明文物甲於全台。先是同治十年，同知陳培桂徇廳民之請，有「增設學額，請陞直隸州」之議，未及行；開山撫番事起，乃推原其意，議於北路裁淡水同知、噶瑪蘭通判，建台北府一，轄以三縣：曰淡水、曰新竹、曰宜蘭，一廳，曰雞籠，通判兼理煤務。

淡水實為附郭之邑，治於艋舺。劃中壢以上至頭重溪、土牛溝，為淡、新交界；三貂溪以北，仍交宜蘭縣界。

艋舺當雞籠，龜崙兩山之間，沃壤平原，溪流環抱。西至海口三十里，直達八里坌、滬尾兩口，並有觀音、大屯山以為屏障，且與省城五虎門遙對，非特淡、蘭扼要之區，實為全台北門之管「鑰」也。

中壢、茄冬、南崁、磺溪諸小港外，八里坌昔通今塞；滬尾在邑治迤北三十里，又折東六十里曰雞籠。滬尾盛潮約深一丈五、六尺，雞籠過之；近皆為互市之地。

距離雞籠十二里，日八斗；實為產煤奧區。今招洋匠濬煤井，倣西法以行之。又有硫磺產於金包里、冷水窟、大磺山、北投等處，距艋舺近或二、三十里，遠或四、五十里，皆屬利源。

臺洋風汛靡常，惟雞籠四時可泊輪船。放洋歷六時許，可抵花蓮港；達後山者，以此為便途。

近治十二里有新庄縣丞，今議裁。

物產：煤為巨宗；茶亦利溥，實始教種於同治初間。靛青、樟腦、糖庶之屬尤多。邇來風氣日闢，百廢具興，居然成一都會也。

附錄道里

縣治往新竹縣路程：出南門十二里新庄、五里坡角庄、十里龜崙嶺、十里桃仔園、十里崁仔腳、五里中壢新街、三里中壢溪、十里土牛溝。綜計六十五里，入新竹界。

縣治往宜蘭路程：出東門十二里錫口、八里南港仔、七里水返腳、八里五堵、五里七堵庄、三里八堵庄、九里暖暖街、二十里三爪仔莊，五里苧仔潭，三里龍潭堵、十五里三貂溪。綜計一百二十里，入宜蘭界。

另《全臺輿圖》詳細標出衙署、營哨、塘汛、番屯、市街、大路及其他設施分布，均如後附圖。

（一）衙署分布：台北府轄區有府城一、縣廳城三、縣丞二、巡檢二、軍衙二。

（二）營哨分布：台北府轄區有綠營三、勇營一。

（三）塘汛分布：據《台灣通史》說，「設并駐兵謂之汛，撥兵分守謂之塘。」，即「汛」有長官帶領約數十名綠營兵分關把守，塘則只有安兵數人而已。台北府轄區有汛二十一、塘一。

（四）番屯分布：番屯又稱屯番或屯丁，是一七八六年林爽文事件後，大將軍福康安所編練的「熟番」部隊，番屯父子相繼，數十年後制度漸廢弛。到光緒時代全台剩五營，台北府轄區有三營，淡水縣的毛少翁屯和武勞屯，新竹縣的日北屯。

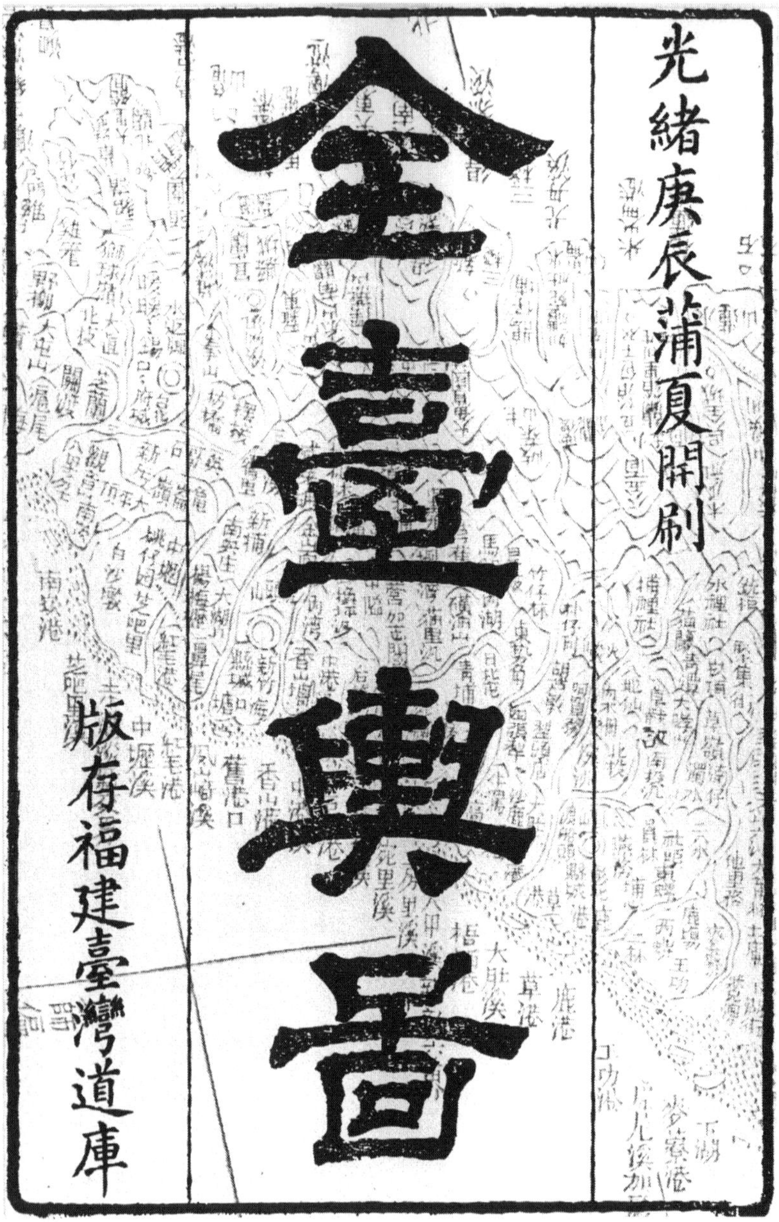
光緒庚辰蒲夏開刷
全臺輿圖
版存福建臺灣道庫

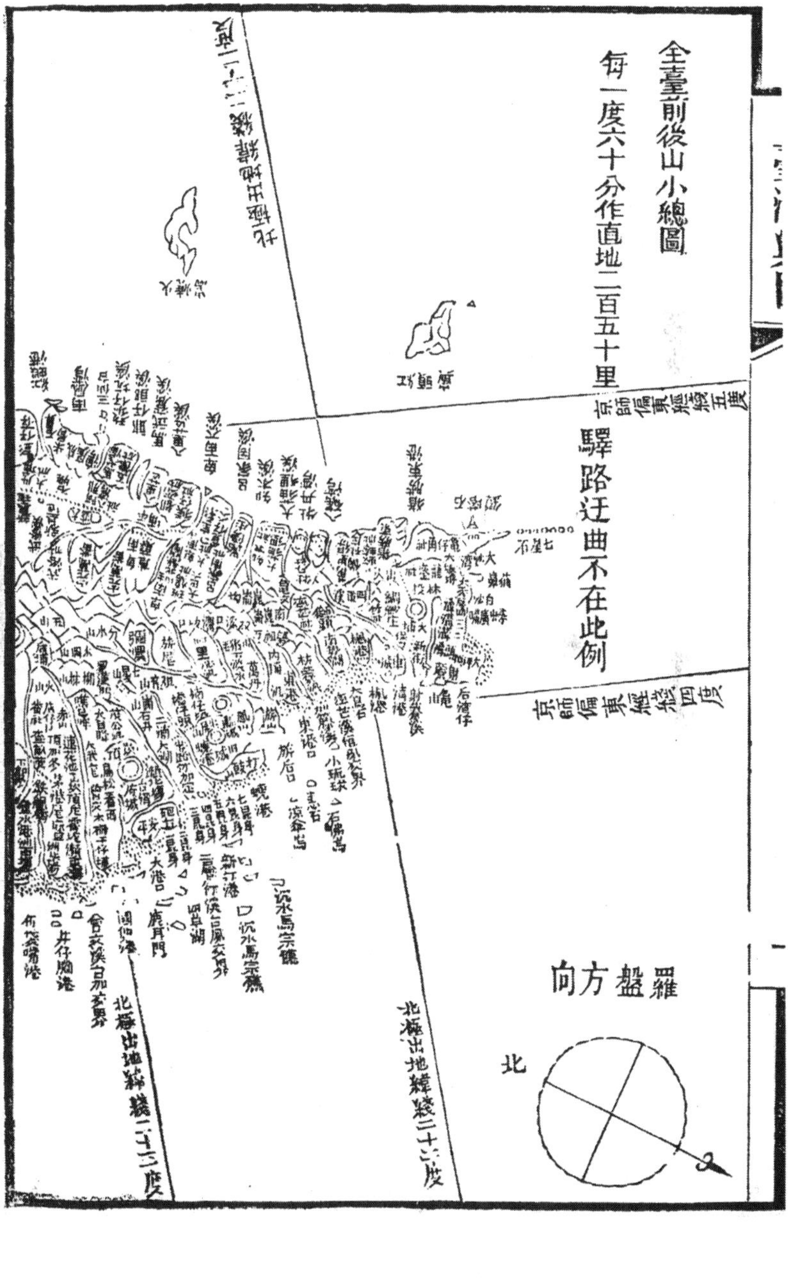
全臺前後山小總圖
每一度六十分作直地二百五十里
驛路迂曲不在此例
京師偏東經線五度
京師偏東經線四度
羅盤方向
北

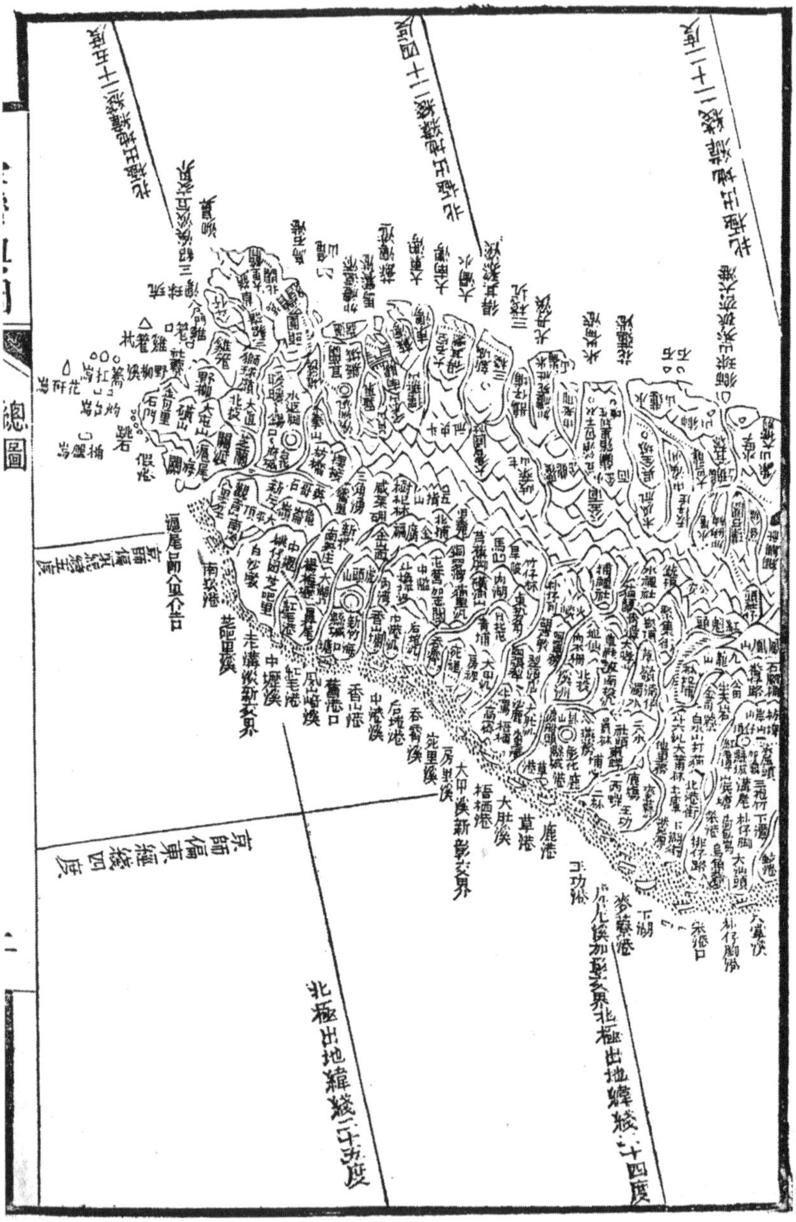
總圖
京師偏東經四度

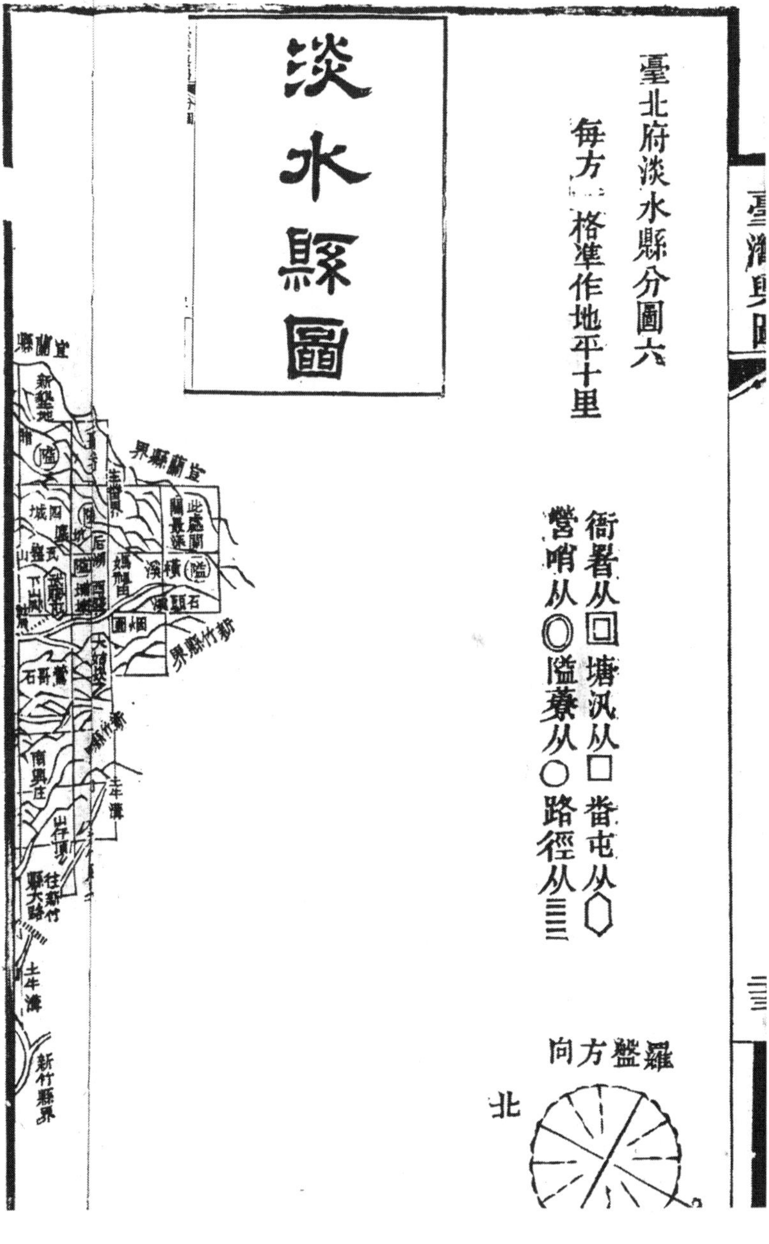
淡水縣圖
臺北府淡水縣分圖六
每方一格準作地平十里
衙署从□ 塘汛从□ 番屯从⬡
營哨从◎ 隘寮从○ 路徑从☰
羅盤方向
北
宜蘭縣界
新竹縣界
往新竹縣大路
土牛溝
新竹縣界
南興庄

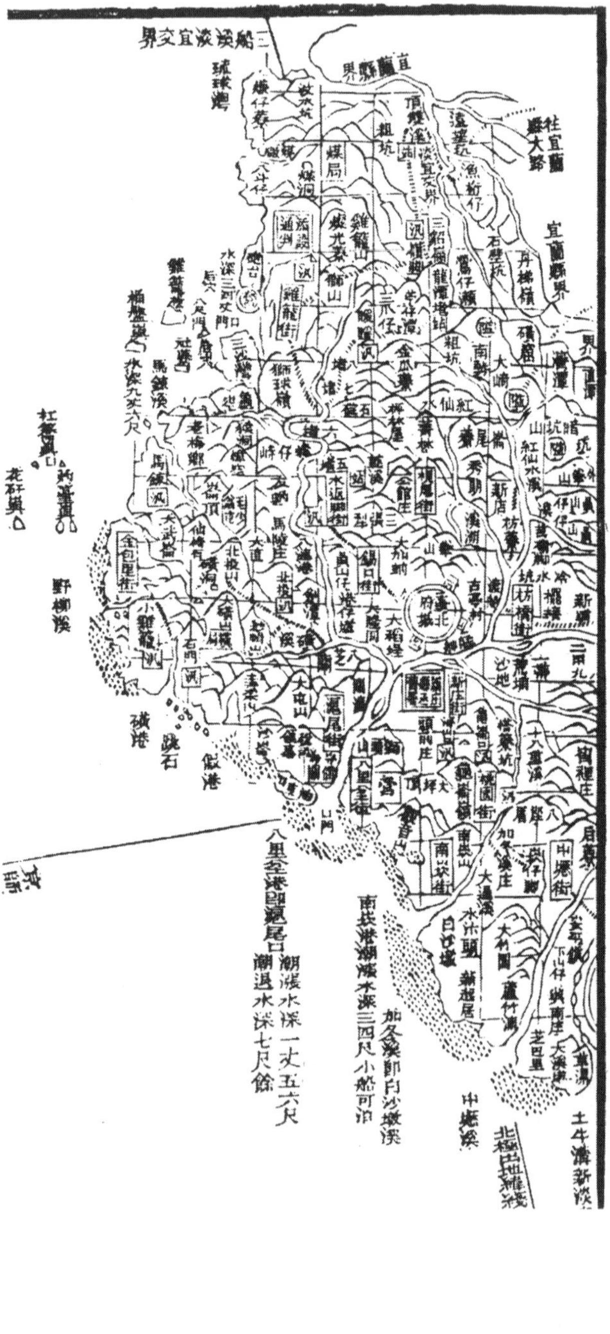
八里坌港口至滬尾口潮漲水深一丈五六尺
潮退水深七尺餘
南崁港潮漲水深三四尺小船可泊
加冬溪即白沙墩溪
臺北府城
宜蘭縣界

淡水縣輿圖

說略

臺灣富庶以淡北稱最鄭氏以前未之聞康熙中既入版圖猶隸彰化雍正九年分設淡水同知治以大甲溪以北二百年來聲明文物甲於全臺先是同治十年同知陳培桂徇廳民之請有增設學額請陞直隸州之議未及行開山撫番事起乃推原其意議於北路裁淡水同知噶瑪蘭通判建臺北府一轄以三縣曰淡水曰新竹曰宜蘭一廳曰雞籠通判兼理煤務淡水實爲附郭之邑治於艋舺劃中壢以上至頭重溪土牛溝爲淡新交界三貂溪以北仍

交宜蘭縣界艋舺當雞籠龜崙兩山之間沃壤平原溪流環抱西至海口三十里直達八里坌滬尾兩口並有觀音大屯山以為屏障且與省城五虎門遙對非特淡蘭扼要之區實為全臺北門之管也中壢茄冬南崁礦溪諸小港外八里坌昔通今塞滬尾在邑治迤北三十里又折東六十里曰雞籠滬尾盛潮約深一丈五六尺雞籠過之近皆為互市之地距雞籠十二里曰八斗實為產煤奧區今招洋匠繪煤井做西法以行之又有硫磺產於金包里冷水窟大礦山北投等處距艋舺近或二三十里遠或四五十里皆屬利源臺洋風帆靡常惟雞籠四時可泊輪船放洋

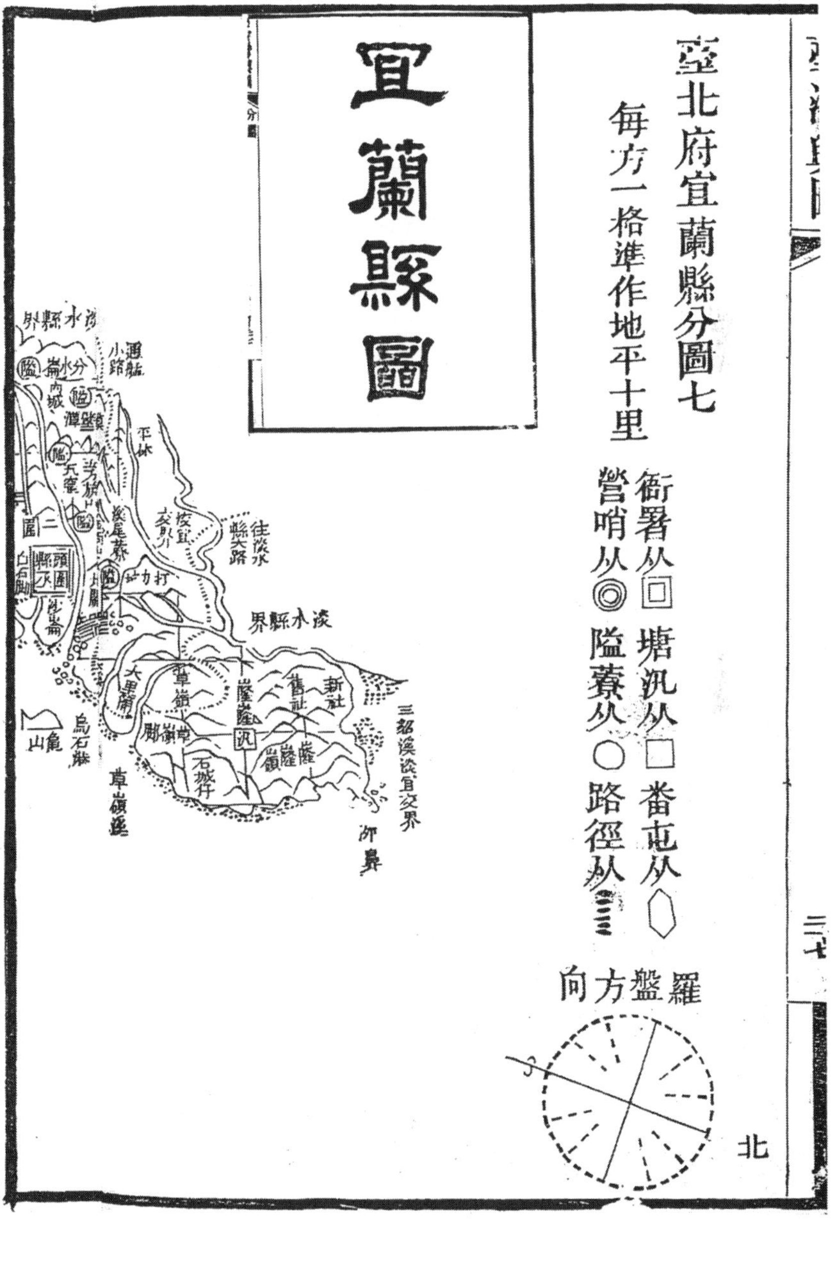
臺北府宜蘭縣分圖七
每方一格準作地平十里
宜蘭縣圖
衙署从□
塘汛从□
番屯从⬡
營哨从◎
隘寮从○
路徑从☰
羅盤方向
北
淡水縣界
淡水縣界
往淡水縣大路
打力
大里簡
草嶺
烏石港
龜山
草嶺溪
三貂溪淡宜交界
鼻頭
新社
舊社
隆隆嶺
石城仔

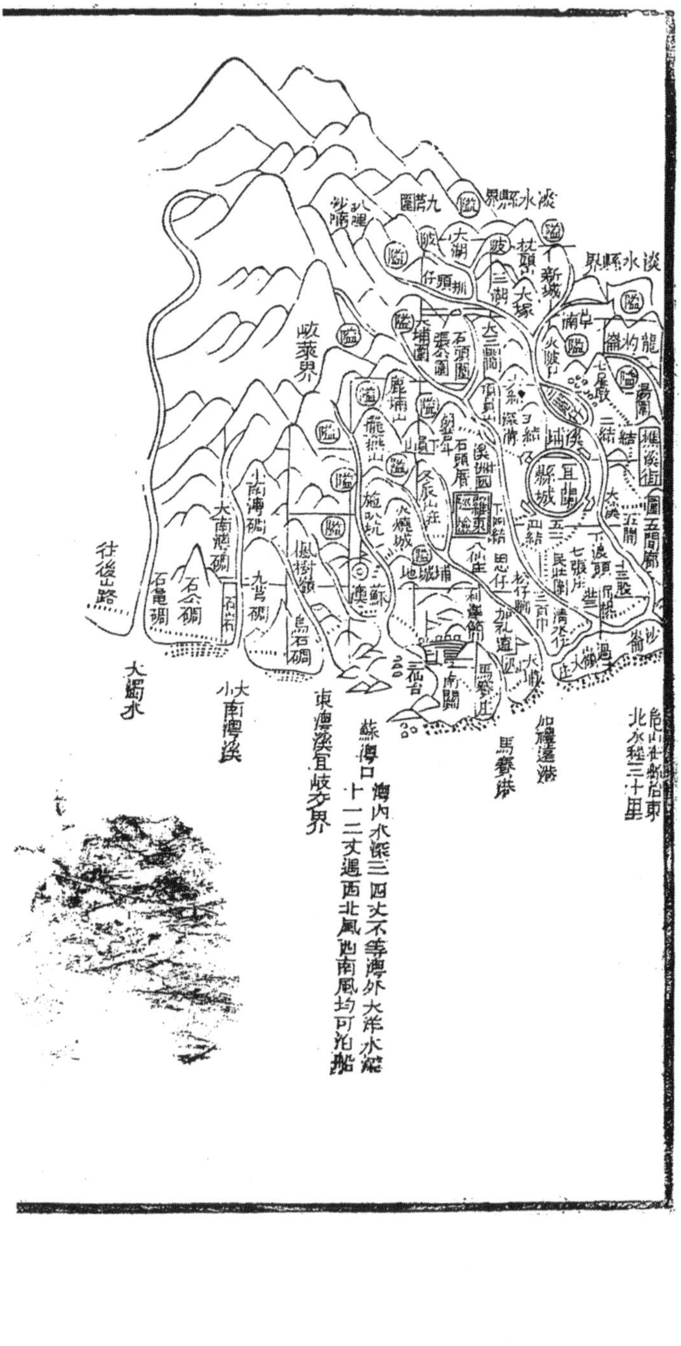
淡水縣界
淡水縣界
九芎圍
大湖
新城
大塚
三圍
石頭圍
張公圍
鹿埔山
宜蘭縣城
噶瑪蘭
五圍
四結
三結
二結
五間廚
珍仔圍
蘇澳
東港溪宜岐交界
蘇澳口
灣內水深三四丈不等灣外大洋水深十一二丈遇西北風西南風均可泊船
往後山路
大濁水
大小南澳溪
加禮遠港
馬賽港
烏石碉
石龜碉

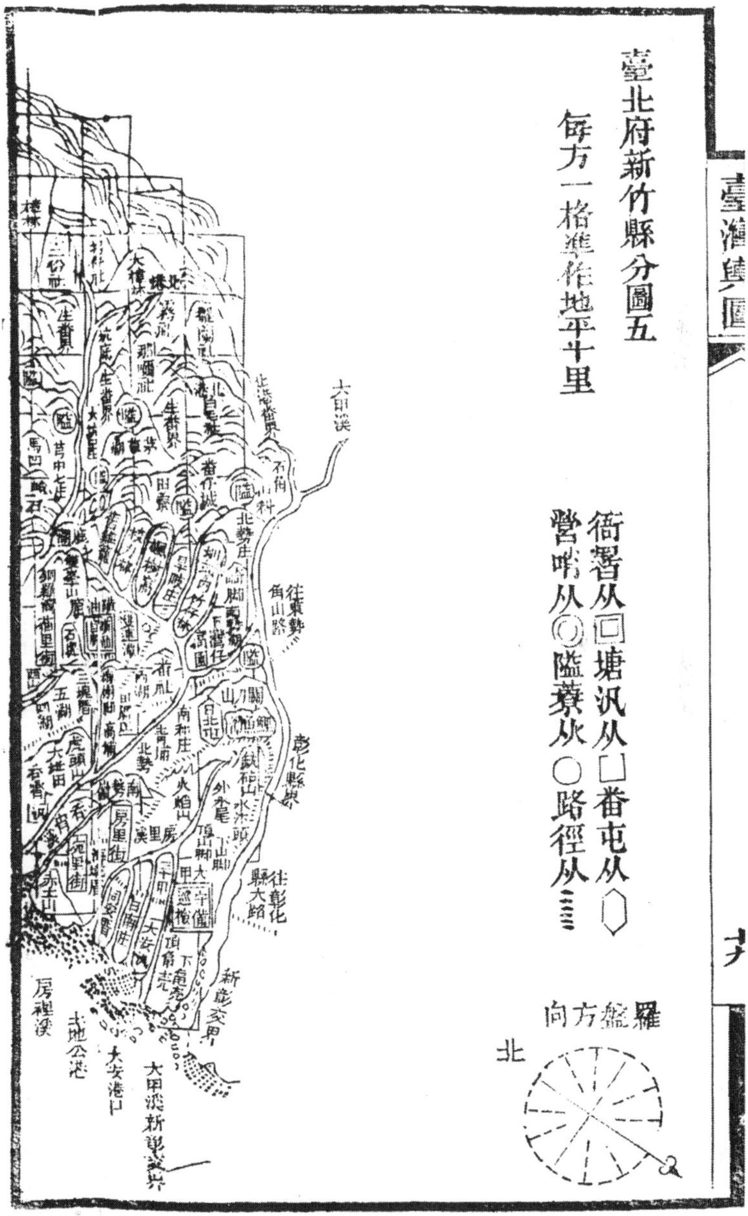
臺北府新竹縣分圖五
每方一格準作地平十里
衙署从回
塘汛从□
番屯从⬡
營哨从◎
隘寮从○
路徑从≡
羅盤方向
北
臺灣輿圖
大甲溪
往東勢角山路
彰化縣界
往彰化縣大路
新彰交界
房裡溪
大安港口
大甲溪新彰交界

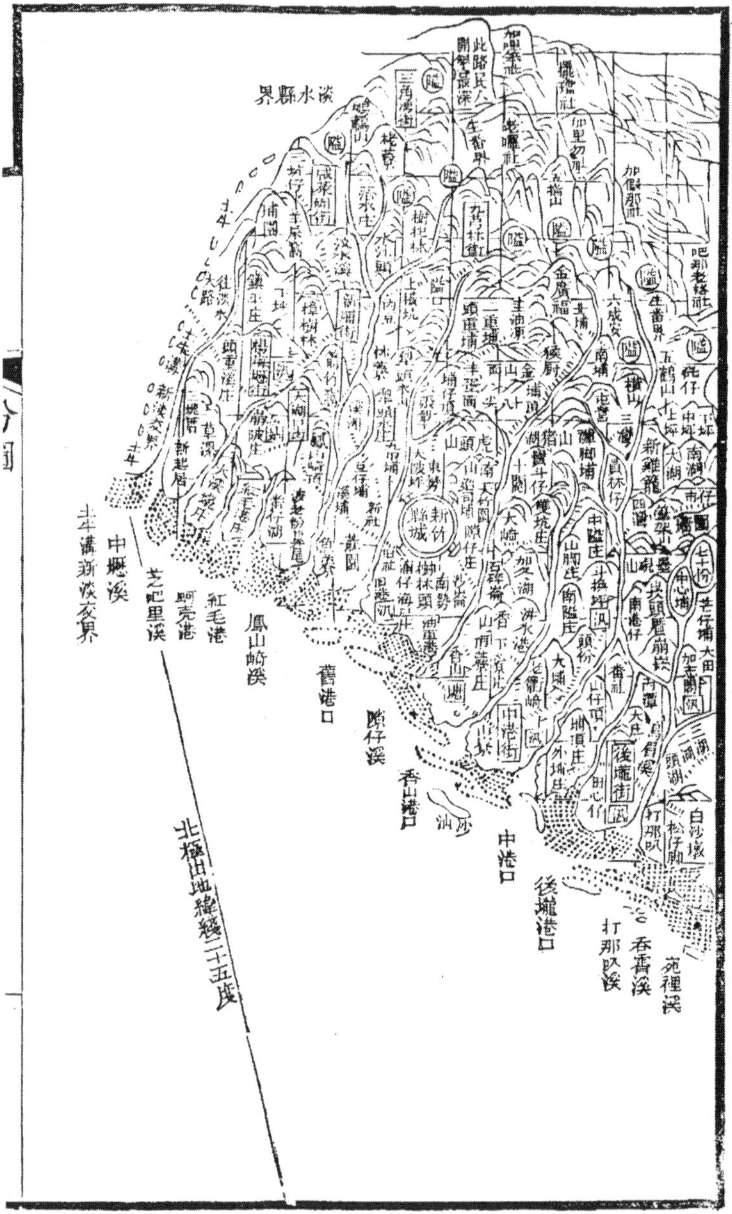
淡水縣界
三角湧街
咸菜硼街
九芎林街
新竹縣城
中港街
後壠街
土牛溝新淡交界
中壢溪
芝包里溪
蚵殼港
紅毛港
鳳山崎溪
舊港口
香山港口
中港口
後壠港口
打那叭溪
苑裡溪
白沙墩
北極出地緯線二十五度

新竹縣輿圖

說略

臺北分治亦天時人事所迫不容已者也淡水廳舊轄延袤三百四十餘里視內地實四五百里控制何以能周議始於光緒元年越四年歲己卯乃設官析土焉自大甲溪以北至頭重溪土牛溝以南爲縣轄即廳城爲縣城廨舍倉庫無易邑情形大約與淡水同內負崇山外臨大海大甲溪與彰化共見彰化縣說略中濱溪設大甲巡檢其餘溪港十餘而以吞霄後壠中港香山之源流爲最長惟水淺難泊巨舟故必以滬尾雞籠通互易焉邑東南五十餘

里曰牛鬭山出產礦油現議開採境內土地肥饒廣輪沃衍藍鼎元平臺紀略稱竹塹埔有良田數千頃歷二百年益著其盛矣

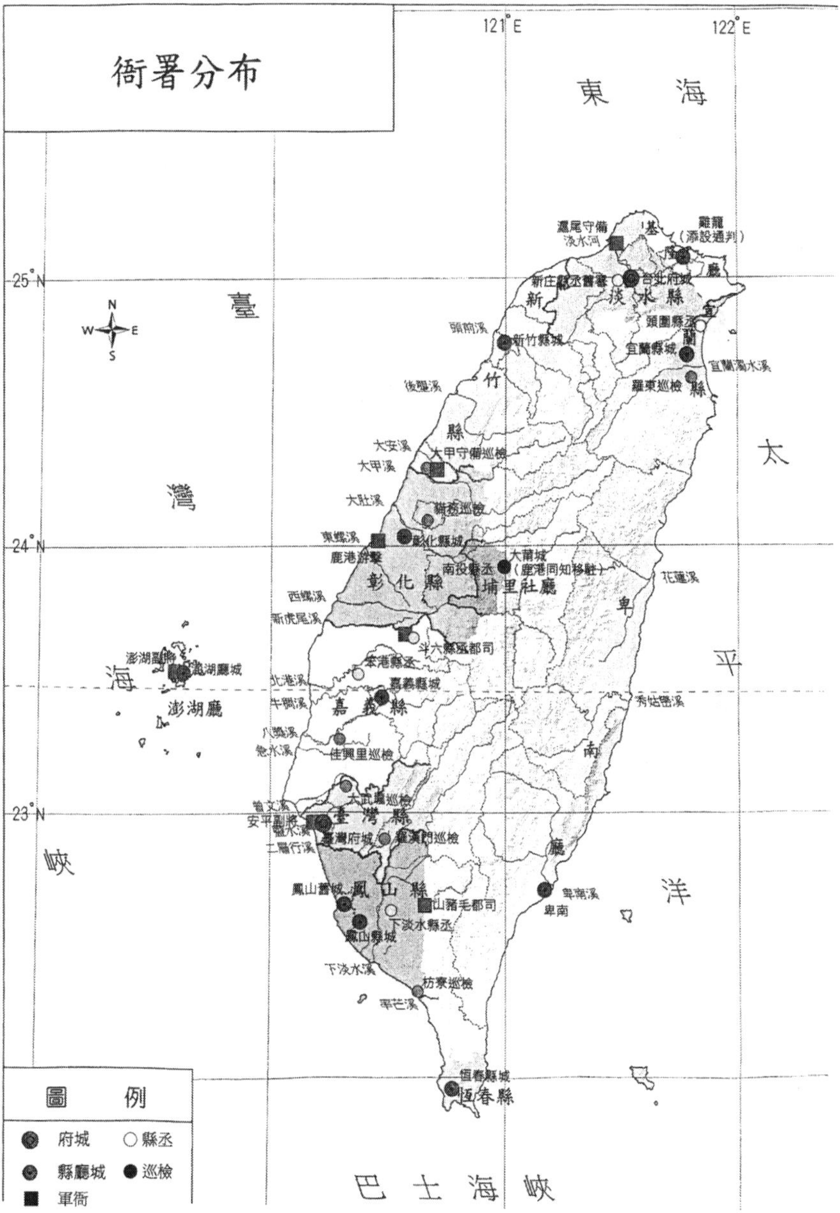
衙署分布
121°E
122°E
25°N
24°N
23°N
東　海
臺
灣
海
峽
太
平
洋
巴　士　海　峽
淡水河
雞籠
（添設通判）
台北府城
淡 水 縣
頭圍縣丞
新竹縣城
宜蘭縣城
宜蘭濁水溪
羅東巡檢
頭前溪
後壠溪
大安溪
大甲守備巡檢
大甲溪
大肚溪
東螺溪
彰化縣城
鹿港游擊
大甫城
南投縣丞
（鹿港同知移駐）
彰 化 縣
埔里社廳
花蓮溪
西螺溪
新虎尾溪
斗六縣丞都司
澎湖廳城
笨港縣丞
北港溪
嘉義縣城
牛稠溪
嘉 義 縣
澎湖廳
秀姑巒溪
八掌溪
急水溪
佳興里巡檢
大武壠巡檢
曾文溪
臺 灣 縣
安平副將
臺灣府城
羅漢門巡檢
二層行溪
鳳山舊城
鳳 山 縣
山豬毛都司
下淡水縣丞
鳳山縣城
卑南溪
卑南
下淡水溪
枋寮巡檢
率芒溪
恆春縣城
恆春縣
圖　例
府城
縣丞
縣廳城
巡檢
軍衙

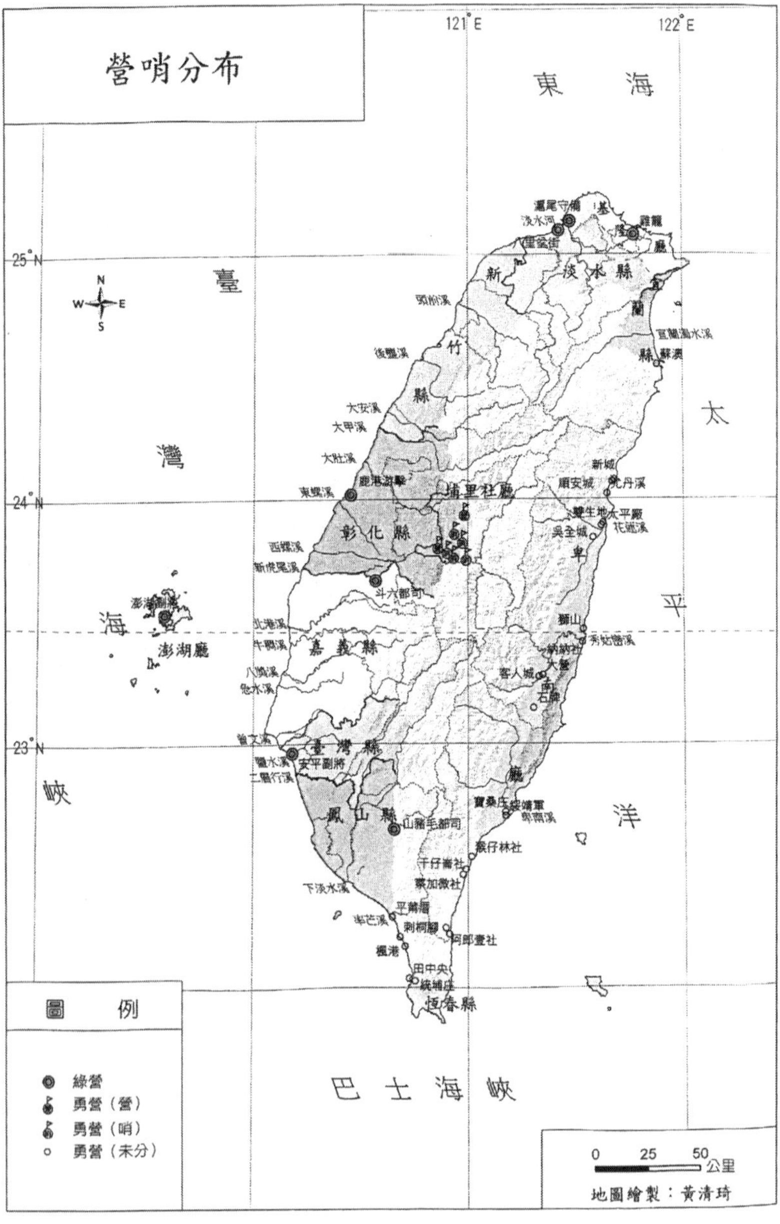
營哨分布
121°E
122°E
25°N
24°N
23°N
N
W
E
S
東 海
臺
灣
海
峽
太
平
洋
巴 士 海 峽
滬尾守備
淡水河
八里坌街
基
隆
廳
雞籠
新
淡 水 縣
竹
縣
宜
蘭
縣
宜蘭濁水溪
蘇澳
後壟溪
大安溪
大甲溪
大肚溪
鹿港游擊
東螺溪
埔里社廳
新城
順安城
丸丹溪
雙生地
太平廠
花蓮溪
吳全城
卑
彰 化 縣
西螺溪
新虎尾溪
斗六都司
澎湖副將
澎湖廳
北港溪
牛稠溪
嘉 義 縣
八掌溪
急水溪
獅山
秀姑巒溪
納納社
大營
客人城
南
石牌
曾文溪
臺 灣 縣
鹽水溪
安平副將
二層行溪
廳
寶桑庄
卑南溪
鳳 山 縣
山豬毛都司
猴仔林社
干仔崙社
蔡加微社
下淡水溪
平埔番
率芒溪
刺桐腳
阿郎壹社
楓港
田中央
統埔庄
恆春縣
圖 例
綠營
勇營（營）
勇營（哨）
勇營（未分）
0
25
50
公里
地圖繪製：黃清琦

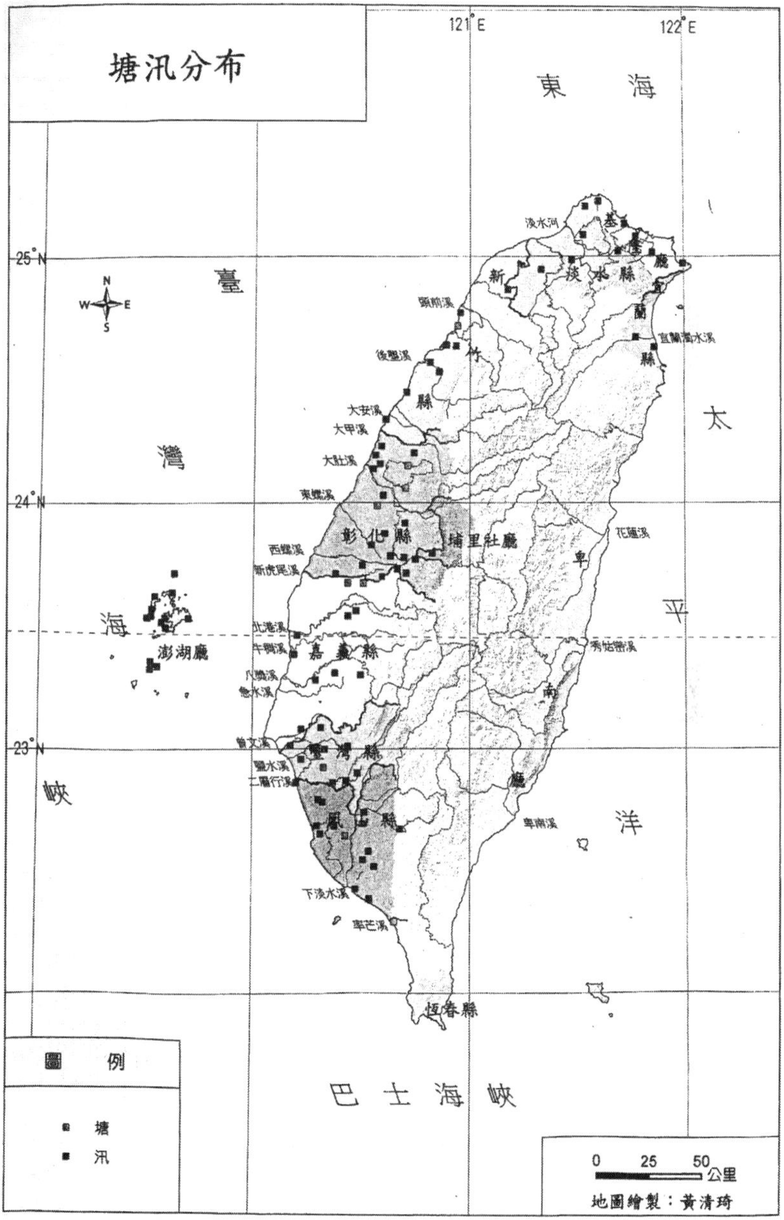
塘汛分布
121°E
122°E
東海
25°N
24°N
23°N
N
W
E
S
臺灣海峽
淡水河
頭前溪
後壟溪
大安溪
大甲溪
大肚溪
東螺溪
彰化縣
埔里社廳
西螺溪
新虎尾溪
北港溪
牛稠溪
嘉義縣
八掌溪
急水溪
澎湖廳
曾文溪
鹽水溪
二層行溪
下淡水溪
率芒溪
恆春縣
宜蘭濁水溪
花蓮溪
秀姑巒溪
卑南溪
太平洋
巴士海峽
圖例
塘
汛
0 25 50 公里
地圖繪製：黃清琦

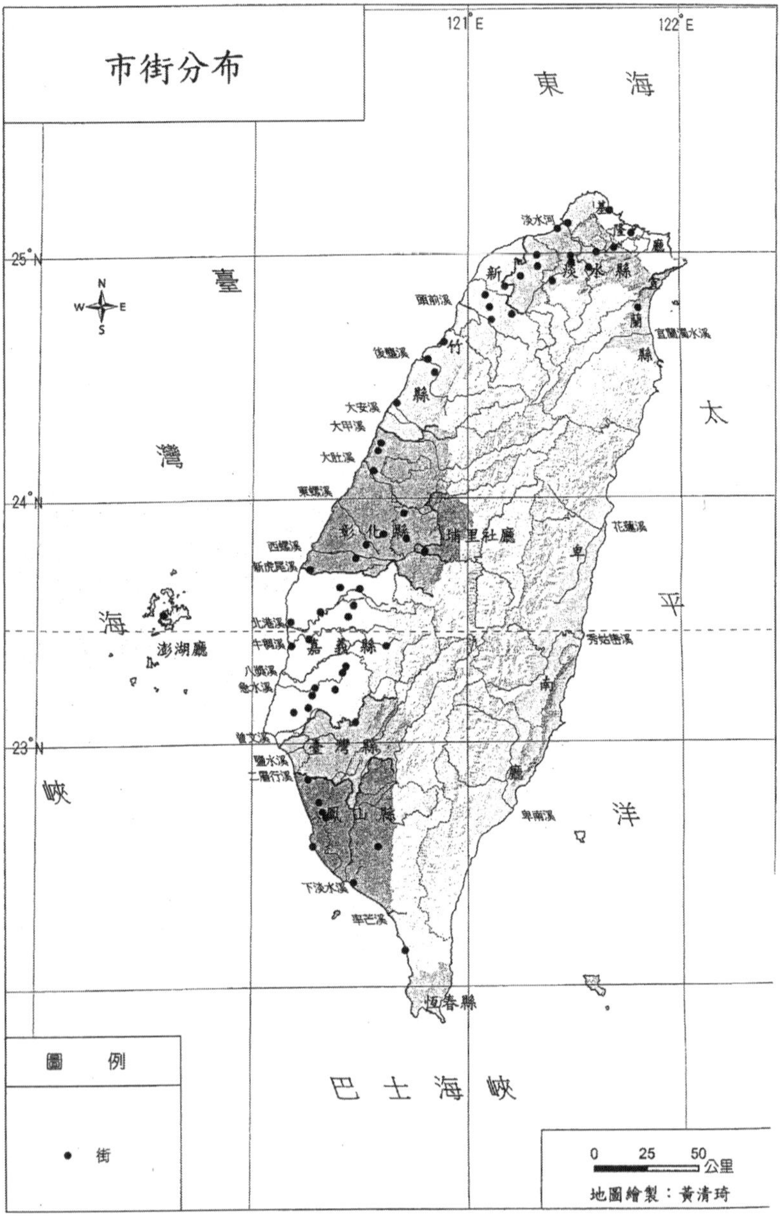
市街分布
121°E
122°E
25°N
24°N
23°N
N
S
E
W
東海
臺灣海峽
太平洋
巴士海峽
淡水河
基隆廳
淡水縣
新竹縣
宜蘭縣
頭前溪
宜蘭濁水溪
後壠溪
大安溪
大甲溪
大肚溪
東螺溪
彰化縣
埔里社廳
花蓮溪
卑南廳
西螺溪
新虎尾溪
北港溪
牛稠溪
嘉義縣
八掌溪
急水溪
澎湖廳
秀姑巒溪
曾文溪
臺灣縣
鹽水溪
二層行溪
鳳山縣
卑南溪
下淡水溪
率芒溪
恆春縣
圖例
街
0 25 50 公里
地圖繪製：黃清琦

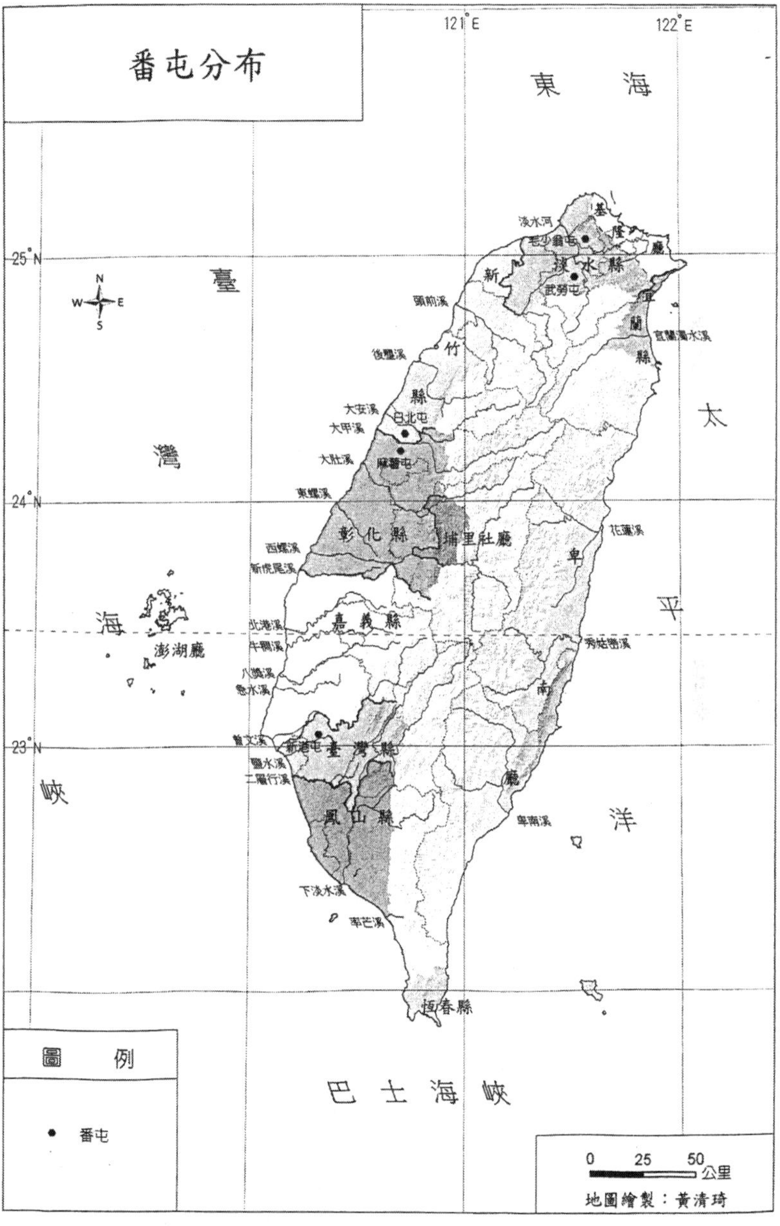
番屯分布
121°E
122°E
東 海
25°N
24°N
23°N
N
W
E
S
臺
灣
海
峽
澎湖廳
淡水河
基
隆
廳
毛少翁屯
淡水縣
武勞屯
新
竹
縣
頭前溪
後壟溪
宜
蘭
縣
宜蘭濁水溪
太
平
洋
大安溪
日北屯
大甲溪
大肚溪
麻薯屯
東螺溪
彰化縣
埔里社廳
花蓮溪
卑
南
廳
西螺溪
新虎尾溪
嘉義縣
北港溪
牛稠溪
八獎溪
急水溪
秀姑巒溪
曾文溪
新港屯
臺灣縣
鹽水溪
二層行溪
鳳山縣
卑南溪
下淡水溪
率芒溪
恆春縣
巴士海峽
圖 例
番屯
0 25 50
公里
地圖繪製：黃清琦

其他設施分布
121°E
122°E
25°N
24°N
23°N
N
W
E
S
東　海
臺
灣
海
峽
太
平
洋
巴　士　海　峽
大磺山
磺局
滬尾街
海關稅司領事
淡水河
基
隆
廳
八斗仔
煤局
臺北府城
新
淡　水　縣
宜
蘭
縣
宜蘭濁水溪
頭前溪
後壠溪
竹
縣
礦油窟礦油官局
大安溪
大甲溪
大肚溪
東螺溪
彰　化　縣
埔里社廳
花蓮溪
卑
南
廳
西螺溪
新虎尾溪
北港溪
嘉　義　縣
新造砲台
澎湖廳
牛稠溪
八掌溪
洲南場
急水溪
瀨東場
洲北場
曾文溪
瀨北場
臺　灣　縣
鹽水溪
新造砲台
二層行溪
秀姑巒溪
鳳　山　縣
旂後砲台
卑南溪
下淡水溪
率芒溪
恆春縣
圖　例
砲台
新式官局
鹽埕
0　25　50 公里
地圖繪製：黃清琦

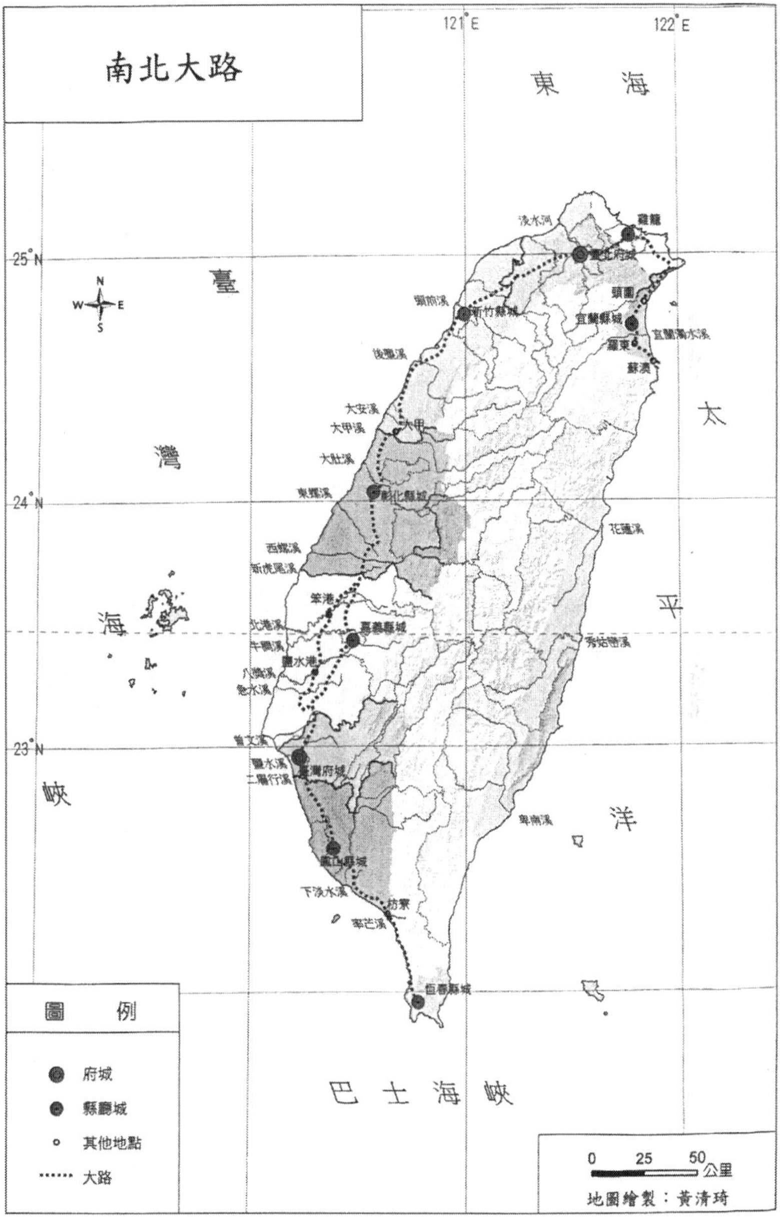
南北大路
121°E
122°E
東 海
25°N
24°N
23°N
N
W
E
S
臺
灣
海
峽
太
平
洋
巴 士 海 峽
淡水河
雞籠
頭圍
宜蘭縣城
宜蘭濁水溪
羅東
蘇澳
新竹縣城
大安溪
大甲溪
大甲
大肚溪
彰化縣城
花蓮溪
西螺溪
新虎尾溪
北港溪
嘉義縣城
牛稠溪
鹽水港
八掌溪
急水溪
曾文溪
鹽水溪
二層行溪
下淡水溪
圖 例
府城
縣廳城
其他地點
大路
0 25 50 公里
地圖繪製：黃清琦

第十三章　劉銘傳與清代台北建設

一八七〇年代，愛迪生開啟了電力應用與行銷的大門；一八八〇年代，劉銘傳在台北引進電燈；一八九〇年代，歐美及亞洲的日本相繼進入電力普及的萌芽期。一九〇〇年以降，電力市場的規模幾乎每隔十年就呈現倍數成長，全球進入「電力應用」（一個國家有了基本的電力設施後，衍生出各種改變生活內涵的形式）的新時代，但因政策、資金、市場、消費能力，甚至文化等因素，使得電力在不同國家呈現出不同的風貌。而走在電力應用前端的，就是電燈，台灣則在一八八五年出現首次電燈的記錄。

從電燈發明至今，相關的「電力應用」未曾停歇。今日，使用電力就像呼吸一樣自然容易，但在一百年前，這是難以想像的。

根據清末淡水海關稅務司馬士（H. B. Morse，英國人）的海關報告原件顯示，劉銘傳在一八八五年修築台北城牆時，為自己的行轅安裝電燈，技術指導由特別禮聘的「丹麥工程師」擔任。電燈先在衙門單獨使用後，稍加擴大到城內地區主要街道；可惜好景不常，幾個月下來以後，發現幾盞電燈所費不貲，於是縮小規模，只剩下衙門部份電燈仍繼續使用。

我們現在熟知的電燈概念，和劉銘傳引進的電燈其實是有差距的。事實上，劉銘傳引進的是一種稱為「弧光燈」（**Arc Lamp**）的初期產品，這是適合戶外使用的「高亮度、高熱能」的照明工具，亮度在一疋以上，無法在室內使用。劉銘傳的電燈事業屬於小規模實驗性質，但他是全台灣第一個使用電燈的人，當然也是台北第一人。以下只針對劉銘傳和台北建設有關之部略說之。

（一）鐵路創建：銘傳是一個偉大的政治家，當大陸淞滬鐵路正遭拆毀之際，他洞悉鐵路對國家民生的重要，於光緒十三年（一八八七年）奏請興建台灣鐵路。時值台灣建省須銀告急，銘傳派員赴南洋招商，工程得以進行。乃在台北設鐵路工程總局，先自基隆到台北段開始。

光緒十三年四月，在台北大稻埕開始施工，中經獅球嶺開通隧道數處，工程極為艱困，銘傳親臨督工，終於在光緒十七年（一八九一年），基隆到台北段竣工。

台北、中壢到新竹段也在光緒十四年開工，到光緒十九年（一八九三年）竣工。此段工程涉淡水河鐵橋，橫渡長達一千二百英尺，再南有三座六百英尺巨橋，以當時技術水平，都要大眼光、大魄力的人，才能完成艱鉅之工程。綜觀基隆到新竹共一〇六公里，大小橋樑七十四座，溝渠五百六十八處。共用銀一百二十九萬五千九百六十兩。

銘傳原擬將鐵路展築到台南，可惜不久銘傳調職，接任的邵友濂是一個短視近利又投機的腐敗份子，竟以缺錢為由，終止鐵路建設。不久倭人竊據台島，他們為擴張帝國版圖，向南洋侵略，仍完成了劉銘傳的構想。

（二）建立郵政和電信：台灣電信之創設，始於同治十三年（一八七四年）倭人犯台之際，沈葆禎奏准架設電線。台灣建省後，劉銘傳在台北設電報總局，以張維卿為總辦，架通淡水到福州川石山的海底電線工程。省內除台北外，全島有電報分局九所，台北府有四（台北、基隆、淡水、新竹）。

（三）創設西學堂：銘傳奏請倣外國學制，開設新式學校，於光緒十三年（一八八七年）在大稻埕六館街，設西學堂，直屬巡撫，以張爾城為總監。延聘英人海丁（Hating）和丹麥人布茂林（pumollin）為教習，造就外語人才和通才為主旨。光緒十六年，西學堂移至台北府內登瀛書院西鄰；同年亦設「番學堂」，為原住民學校，這些都是清末新式教育體系。惜光緒十七年，接任者邵友濂短視自利，將這些新式學校廢除、關閉。

（四）改建台北城：台北府城的築建，至光緒八年（一八八二年）已克告竣，劉銘傳的改建，使其成為近代化都市。光緒十三年，銘傳設清道局，次年分配得五萬兩建設經費，銘傳即重修城牆、建立新署、成立警察單位維持治安；同年，也積極發展電力設施，在大稻埕成立外僑商館住宅區。

其他如開建基隆港、設立台北商務總局、撫墾總局、磺腦總局（官辦硫磺、樟腦事業），在基隆設金砂總局（管理北台採金）等，都是台北的重大建設。

劉銘傳對台北乃至全台的早期開發建設，有著重要的地位。他逝世於光緒二十二年（一八九六年），即在其去世前，正目睹倭人侵華，台灣割讓給倭人，而他無力救國，他一定是氣死的。

六度搬遷 劉銘傳遺骨歸故里

中國時報100.4.12

王銘義／綜合報導

在清代曾擔任台灣首任巡撫、對台灣現代化建設奠定重要基礎的劉銘傳，在逝世一一五年之後，其遺骨歷經六次搬遷，終將於十二日魂歸故里：安徽肥西大潛山劉銘傳墓園。劉氏家族表示，其先祖遺骨終能入土為安，對促進安徽與台灣兩地的旅遊文化交流具有重要意義。

劉銘傳是清廷於一八八五年在台灣設省之後的首任台灣巡撫，駐台六年期間，曾積極開拓財源，興辦實業，包括建設基隆至台北的鐵路，成為當時中國第一條客運鐵路；在大稻埕開辦第一家新式學堂、電報學堂，設官銀局製造銀幣等，對台灣近代的現代化建設貢獻卓著。

劉銘傳是清廷任命四位台灣巡撫之中，治台歷史評價最正面的封疆大吏，但因清廷派系鬥爭，劉銘傳在辭官回安徽後，他所規畫的建設台灣計畫，遭繼任者邵友濂廢棄。隨後，清廷與日本簽訂《馬關條約》，台灣割讓給日本，劉銘傳聞訊，悲憤至極，數月後，溘然長逝。

劉銘傳第五代玄孫劉學亞昨天在合肥舉行記者會宣布劉銘傳遺骨安葬的安排。他說，其先祖遺骨歷經六次搬遷，合肥市肥西縣政府於二〇〇八年決定重新修建劉銘傳墓園，先祖遺骨得以入土為安，不僅劉學亞可完成其父親的遺願，他相信這也是其先祖劉銘傳最大的心願。

昨天應邀出席記者會的台灣中華文化協會會長范光陵說，他最近曾和馬英九總統交流有關劉銘傳遺骨安葬一事時，馬英九曾說，劉銘傳是他最敬仰的晚清名臣之一。

據央視紀錄片《劉銘傳》攝製組說，近日他們將遠赴南京玄武湖、台灣等劉銘傳到過的地方取景，預計十月在北京首映後，在央視黃金時段首播。攝製組將對劉銘傳在台遺物，以劉銘傳命名的學校，以及專家進行訪談。

另外，安徽省長王三運預定四月十八日率領千人經貿文化團訪台，開展「銘傳親緣寶島行」系列活動。王三運訪台時將贈送銘傳大學一座「劉銘傳銅雕塑像」，以紀念這位祖籍安徽合肥的台灣巡撫當年對建設台灣的歷史貢獻。

劉銘傳在臺建設圖

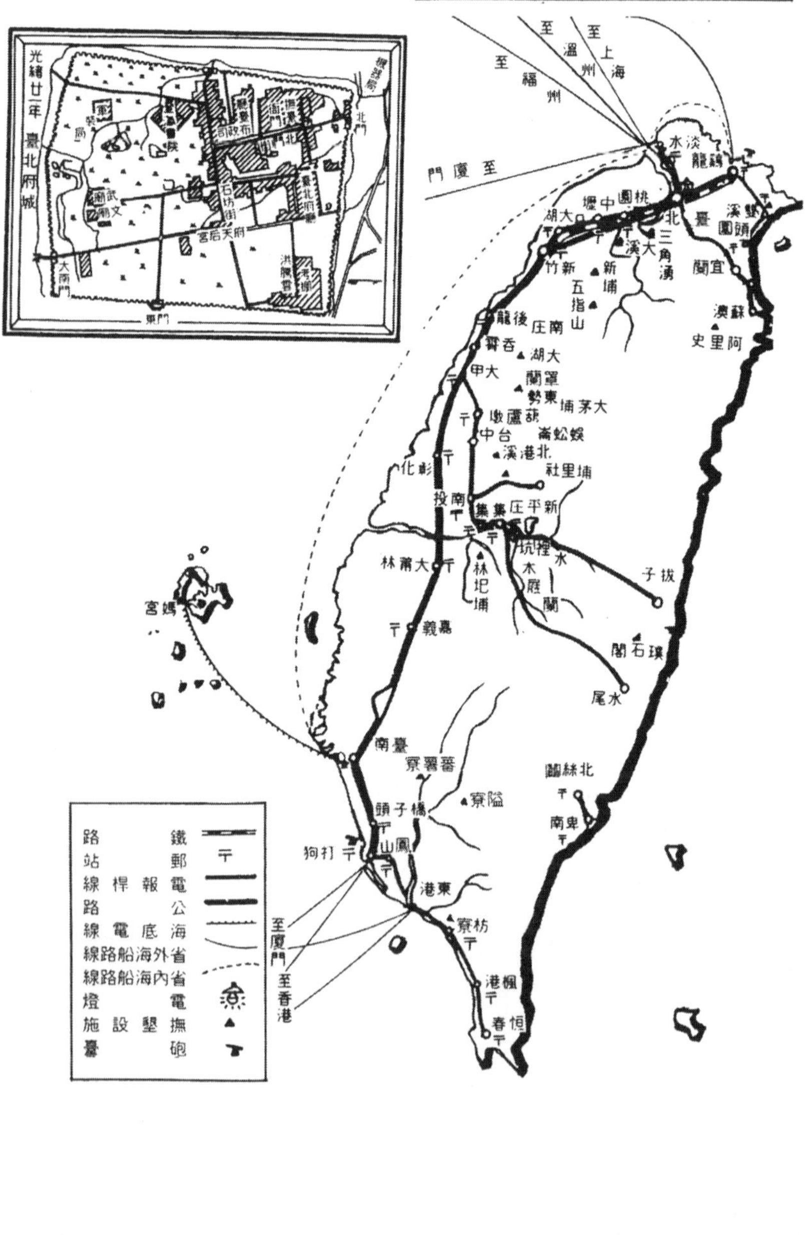
光緒廿一年臺北府城
北門
東門
大南門
天后宮
布政司
文廟
武廟
至上海
至溫州
至福州
至廈門
至香港
淡水
基隆
臺北
桃園
中壢
大湖
三角湧
大溪
新竹
新埔
五指山
宜蘭
頭圍
蘇澳
阿里史
後龍
南庄
大甲
罩蘭
東勢
大茅埔
葫蘆墩
台中
蜈蚣崙
北港溪
埔里社
彰化
南投
集集
新平庄
水裡坑
林圮埔
大莆林
拔子
嘉義
璞石閣
水尾
臺南
蕃薯寮
隘寮
橋子頭
鳳山
打狗
東港
枋寮
楓港
恆春
卑南
媽宮
鐵路
郵站
電報桿線
公路
海底電線
省外海船路線
省內海船路線
電燈
撫墾設施
砲臺

轎 子
是有錢人的交通工具，也是禮車，有了人力車後才逐漸消失。

人力車是劉銘傳引進來的

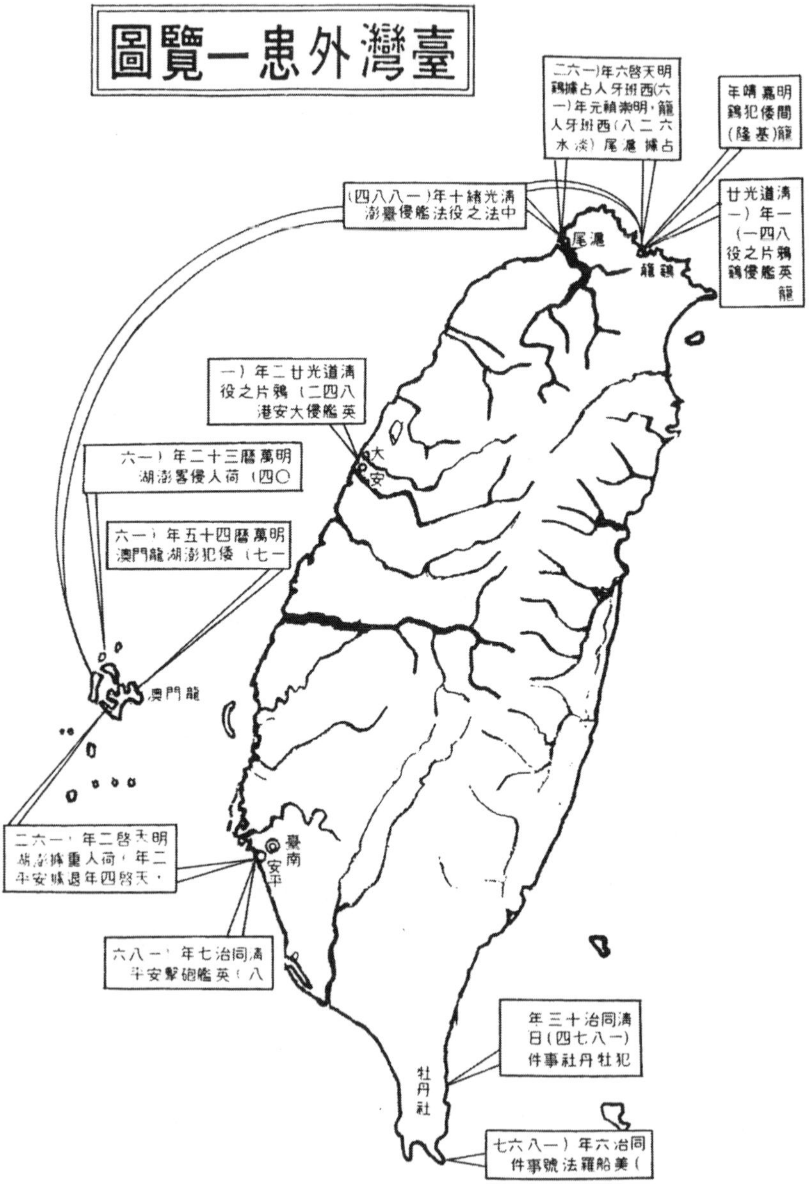
臺灣外患一覽圖
明天啓六年(一六二六)西班牙人占據雞籠，明崇禎元年(一六二八)西班牙人占據滬尾(淡水)
明嘉靖年間倭犯雞籠(基隆)
清光緒十年(一八八四)中法之役法艦侵臺澎
清道光廿一年(一八四一)鴉片之役英艦侵雞籠
滬尾
雞籠
清道光廿二年(一八四二)鴉片之役英艦侵大安港
大安
明萬曆三十二年(一六〇四)荷人侵署澎湖
明萬曆四十五年(一六一七)倭犯澎湖龍門澳
龍門澳
明天啓二年(一六二二)荷人重據澎湖，天啓四年退據安平
臺南
安平
清同治七年(一八六八)英艦砲擊安平
清同治十三年(一八七四)日犯牡丹社事件
牡丹社
同治六年(一八六七)美船羅法號事件

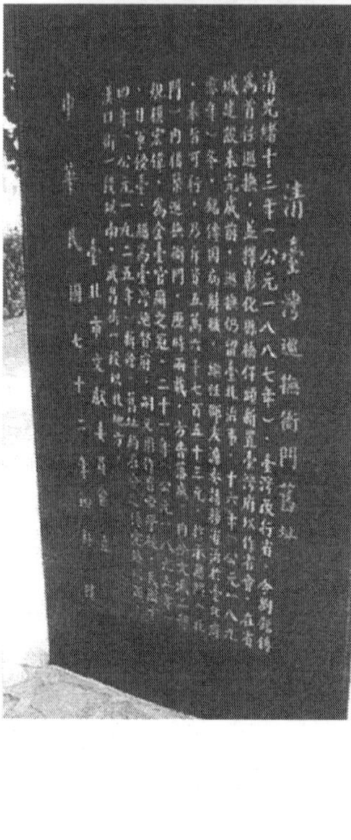

古台北車站（位於今長安西路靠西寧北路處）

當台灣還是清朝管轄的時代，首任台灣巡撫劉銘傳建了一條基隆到新竹的鐵路，首先完工的是基隆──台北段，一八九一年「台北火車票房」開張，地點在今鄭州路中興醫院附近。

最早使用電燈的地方

最先使用電燈的人：劉銘傳

站在現在台北市警察局門口，左邊是中山堂，旁邊是台灣巡撫衙門舊址，也就是劉銘傳使用電燈的地方。罕有遊人駐足紀念碑前仔細閱讀這塊由台北市文獻會所考證與記錄的過去。從延平南路與武昌街交叉口望去，北門的身影依舊，一百多年來的街道也還是筆直的。只是北門從昔日主角變為現代都市的配角。很少人知道中山堂舉行過何應欽將軍與末代總督安藤利吉的受降典禮，倒是廣場上每週的露天咖啡與藝文活動好不熱鬧。這也許就文化與時俱進的轉變吧！

軍事幫辦劉永福

巡撫唐景崧

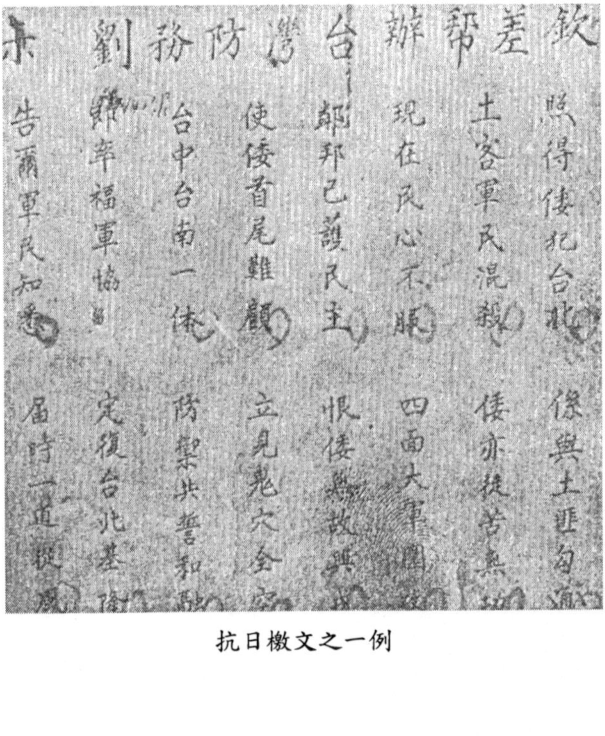

欽差幫辦台灣防務劉　示

照得倭犯台北　係與土匪勾通
土客軍民混殺　倭亦被苦無
現在民心不服　四面大軍圍
鄰邦已護民主　恨倭無故興
使倭首尾難顧　立見鬼穴全空
台中台南一体　防禦共警和
本幫辦率福軍協□　定復台北基隆
告爾軍民知悉　屆時一道提

抗日檄文之一例

第四篇　倭人搶據下的台北州

第十四章　台北州．台北市概況

一八九五年倭人佔領台灣後，一切軟硬體必有重大改變是可預知的。次年首先將全台改為台北、台中、台南三縣及澎湖一廳。不久，又改為六縣三廳，並設「辦務署」為下級行政機關，台北縣統轄十三辦務署，（如圖），其署治所在於今之台北市內。

當然，清代所建之台北府城是保不住了，城垣、城郭及部份重要建築都被拆除。如現在我們所見二級古蹟台北市中山堂，就是清代「布政使衙門」。一九二八年倭人為紀念其頭目裕仁登基，並作為施政事業的重要建設，拆除布政使衙門，原址興建「台北公會堂」，於一九三六年十二月二十六日竣工完成。一九四五年對日抗

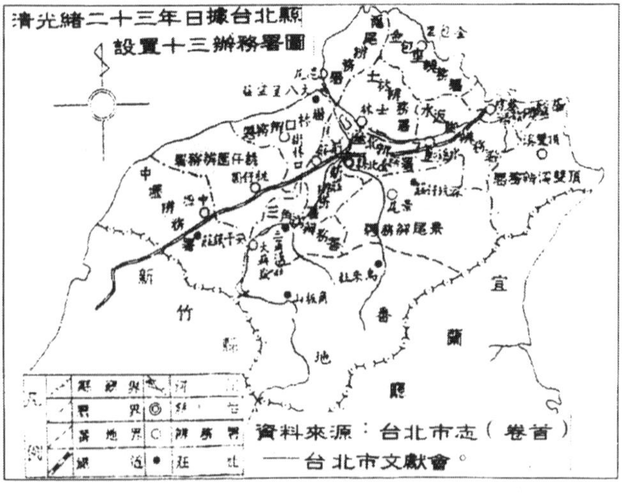

資料來源：台北市志（卷首）
——台北市文獻會。

戰勝利，於二樓舉行受降典禮，而後更名「中山堂」。這是一棟重要建築的「前世今生」，吾人目前所見已非原樣。

一九〇一年（光緒二十七年）廢縣置廳，設台北廳，至宣統元年，艋舺・大稻埕，大龍峒和古亭四區，均直轄於台北廳。

民國九年（一九二〇年，大正九年），再廢廳置州，設台北州，下轄二市（台北市、基隆市），九郡（淡水、基隆、七星、新店、海山、文山、宜蘭、羅東、蘇澳），幾乎北台灣均在台北州範圍內。「台北市」在這年誕生，全市戶數有四二三九〇戶，總人口一七一〇〇二人。

再隔兩年，民國十一年四月，廢市內原有中式街庄名，改用倭式之町名，分全市為六十四町及十村落。民國二十七年（一九三八年，昭和十三年）三月，擴展台北市區，劃七星郡、松山庄歸台北市管轄，這是台北市在倭據時代行政範圍上大致的沿革。

近數百年來，倭國之不斷侵略鄰國，源自傳統的擴張主義，織田信長（十六世紀中葉）時代構想「假道朝鮮征服中國」，繼起的豐臣秀吉提出統合「日中朝鮮」成一個統一的大倭國，因而爆發朝鮮七年戰爭，慘敗而歸，史稱「第一次侵華戰爭」，而甲午戰爭乃「第二次侵華戰爭」，清廷戰敗，台灣割讓倭國。

倭人之佔領台灣，有「工業倭國、農業台灣」的既定政策，同時成為「南進基地」之準備。對整個台灣，或單就一個台北州，當然須要合乎時代的各項基本建設，這方面相信已有很多研究，亦非本書論述重點。

為建設台灣成為「供養」倭國及入侵南洋的基地，勢必要大力建設台灣，台北建設更是首要。鐵公路都以台北為樞紐，從松山起沿基隆河經八堵直達基隆，轉馳宜蘭，台北往淡水亦有鐵路直通，萬華南下到新店是「萬新鐵路」。再從新店到宜蘭的北宜公路在一九三六年通車。

水和電是近代化都是的「生命線」，新店溪就是台北的生命線。第一座水力發電廠設有新店附近，市內自來水亦引新店溪水流，在公館（台大附近）的水源地設淨水廠。

倭人據台時期，在台北市的重要政府機構、軍事設施、公司行號、學校，都集中有市中央地區（見後圖），大都成為「倭人街」，如表町、本町、京町和榮町，亦即今之台北車站、重慶南路、衡陽路和博愛路一帶，這裡是清代以來所謂的「城內」。而「城外」指萬華、大稻埕等地區，則為「台灣人街」。

台北市的範圍（後圖），以淡水河為界，東至圓山基隆河，西到萬新鐵路，西南到帝國大學，東南到中崙一帶。

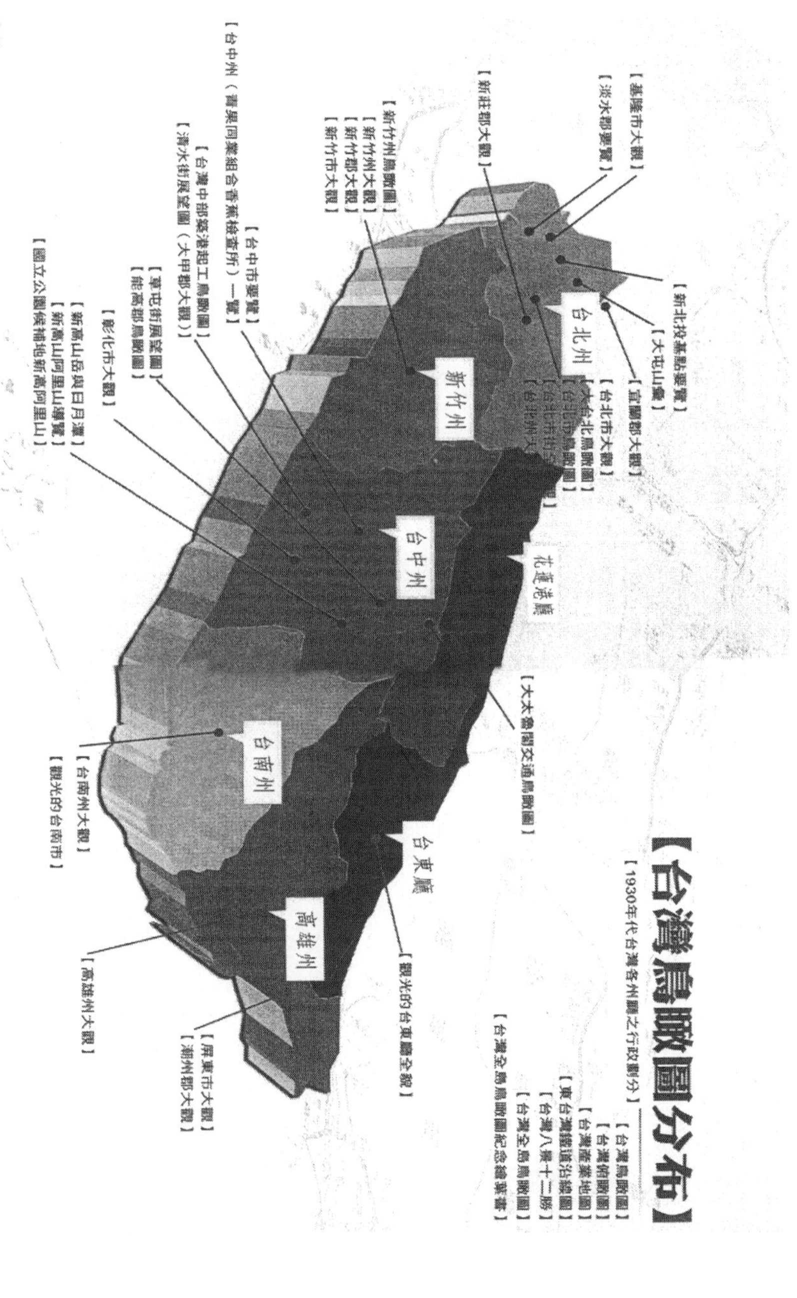
【台灣鳥瞰圖分布】
【1930年代台灣各州廳之行政劃分】
【台灣鳥瞰圖】
【台灣俯瞰圖】
【台灣產業地圖】
【東台灣臨道沿線圖】
【台灣八景十二勝】
【台灣全島鳥瞰圖】
【台灣全島鳥瞰圖紀念繪葉書】
【新北投基點要覽】
【大屯山彙】
【宜蘭郡大觀】
【台北市大觀】
【大台北鳥瞰圖】
【基隆市大觀】
【淡水郡要覽】
【新莊郡大觀】
台北州
新竹州
【新竹州鳥瞰圖】
【新竹州大觀】
【新竹郡大觀】
【新竹市大觀】
台中州
【台中州（青果同業組合香蕉檢查所）一覽】
【台中市要覽】
【台灣中部築港起工鳥瞰圖】
【清水街展望圖（大甲郡大觀）】
【草屯街展望圖】
【能高郡鳥瞰圖】
【彰化市大觀】
【新高山岳與日月潭】
【新高山阿里山導覽】
【國立公園候補地新高阿里山】
花蓮港廳
【大太魯閣交通鳥瞰圖】
台南州
【台南州大觀】
【觀光的台南市】
台東廳
【觀光的台東廳全貌】
高雄州
【高雄州大觀】
【屏東市大觀】
【潮州郡大觀】

1934年 繪者不詳 台北州大觀

台北州二市（基隆、台北）、九郡（淡水、基隆、七星、新店、海山、文山、宜蘭、羅東、蘇澳）

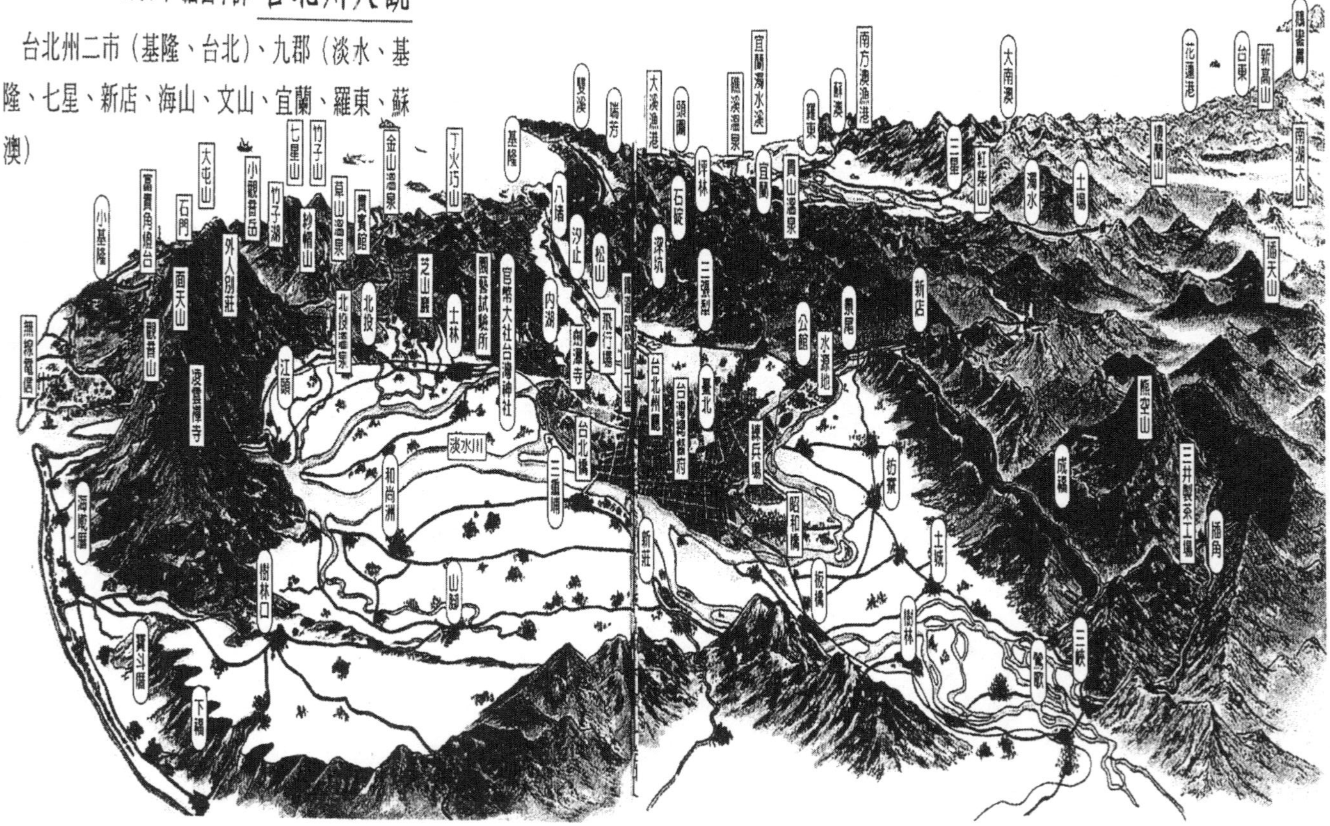

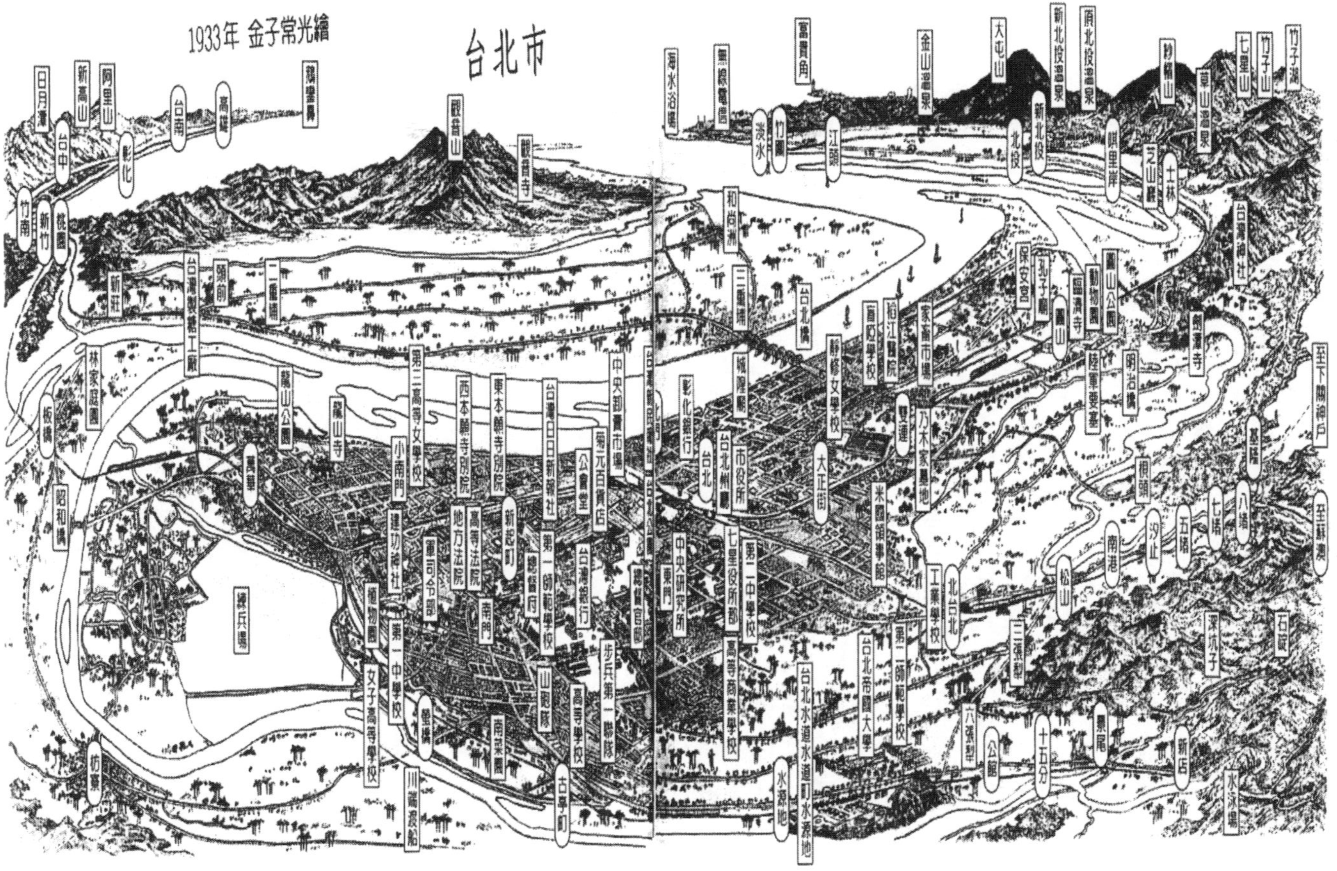

1933年 金子常光繪
台北市
日月潭
新高山
阿里山
台中
彰化
台南
高雄
鵝鑾鼻
竹南
新竹
桃園
觀音山
觀音寺
新莊
台灣製糖工廠
頭前
二重埔
林家庭園
板橋
龍山公園
龍山寺
萬華
昭和橋
練兵場
第二高等女學校
小南門
建功神社
西本願寺別院
東本願寺別院
高等法院
地方法院
軍司令部
植物園
第一中學校
女子高等學校
螢橋
川端渡船
新起町
總督府
第一師範學校
南門
南菜園
台灣日日新報社
公會堂
山砲隊
高等學校
古亭町
中央卸賣市場
菊元百貨店
台灣銀行
步兵第一聯隊
總督官邸
彰化銀行
中央研究所
東門
七星役所
第一中學校
高等商業學校
台北水道水道町水源地
水源地
和尚洲
三重埔
台北橋
城隍廟
台北
台北州廳
市役所
靜修女學校
大正街
米國領事館
台北帝國大學
第一師範學校
雙連
乃木家墓地
工業學校
北台北
三張犁
六張犁
公館
十五分
家畜市場
稻江醫院
蓬萊學校
保安宮
孔子廟
圓山
臨濟寺
動物園
圓山公園
陸軍要塞
明治橋
劍潭寺
台灣神社
松山
南港
汐止
五堵
七堵
八堵
基隆
至下關神戶
至蘇澳
深坑子
石碇
景尾
新店
水泳場
海水浴場
無線電信
富貴角
淡水
竹圍
江頭
金山溫泉
北投
新北投
大屯山
新北投溫泉
頂北投溫泉
唭里岸
芝山巖
士林
紗帽山
草山溫泉
七星山
竹子山
竹子湖

台北市街全景

1935年 繪者不詳

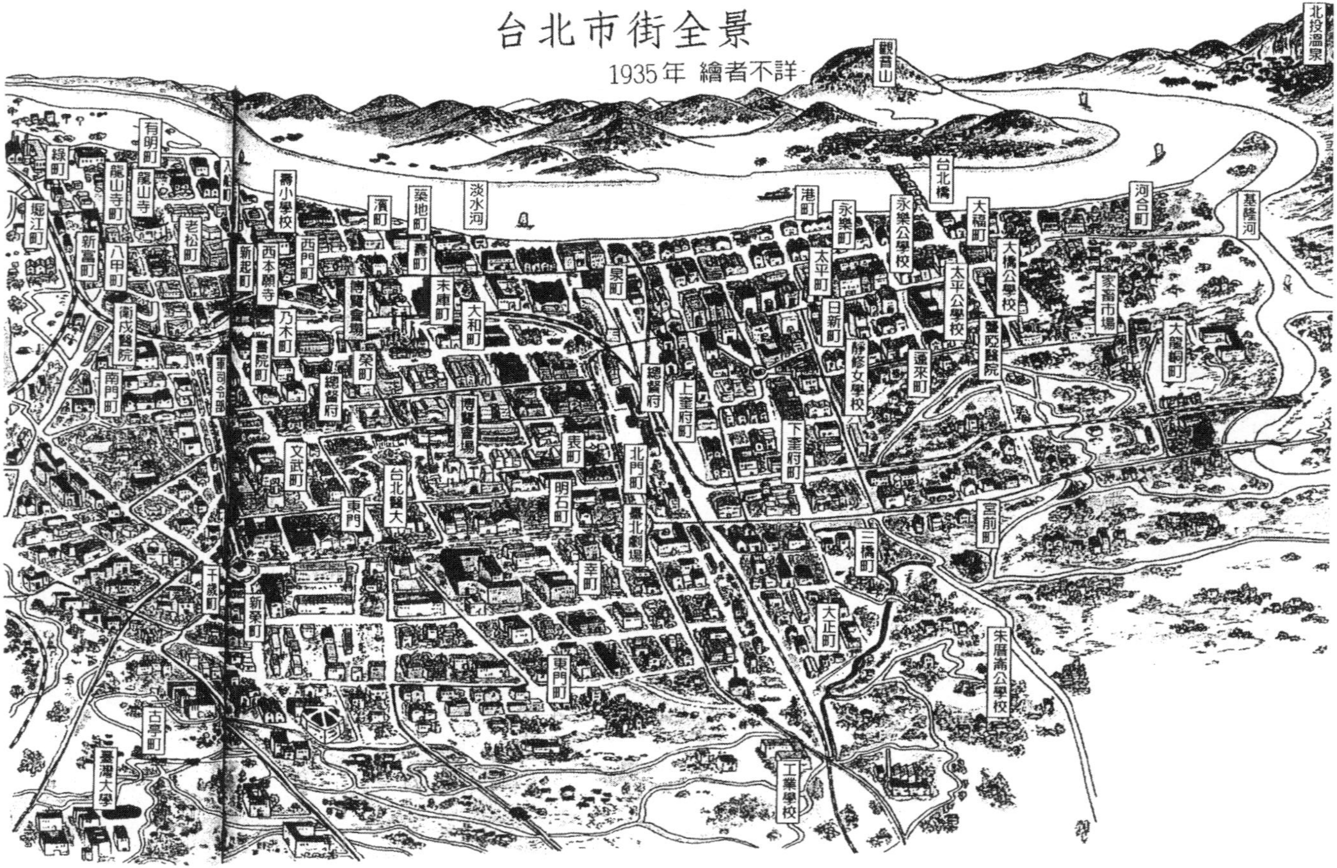

北投文物館

北投文物館為私立博物館，被指定為市定古蹟，建於 1921～1938 年間，為當時北投地區最高級的「佳山旅館」。佔地約 800 坪，是臺灣僅存純木造二層日式房舍。除保留相當珍貴的書院造建築結構外，本館也珍藏了近 4000 餘件的臺灣與中國傳統民間藝術及原住民文物。不定期的展覽外，本館也提供體驗課程、展演空間、餐飲、茗茶、宴會、會議及禮品等服務。

台北故事館

一九一四年明治橋落成，筆直的敕使大道寬十五公尺。橋北端路面石燈籠林立，一座鳥居（牌坊）矗立在原天文台下方，為參道入口；南端的圓山景觀，同一時期已有一幢典雅的英國都鐸式洋樓存在，它是大稻埕茶商陳朝駿(一八八五～一九二三)委託英國人設計起造的「圓山別莊」。陳朝駿為福建人，來台設立永裕茶行，投資本地銀行、保險及製糖等事業。陳君具有華僑身分，背景特殊，所以才能在神社聖域內置產。後來莊主去世，別莊被日軍徵用，戰後此宅歸前立法院長黃國書所屬，現在被台北市政府接收，闢為台北故事館。

初闢時的太平町，二〇年代後成為大稻埕最繁盛的街道，今為延平北路。（圖／臺北城市博物館籌建小組提供）

倭據時期霞海城隍祭典的盛況（資料來源：發現台灣 —— 天下雜誌。

施乾夫婦

一九三六年愛愛寮全景

充滿大愛的施乾（1899-1944）

走進大理街愛愛院，立即可感受到一股愛的暖流。

施乾，淡水人，畢業於臺灣工業學校土木建築科，任總督府技士，參與臺北市乞丐調查工作，發揮愛心，設「愛愛寮」收乞丐二百人，其妻日人清水照子，亦仁慈相隨，攜手努力，大愛延續至今。

捐錢容易，但要與髒窮的流浪漢為友，免費吃住，照顧教化，就困難多了。施乾及其家人憑著悲天憫人慈愛的胸懷，一生奉獻此項偉大工作。

新北投驛

北投溫泉的開發，是為了提供日俄戰爭的日本傷兵療養之用。日俄戰爭後，台灣未受負擔戰費的影響，景氣旺盛，北投夜夜笙歌，達官顯要趨之若鶩。一九一三年，北投公共浴場（今北投溫泉博物館）開放，供一般市民享受溫泉之樂。三年後，從北投接駁到新北投的淡水線鐵路支線竣工通車，新北投驛旋告落成開業。

擁有四口老虎窗的新北投驛，於一九八八年淡水線停駛後，依原材料、原模樣易地重建，以供人憑弔其昔日風華。

第二代明治橋竣工前與第一代明治橋並列。

台北圓山大飯店的現址在戰前是台灣最大的神社所在地，名為「台灣神社」（一九四四年更名為台灣神宮）。從台北欲登神社，必須跨過基隆河，才能銜接由鳥居與石燈籠構成的參道。一九一四年，橫跨基隆河的公路鐵橋竣工，此花樑鐵橋就是今中山橋的第一代，時稱「明治橋」。

第一代明治橋

第二代明治橋
（中山橋原貌）

一九三一年十月二十八日，台灣神社三十週年舉行大祭，當時日本治台已進入第三十六年，全台建設大致底定，而明治橋也逐漸面臨承載量的壓力，於是，兼顧敕使大道的氣派，擁有水泥拱形橋墩、花崗岩護欄及裝飾石燈籠的第二代明治橋，便在費時三年興建之後，於一九三三年完工。

到了一九六八年，中山橋拆掉日式花崗岩燈籠，改成鋁製護欄，中山二橋通車數年之後，中山橋雖未立即拆除，只是圓山風景線早已變成疊床架屋的空中走廊。

第一代的臺北火車站為清代始建，後經日本政府翻修為巴洛克式建築。（臺北市文獻委員會提供）《台北畫刊》98.11

第一代台北驛

一八九五年倭人據台，重新規畫直通高雄的縱貫線鐵路，並積極進行原有線路的改良工程，於是台北火車站移位至今天的位置。

一九〇一年，台北—桃園改良線通車營運，第一代「台北停車場」也於同年落成，就是上圖所示的台北驛站景觀。這棟磚造及立面水泥白飾帶的仿西方古典兩層樓建體，採斜脊屋簷，屋頂有鐵柵裝飾，兩翼延伸的作業房為木造，右側大煙囪是位於後車站的樟腦工場。

站前廣場人力車熙來攘往。新站落成十年後，為紀念對台灣鐵路建設有功的前鐵道部技師長谷川謹介，特別在廣場上為他設立了一座銅鑄坐像。

一九三八年，第一代台北驛拆除重建；一九四〇年，第二代台北驛竣工，即為戰後成長的一代最熟悉的方形貼淺色磁磚之現代建築的台北車站。

第二代台北驛

台北驛前的三線路，右上角為鐵道 HOTEL。

第二代台北驛

老台北人管台北車站玄關為「前驛」，背向大稻埕聚落的出入口稱「後驛」。後驛又稱後車站，為一大型木造鐸舍，比前驛早一年落成，而前鐸則於一九四〇年改建竣工。

順應終戰前十年流行的水平式建築風格，第二代台北驛採水泥面磚材料，造型簡潔，方形構成，四平八穩，簷口仍不乏泥塑裝飾，是台灣鐵道上的第一大站。

第二代台北驛走過半世紀，大半歲月都在戰後渡過，尤其是隨著台灣經濟成長而出現的城鄉移民潮，台北車站不但成為台北的城市地標，也是異鄉人踏上台北的第一印象，不知留給多少人深長的記憶。

鐵路地下化工程進行時，台北車站於一九八六年二月二十四日停止營運，三月一日拆除，並於左側蓋建臨時車站，直到一九八九年九月一日新建的台北車站正式啟用時，矗立剛好五十年的後驛木造站房，竟然發生火災被燒毀。

圖中的第二代台北驛是戰前的空曠景象，戰後四十年間的台北車站，則早已成為車水馬龍的台北交通大瓶頸。

台北表町通（今館前路）

鐵道 HOTEL

鐵道 HOTEL

一九〇八年四月，象徵台灣運輸新紀元的縱貫鐵路通車；同年十一月一日，台灣第一家西式大飯店開幕，它位於台北車站對面、今新光三越百貨原址，稱「鐵道 HOTEL」。

鐵道 HOTEL 的正玄關，面向現在的館前路，以前稱作「表町通」；一九一三年開始，館前路的兩旁種植蒲葵，鐵路 HOTEL 的牆外也植有數株。

二次大戰中，盟機轟炸台北，也炸毀了鐵道 HOTEL。戰後廢墟上擠滿攤販，之後一度被改成停車場，而目前的五十層大樓，則是台北市頗高的地標。

太平町風景，左側「大安醫院」看板為蔣渭水的開業診所，今為義美食品本店。

太平町通

台灣人之街 — 太平町一丁目

延平北路以前稱作「太平町通」，一直通到台北橋。戶籍區劃為太平町，太平町一丁目即今延平北路一段。

太平町通一丁目仍然在大稻埕範圍內，大稻埕是台灣近代文化的發祥地，由於熱鬧、人文匯集，延伸至整條太平通，許多音樂、美術家都住在這裡，最時髦的餐館應運而生，蔣渭水的大安醫院在太平町通，《台灣民報》發行所也搬來與醫院毗鄰。太平町通有數不盡的台灣文化運動的事蹟。

台北市本町通（今重慶南路）

台北書店街舊景

重慶南路一段以前稱作書店街，因為所有重要的書局都集中在這裡。直到一九七〇年代，建築物都還無多大改變，不過今天如圖所示的街景則已不復可尋。

圖右端街角的圓拱騎樓即今金石堂文化廣場，所以本圖是從衡陽路往車站方向看盡整條重慶南路。這裡於日治時代被稱為「本町」，是一九一四年由總督府全面規畫完成的兩側皆三層樓歐風立面街坊，進駐的商店也幾乎被日人獨佔。日本人撤退後，順利來台的大陸著名出版社，也都選在這條國府接收後轉手的商店街上復業。

街頭右側第一根大電線桿位置的店鋪曾經是「偉佛文具印刷公司」，隔壁是「友利文具公司」。左側第一根電線桿是進入沅陵街的路口，轉角建築物即原來的中華書局；其他如正中、東方、文化、三民、開明、世界、商務、台灣等大小書店，也都集中在重慶南路一段，是謂書店街。

本町盡頭所見的高塔即消防組瞭望台，現在是消防隊城中分隊，高塔已改建成大樓。

台北榮町通（今衡陽路）

台北市榮町通，左側高樓為菊元百貨店，遠處為新公園。

衡陽路舊觀

在一八九五年日軍進駐台北的十年前，台北建起了一座城牆。倭人據台十年後，台北實施全新的都市計畫，不但將城牆拆除，而且在原西門城域內，蓋起棋盤式歐風建築的商店街，不僅店主是倭人，出入的顧客也以倭人為主。因正好位於西門城內，一直以來民間都以「城內」名之，與艋舺、大稻埕同列台北三大鬧區。這就是今天的衡陽路，以前稱作「榮町」。

目前衡陽路兩側商家有的已改建高樓，少部分又被看板遮去原貌，圖中景象已不復見。其實圖左轉角處的大倉商行即今正中書局；圖右遠方的高樓，就是當年著名的「菊元百貨店」，最早擁有升降梯，也就是今天博愛路的世華銀行，它的前身是南洋百貨公司。

艋舺驛

「艋舺車頭」是萬華人對在地驛站的暱稱。一九一八年落成的艋舺驛，迄一九八八年改建新廈止，屹立艋舺七十年的歲月，幾乎已是當地人集體記憶中的地標。

此外，大家可能都已經忘記了的一條廢線，俗稱新店線，起站萬華，終點新店，一九二一年通車，沿途停靠水源地、公館、景美等地。一九二四年，新店溪碧潭護岸工程竣工後，引進國民旅遊觀念，開放泛舟等休閒活動，使得碧潭成為台北市民的最佳郊遊去處，而萬華人欲朝拜指南宮，也必須搭火車在景美下車，再徒步登石階上仙公廟。一九六五年三月新店線停駛，萬華車站頓失大站鋒芒，成為火車呼嘯而過的小站。

一九一九年完工的臺灣總督府，一九四五年被戰火毀去部分，今日的總統府在細節上有所不同。

百年西門紅樓稱為「新起街市場」，初建時仍有圍牆。

「榮町」有「臺北銀座」之稱，這條街景是從今日重慶南路往衡陽路眺望街端的建築臺灣第一家百貨公司「菊元百貨」。

西門紅樓

百年古蹟西門紅樓興築於 1908 年，是臺灣第一座官方興建的公營市場，亦是今天全島所保存最古老、完整的三級古蹟市場建築物。藉由舉辦文創性的活動，重新塑造：八角樓內的二樓劇場、中央展區、百寶格、西門紅樓茶坊、西門紅樓精品區和十字樓的 16 工房、文創孵夢基地、河岸留言西門紅樓展演館和北廣場的創意市集，以及南廣場的露天咖啡區等多元性區塊，聯手帶動西門紅樓整體對民眾服務的能量，打造出新穎的創意空間，開拓參觀的族群、擴大臺北藝文新舊交疊的疆界與板塊，成功的轉型成為臺北市新生之文化創意產業發展中心。

第三高女學校（今中山女高）

第二高女學校（今立法院）

台灣神社，現址為圓山大飯店

日據時代，位於大稻埕的霞海城隍廟原貌

臺灣民眾黨員大會

日據時代北一女建築

民國 19 年的淡水河口，《台北畫刊》98.11.台北市文獻會提供

第十五章　基隆市・宜蘭郡概況

一八九五年倭國近衛師團長北白川宮能久小頭目，率領征台大軍從澳底登陸，先攻陷瑞芳，逼近深澳坑俯視基隆，後在這裡建立一座「搶據遺跡地」（如後圖東端）。當時「台灣民主國」的「民兵」，打不過倭人正規軍是自然之事。

如後圖示，市役所、公會堂、憲兵分隊、基隆驛（火車站）、郵便局等公共設施，附近都是倭人活動區，台灣人聚落則在「市場」一帶。

一九三四年落成的「合同廳舍」，是目前仍在的港務大樓。而「鄉土館」（圖中偏右），原是劉銘傳時代的海關，倭軍佔領基隆後，曾充作九天的「臨時頭目府」。

圖中的「遊廓」是風月場所集中區，「墓地」（圖右）葬的是戰死的法軍。一九三五年落成的「基隆橋」，通往社寮島（和平島），這裡的歷史很精彩，先是西班牙人建城堡，荷蘭人又趕走西人，鄭成功再驅逐荷人，荷人不甘心，先炸毀城堡，又潛回在岩洞內留字，是「番字洞」（圖的右上）的由來。

台北州東部蘭地區有三郡，宜蘭郡偏北，羅東郡居中，蘇澳郡到南澳一帶和花蓮廳為界。宜蘭郡轄一街四庄，即宜蘭街、礁溪庄、頭圍庄、壯圍庄和圓山庄。（均如圖所示範圍）。

濁水溪（今稱蘭陽溪），是宜蘭、羅東兩郡分界，溪北大平原是宜蘭街，首要是「宜蘭驛」，這裡是清代就有的老街。從圖上看，郡役所、街役場、專賣局、台灣銀行等官廳和公共設施，都在護城河兩岸，城外少有聚落。

圓山庄接近山區，原住民據守山地不降，直到一九〇八年倭警斷其食鹽，才和談降服。頭圍庄是「開蘭第一街」，也是入蘭鐵路的第一站「頭圍驛」，今名頭城。頭圍首富「盧纘祥庭園」（圖右下），盧經商從政，戰後出任首屆宜蘭縣長，盧宅竣工於一九二八年。

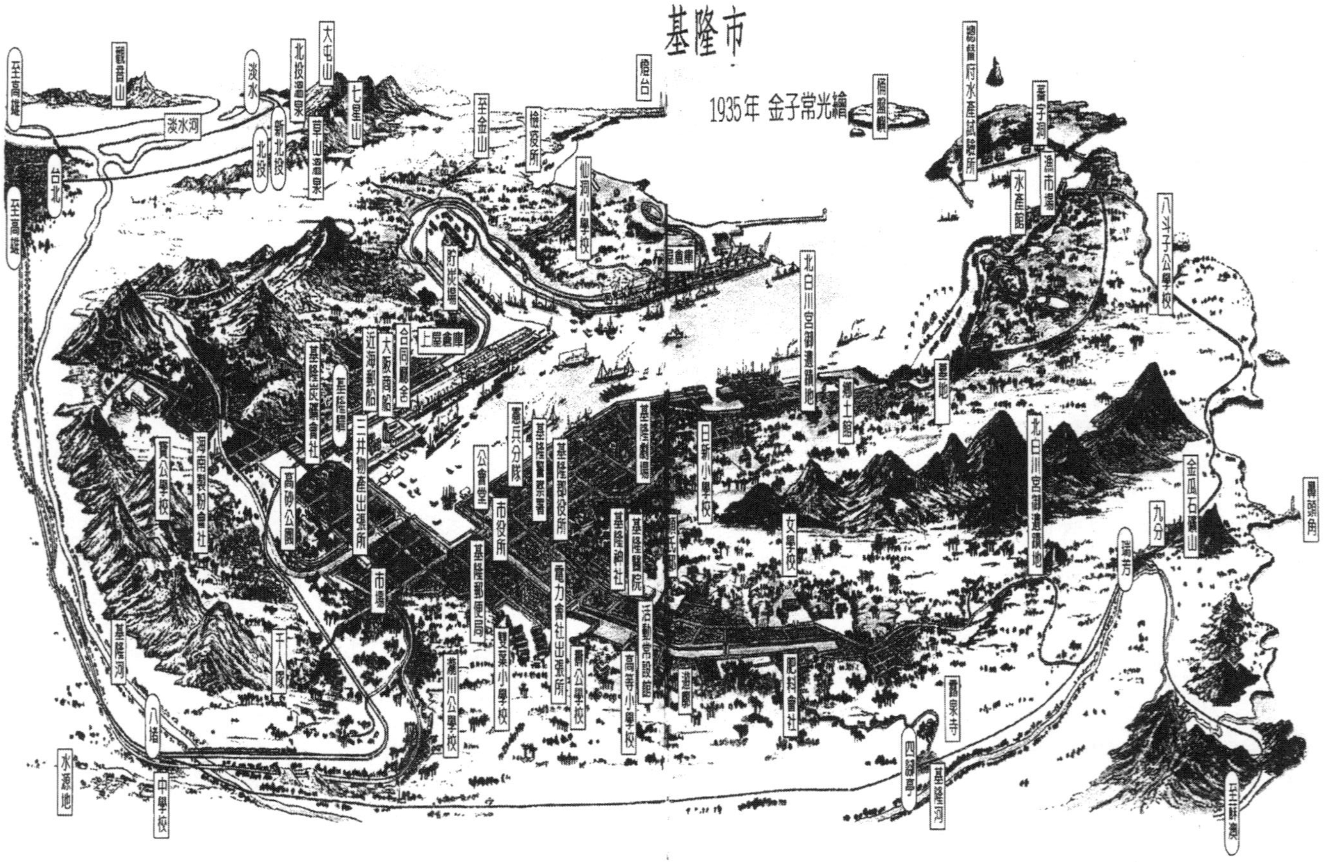
基隆市
1935年 金子常光繪
至高雄
觀音山
淡水
淡水河
台北
至高雄
北投
新北投
北投溫泉
草山溫泉
大屯山
七星山
至金山
檢疫所
燈台
仙洞小學校
桶盤嶼
總督府水產試驗所
蕃字洞
漁市場
水產館
八斗子公學校
府炭場
上屋倉庫
合同廳舍
大阪商船
近海郵船
基隆驛
基隆炭礦會社
三井物產出張所
寶公學校
海南製粉會社
高砂公園
市場
千人塚
基隆河
八堵
水源地
中學校
公會堂
市役所
基隆郵便局
憲兵分隊
基隆警察署
基隆郵役所
電力會社出張所
雙葉小學校
蔵川公學校
基隆劇場
基隆神社
基隆醫院
活動寫眞館
高等小學校
日新小學校
北白川宮御遺蹟地
女學校
基地
北白川宮御遺蹟地
肥料會社
靈泉寺
四腳亭
基隆河
瑞芳
九分
金瓜石礦山
鼻頭角
至蘇澳

宜蘭郡

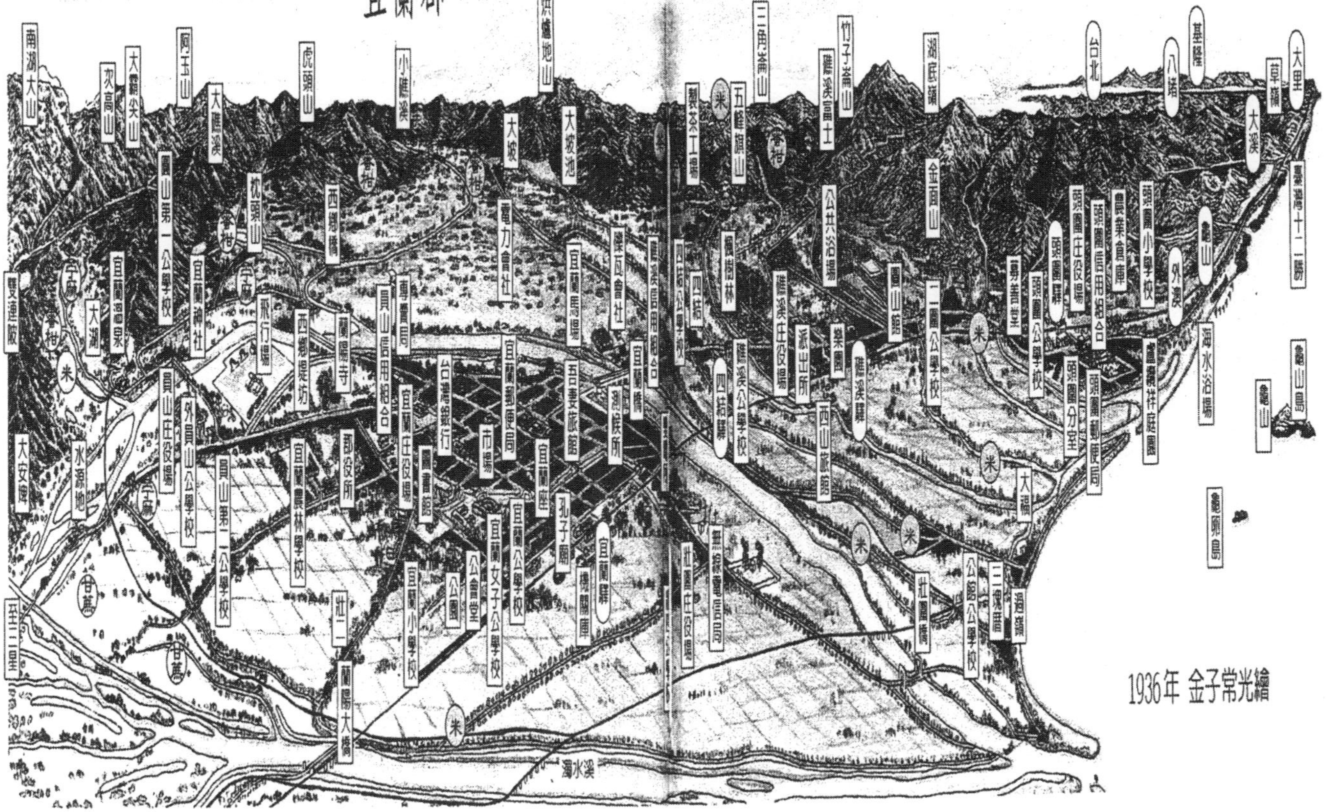

1936年 金子常光繪

小早川篤四郎筆下的雞籠社
寮島上的聖薩爾瓦多城。

基隆驛

基隆驛

車站是與在地居民最親近的公共建築，是城市共同記憶的地標，具有培養市民美感意識的功能。基隆舊火車站於台灣縱貫鐵路全線通車前一年（一九〇七年）完工；由於基隆在日治時期處於台灣的玄關地，因此車站門面非常受到重視，其造工之精美，堪稱縱貫鐵路營運初線各車站之冠。

第二次世界大戰時，基隆火車站曾經受損，戰後重建時，拆掉鐵飾，並少了老虎窗和紅磚牆，唯有鐘樓尖塔仍舊留存。

一九六七年，基隆火車站改建，使得這座堪稱基隆建築史上極一的車站，終至永遠消失於無形。

清朝基隆海關

基隆市中正路一七〇號是海關宿舍，宿舍內有一座「復興館」，是清末海關衙門舊址，但海關衙門早已拆除。

基隆郵便局

基隆公會堂

基隆港的築港工程始於一八九九年，其後分五階段進行，末期港口景觀已具備充分的海陸玄關性格，十足展現近代港市的新風貌。

圖中左側建築物是一九一六年竣工的「台灣銀行基隆支店」，是平頂水泥的西方古典建築。台灣銀行對面即今文化中心前身「基隆堂」與「基隆廳舍」，最中央一座宛如教堂的尖頂洋樓，則是「憲兵基隆分遣隊」。這三座佇立於基隆港東岸的代表性建築，目前皆已改建中的馬路是今天的義一路，當初也是倭人居多數的街町。

基隆港

基隆市政府原址是清代通判署

鈴蘭隧道——義重町

倭竊時代基隆最繁華的街道——義重町（今義二路），完全是倭鬧區的移植，迥然異於台灣本土式的商圈。義重町商店街賣的全是符合倭人消費習慣的生活百貨。

東京神田保町「鈴蘭通」。

日治時期義重町的鈴蘭隧道。

基隆市役所

宜蘭廳、郡、縣三代行政中心

宜蘭的首邑宜蘭市，是清朝設治之所，當時即已大興土木築城，城外有護城河。倭人拆掉城牆之後，在南門外建宜蘭廳舍，門前即為護城河。

宜蘭街役場、市役所

一九二〇年重劃台灣地方制度，台北州下宜蘭郡轄「一街四庄」，即宜蘭街、礁溪庄、頭圍庄、壯圍庄、圓山庄。宜蘭街役場位於護城河外，與宜蘭圖書館隔道溝渠遙遙相對，與宜蘭公園毗鄰。

從宜蘭街役場到宜蘭市役所，這棟建築於戰後始撥交給農田水利使用。

宜蘭驛

宜蘭驛即倭竊時代的宜蘭火車站。宜蘭線鐵路於一九一七年起工，分從南北兩端並進，南段由蘇澳北上至宜蘭，一九一八年三月率先通車，要繼續往北的旅客，都必須在本站轉搭輕便台車赴大里，然後越過淡蘭古道赴瑞芳或暖暖。宜蘭線是一段一段通車的，直到一九二四年鑿穿草嶺隧道之後，才宣告全線完工。

宜蘭座

已消失的舊宜蘭戲院，建於護城河內側，靠近東門，倭據時代稱「宜蘭座」。因距離火車站不遠，而且初建時宜蘭孔廟尚存，可說是當時極適當的娛樂中心地段。

宜蘭街市場

一九三九年「宜蘭街」升格為「宜蘭市」，市場招牌還寫著「宜蘭街」，可見這個建築物確定在一九三九年之前即已落成。

一九三〇年，台北州食料品小賣市場規則公布，宜蘭三郡各街庄市場紛紛設立。宜蘭街市場接近南門，即今之北館市場與南館市場。

日本二條城的唐式屋簷樓門。

台灣銀行宜蘭有支店

台灣銀行宜蘭支店建在舊南門城牆內，拆牆後遺留的護城河位於行舍背後。一九三〇年代以水泥建造的台銀宜蘭支店，在簡潔的設計風格中，立面玄關猶有考究的裝飾；初建時，街道兩側仍是倭式木造平房店鋪，正對面則是一家「大正堂果子店」。

木造羅東驛

西部縱貫鐵路通車十年後，東海岸蘭陽平原與台北的聯絡大動脈自一九一七年開始自兩端動工，北段從八堵接到瑞芳；南段由蘇澳往經羅東推到宜蘭，並於一九一九年三月率先通車。翌年（一九二〇年）年底才又北上直抵大里。

木造羅東驛曾在戰後的一九四七年改建過一次，一九八五年為了接北迴鐵路，又新建羅東車站迄今。

羅東公學校大門

一八九八年全台發布公學校組織法，羅東公學校隨即創立；最初是利用「大眾廟」廂房充當教室，一九〇七年位於十六分的新校舍完工，之後地方人士再獻地擴大校區，始完成今日羅東國小的規模。

羅東森林鐵道竹林驛

全長三十六・四公里的羅東森林鐵道，終點在土場。從羅東出發後的第一站即為竹林驛，一九二六年開放客運。竹林驛的地點，位於今羅東林區管理處貯木池旁，目前已夷為平地，但貯木池還在，平地附近擺著五部蒸汽火車頭，尚保有羅東森林鐵道功成身退的產業明證。

羅東森林鐵道竹林驛於一九七九年颱風後，隨森林鐵道結束運轉而廢置；一九九四年又一次颱風來襲，吹倒了竹林驛，也將它推向被完全拆除的命運。

羅東座

倭竊時代羅東有兩家戲院——大和劇場與羅東座，原都在驛前一帶，目前皆已歇業。
羅東座開業於一九三〇年代初，是宜蘭人藍錫溶經營的劇場。

宜蘭中山北路街景，一九三〇年

礁溪公共浴場，一九三三年

羅東座，一九三三年

宜蘭街道路（今台銀前），一九三三年

龜山島聚落，民國40年代

蘭陽自動車株式會社，一九三三年

圓山鄉大湖村農家，民國43年

羅東中正路北段街景，一九三〇年

南方澳漁港漁船繫場，一九三三年

宜蘭驛（火車站），一九三三年

員山鄉頭份村茄冬樹，民國40年代

蘇澳白米甕橋，一九三〇年

第十六章　大屯山彙・淡水郡概況

大屯山彙在地質學上又叫大屯山火山群，從台北市區向北眺望，可以看見七星山、小觀音山、大屯山、面天山，四峰並列，以七星山最高。

大屯山彙鳥瞰圖於一九三五年畫成，北麓（圖右）以基隆為起點的公路，至終點淡水，是謂北海一周。「野柳鼻」下的「瑪鍊港口」是現在的萬里，到淡水途中有個「小基隆」是今之三芝。

台北到淡水的鐵路比縱貫線鐵路早七年竣工，原因是興建南北縱貫鐵路時，基隆港工程尚在整建，所有鐵路資材要從淡水港上岸。淡水河經台北市的橋，是一九二五年完工的舊台北橋，未過橋前道分兩途，一條經「獅子頭」到「八里庄」；一條直奔高雄，這裡是縱貫公路的起點。

一九三五年有一條柏油路從士林直通「草山溫泉」，正好在大屯山彙中腹（圖正中上），山上有「貴賓館」，立有「倭國東宮犬子紀念碑」，紀念倭國皇犬子於一九二三年四月十六日來訪，並參觀北投「公共浴場」。

七星、小觀音、大屯三峰圍住的「竹子湖」，一九一八年在此試種蓬萊米成功。新北投「公共浴場」是一九一三年六月落成的，才落成不到半年，先行者　國父孫中山先生為募款討袁奔走各地，也經北投「公共浴場」休憩半日，這小地方也有大歷史。

淡水郡有「一街三庄」，即淡水街、三芝庄、石門庄和八里庄。郡役所（後照片）在淡水街，是台北州淡水郡行政中心。

淡水在清代已是北台第一大港埠，倭國搶據初期仍以淡水港為台倭航運要港。但一八九九年基隆港整建興工，到一九〇三年貿易額已超過淡水，從此淡水退居地方港格局。幸好，淡水有天然美景，後來的觀光條件比基隆港好很多。

淡水街（如圖）的商店和公共建築，都沿河岸腹地興建，淡水驛、街役場、郵便局、郡役所等。這裡曾是帆檣林立，所以設有海關。

學校則在山崗上，公學校、小學校、女學院、淡水中學。但「女學院」和「淡水中學」本是長老會手創，一九三六年八月被迫讓給台北州廳接管，兩校分別更名「淡水中學校」和「淡水高等女學校」。

大屯山彙

1935年 金子常光繪

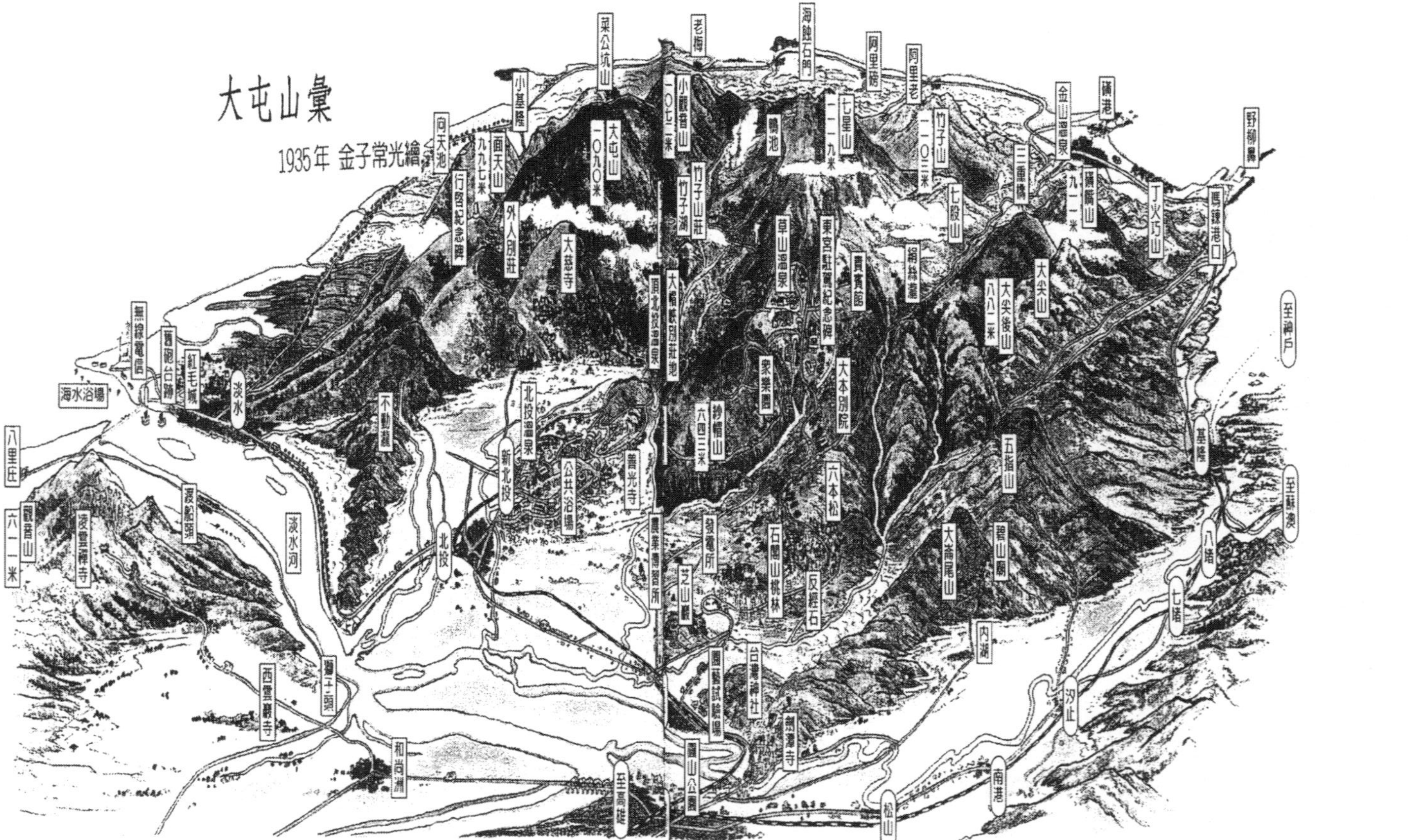

淡水郡

年代繪者不詳

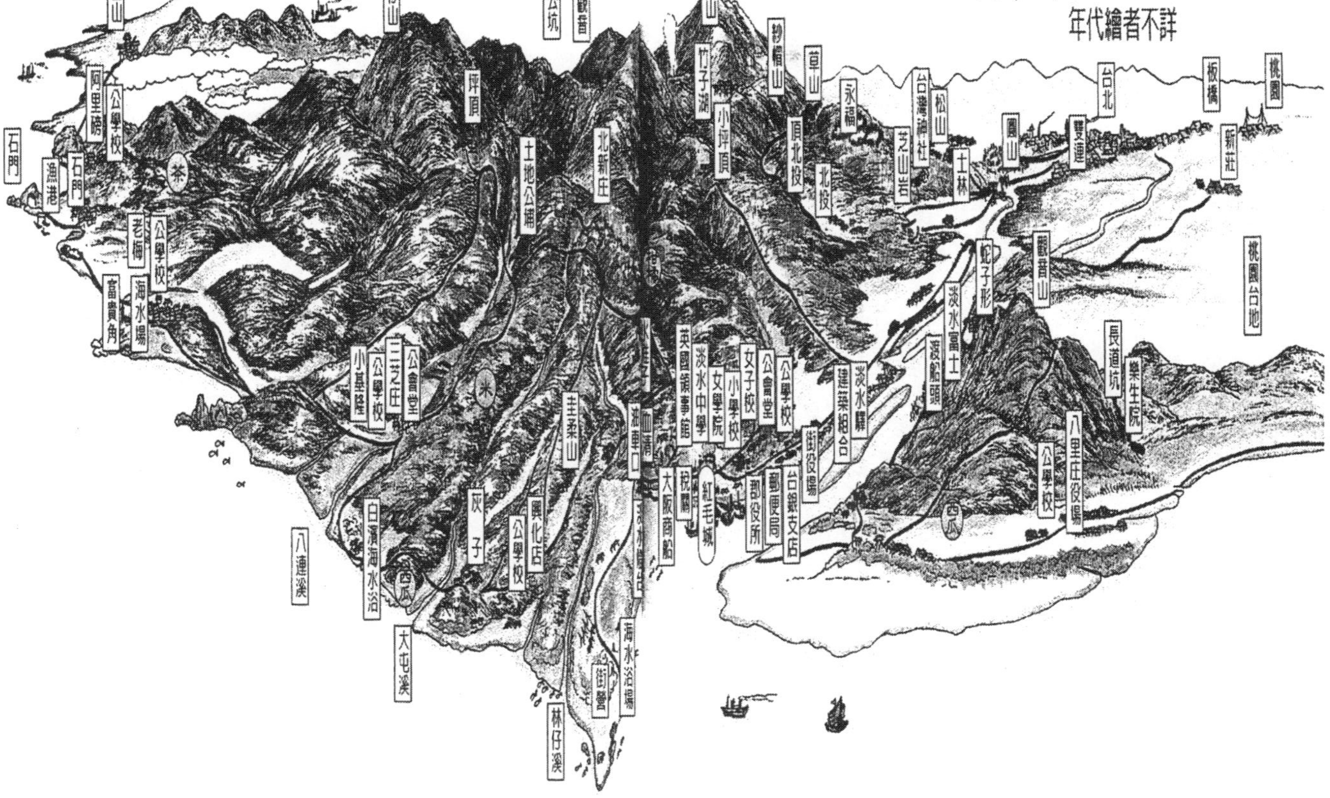
金山
石門
漁港
石門
阿里磅
公學校
茶
老梅
公學校
富貴角
海水場
竹仔山
坪頂
菜公坑
小觀音
土地公埔
北新庄
七星山
竹子湖
小坪頂
紗帽山
草山
頂北投
北投
永福
台灣神社
芝山岩
松山
士林
圓山
雙連
台北
板橋
桃園
新莊
蛇子形
觀音山
淡水富士
渡船頭
桃園台地
長道坑
樂生院
八里庄役場
公學校
小基隆
公學校
三芝庄
公會堂
米
圭柔山
英國領事館
淡水中學
女學院
小學校
女子校
公會堂
公學校
建築組合
淡水驛
街役場
台銀支店
郵便局
郡役所
紅毛城
稅關
大阪商船
白濱海水浴
八連溪
大屯溪
灰子
公學校
興化店
林仔溪
海水浴場
街營

淡水郡役所

今日依然保存的滬尾偕醫館

馬偕博士時代的滬尾偕醫館
（馬偕博士站立在門口）

一八七三年所租得的第一代教堂（今中正路292號址）

建於一九一五年的白色禮拜堂（第二代）

今日之淡水基督長老教會和仿哥德式教堂（一九三三年第三代）

附錄一：小白宮——前清海關總稅務司官邸

「小白宮」是過去淡水學生們對埔頂〈真理街〉上面那些白色洋樓的暱稱，更早淡水人叫這種殖民地式迴廊建築為番仔樓（Boungalow）。

淡水不只在今日是台灣最富異國色彩的鄉鎮，同時也因其「荷蘭風」、「南蠻味」而有『東方拿坡里』的雅稱。八十年前，淡水是個國際港，輪船入港就可看到三百年來淡水的老地標——紅毛城，接著就是六棟番仔樓一字排開，構成淡水的異國風情。前三棟為紅磚二樓建築，即英國領事官邸、牧師樓和姑娘樓。後三棟為白堊一樓平房，即馬偕博士故居、宣教士宿舍和前清淡水總稅務司官邸。這三棟都有學生叫它們「小白宮」。若要講的小白宮是指「總稅務司官邸」，它的故事應該由淡水海關的歷史說起：

滿清領台後，對台灣的經營消極被動，康熙年間定

有海防禁制令，在台南鹿耳門設海防同知，以文、武兩海關嚴格管制移民與船舶出入。文口由文職海防人員，查驗船籍、船員及搭客載貨等情形，武口由武職之水師汛兵實行臨時盤查，這就是台灣最早的海關和移民局。

因台灣開發甚速，清廷則陸續在乾隆四十九年（1784年）開放鹿港和蚶江（泉州），以及五十五年（1792年）開放八里坌與蚶江、五虎門（福州）的對渡；自嘉慶十三年（1808年）起駐淡水負責查驗的水師守備署，設於今紅毛城南鄰之河岸邊，因此成為日後淡水海關之所在。

道光之後海防鬆弛，中外商船隨處私航，特別是鴉片戰爭後，以英國為首的外國商船開始在淡水及基隆貿易，官方也按既成事實給予執照並徵稅金。此時八里坌也逐漸淤塞，船舶依北岸的滬尾出入停泊。

咸豐十年英法聯軍之役，定下天津條約指定台灣開埠通商，一八六〇年再經北京續約淡水（滬尾和八里坌）正式開港。翌年，清廷派侯補道區天民赴台設滬尾海關（原計

劃以八里坌為碼頭），由福州兼辦，並將水師守備署改為滬尾海關公署，年底首位英國駐台副領事館郇和（Mr. Robert Swinhoel）乘英艦Handy號抵淡水，亦贊同滬尾設關。一八六二年七月十八日（同治元年6月22日）淡水港正式開關徵稅。按照清朝以外國人為稅務司之慣例，指定英人郝威爾爵士（Mr. John William Howell）（1862—1866）為首任淡水洋關稅務司，後由斯甄克〈Mr. W.S.Schenck〉繼任，翌年，淡水進入黃金時代，再開基隆為淡水副港。到了一八六四年滬尾成為主口（本關），總理打狗、安平和雞籠之全台關務而盛極一時。因著淡水海關地位提升，就在一八六七年建此白堊洋樓做為稅務司郝博遜（Mr. Herbert E. Hobson）（1869—1876）的官邸，這就是今天的小白宮。

本國的關稅要由外國人代辦，到了晚期根本成了「包稅制」，不僅是今日我們難於想像也讓隨後領台的倭人所不能理解。不過在官僚體制腐敗、不諳國際事務的清廷，將這種洋務委由洋人經辦，在當時確實有收到成就，至少在淡水，稅務司不僅將淡水管理

成一個具水準的國際港，也讓一向被官商呑匿、洋商抗拒，稅收被中飽的清廷獲利甚豐，稅務司的洋官不僅負起稽徵查驗，也負起碼頭建設、港道濬渫、燈塔浮標、船難調查和救難等港務；也要處理華洋衝突、外交斡旋、甚至軍火採辦等洋務，在政治、經濟上有極大的影響。

稅務司公署衙門在今紅毛城停車場前方，是當年淡水最豪華的建築，如今已無跡可尋，而今天這棟小白宮就當年這些客卿的官邸宿舍，建蓋之年代在一八七〇年前後，當時建有三棟，當地居民稱它為埔頂三塊厝，兩棟在今文化國小對面，今已無跡可尋。

小白宮座落於秀麗的砲台埔前緣，淡水河與觀音山的河光山色一覽無遺，與前景平行的矩形格式，東西南三面有八呎深涼台，立面有弧形拱圈，外節白色灰泥南歐樣式，基礎抬高三呎設通氣孔以隔離濕氣，並有壁爐和煙囪，加上四周開闊的庭園，能讓這些洋員享受著舒適、休閒、浪漫的異邦生活情調；據傳倭人領台翌年六月，倭相依藤博文來參加「台灣始政週年紀念典禮」，即慕名到此下榻以嘗宿願，並留一首《題台北城壁》之漢詩。

西元一八九五年六月五日（光緒21年）倭軍大本營參謀福島安正大佐率兵乘八重山軍艦由基隆入淡水港，在總務稅務司設淡水事務所，翌日接收我國海關稅務。關稅初期尚襲清朝，淡水仍為主關，總理全台關務，一九一一年台灣採行與倭人相同之關稅制度（倭據時代海關叫做稅關）。而倭人人到淡水後，發現這小白宮並非官產，是大陸第一任總稅務司赫得〈Mr. Robert Hart〉的私產，費了一番折騰才以強硬的立場接收。

（總稅務司公署界石-1862）

此後，淡水港日趨沒落，一九〇三年其貿易額開始為基隆港超越；一九〇六年淡水稅關降為基隆分署，小白宮跟著淡水港風華漸去，關務也日漸減少，小白宮逐漸成為官方招待所和賓館，二次大戰期間被淡江中學租為學生宿舍稱為【寮】；另外一棟日漸荒廢，被淡江中學的學生稱為「化物屋敷」即為鬼屋。戰後，小白宮為財政部台北關接收，一度成為稅司署長李度的宿舍，後來再度空廢，曾於一九六八年、一九八五年兩次大整修，原貌漸失；一九九六年財政部將其報廢，準備改建公家宿舍，幸經地方人士、學者全力搶救，終於在一九九七年二月二十五日公告為三級古蹟。

「小白宮」——前清淡水總稅務司官邸，可說是橫跨三朝的百年歷史座標，也是淡水黃金時代的證物，更是未來淡水歷史文化發展的珍貴古蹟。

附錄二：永遠的紅樓與白樓

清末，淡水開港後，外商洋行接踵而至，一時盛況正如欽差大臣沈葆楨所奏「……年年夾板帆檣林立，洋樓客棧，闤闠喧囂」。同時，本地行郊自然也掌握商機改變經營方式加入競爭。由於西風東漸，他們發跡後，不論是建商館或厝宅都仿洋樓樣式。這些充滿浪漫風情的洋樓，學界稱它「殖民地樣示（bungalow）」，而我們老淡水人卻給它一個相當本土和傳神的稱呼——「番仔樓」。這些本地人建的番仔樓，最著名的就是白樓和紅樓，如今白樓已無跡可尋，但紅樓依然屹立崎仔頂岡崗頭。

白樓是馬偕博士的門生嚴清華所建。一八七五年馬偕博士建兩棟宣教士宿舍於淡水砲台埔時，由淡水著名的土水司傅洪仔泉包工，嚴清華負責庶務

昔日紅樓・白樓的實景（1962年淡江中學畢冊）

工作。嚴氏利用工程之便如法建此白樓。白樓順山勢而建，平面呈轆轤把（曲尺）形式，二層樓設有四面拱廊陽台，可盡攬淡水風光，外牆面敷以白灰極為顯眼，因此而得名「白樓」。白樓不僅外貌有西洋味，內部也有壁爐，最特別的是和馬偕博士所建的教堂一樣，圍牆上建有一波斯形山門，門額外寫「受天祿」，內寫「富貴春」。稱得上是豪宅。

嚴氏除了作為寓所外，明治年間和其弟嚴彰，在此經營淡水內河和島內的航運業。爾後輾轉易手而且日益破落而成大雜院，直到一九九三年最後的陳姓屋主，將它拆除改建，白樓就成了歷史名詞了。

白樓神秘的身世和其山城特色一直是

白樓沿山勢而建，可看出淡水山城特色（1960 年連易宗攝）

早年畫家最愛的寫生素材。今年已百年人瑞的畫家陳慧坤，就有多幅以「淡水白洋館」為題的名畫，紀錄了白樓已逝的身影。

紅樓約建於一八九五年，即清末日初之際，是經營淡水往來福州船行生意的富商李阿透（李怡和）所建。但新廈落成不久，李怡和兩艘貨船在淡水港互撞而沉，自此家業中落。就在風水八卦傳聞不斷時，卻被艋舺米商洪騰雲買下這棟新廈。這個大善人因捐建台北考棚而被清廷表彰「急公好義」的石坊，今日還在台北二二八紀念公園裡。

但最後住進這裡是洪騰雲的孫子洪以南及其家族。洪以南是台灣早年有名的文人，一八九六年福建晉江的中式秀才，詩書畫均工，是名詩社「瀛社」的開社社長。也是倭

畫家陳慧坤畫作——「淡水白洋館」

人極為重用的仕紳，一九一四年擔任淡水區長（今鎮長）。因此紅樓可說是淡水街上最顯赫的宅第。

紅樓是殖民地式紅磚二樓建築，因此得名「紅樓」。三面設有磚拱迴廊，當時規模上能與它相似相比的只有紅毛城的領事官邸。洪以南將紅樓取了極為風雅的名號「達觀樓」，因由這裡眺望淡水，東起關渡口、西迄紅毛城和淡水港門，一目千里毫無遮阻，倭據時代極多港埠和街景照片都由本處攝得。而另一方面在淡水街上幾乎任何角度都可看到它，取其「達觀」名副其實。而洪以南長子洪長庚醫生是全台第一位眼科博士，他在台北大稻埕開設的醫院也叫做

倭據時代常以禮拜堂和紅樓（上方），作為淡水西洋風（蘭風）的代表（1940年淡江中學畢冊）

「達觀眼科醫院」。達觀眼科名聞遐邇，醫務繁忙。洪長庚無暇管理遠在淡水的宅院，後來就出租外人。由於位置扼要，二戰期間，日政府在前院設有空襲警報器，而戰後也一直延用，因此淡水人俗稱「彈水螺」。直到六〇年代洪姓後人因鑑於族人已在台北蓬勃發展，因此將紅樓售予同姓洪之今日屋主。

後來，洪姓屋主進行整修，將原有四坡落水的斜屋頂，改為 **RC** 結構的平屋頂，也將遭風化並留有彈孔的紅磚牆面，以黃色水泥漿粉平，紅樓就成了「黃樓」。不久又將「黃樓」分租學生。最後廢置待建。到了九〇年代淡水觀光發展帶動文化產業商機，屋主遂斥資將它

紅樓一度成為「黃樓」（1992 年）

整修，除了恢復「紅樓」外觀，也將它改為餐廳，直接以「紅樓」之名營業。由於它的歷史和建築景觀價值，進入二十一世紀後，紅樓已成名聞全台的特色餐廳了。

紅樓和白樓象徵著淡水的繁華，它們孕育於淡水的黃金時代，也見證了淡水的起起落落。白樓沒撐過二十世紀，而紅樓已成功蛻變，相信若再附加更多淡水的人文價值，會永遠是耀眼如故的。不過在老淡水人、畫家、文人墨客心中，白樓、紅樓都是永遠存在的。

資料提供：淡江中學校史館－蘇文魁

若文章有任何問題請 E-mail: chez.jean@msa.hinet.net　謝謝您的指教

第十七章　新北投・新莊郡概況

後圖「新北投基點要覽」，標示新北投公園四周環境，主要介紹各溫泉旅館位置。其繪者年代均不詳，按景物判斷，應也是一九三〇年代繪成。

溫泉是天上掉下來給北投的禮物，自古以來帶給北投無限商機，繁榮地方的重要資源。第一家溫泉旅館是一八九六年開業的「天狗庵」，老闆是大阪人平田源吾，同年不久一個台北州官員叫松本龜太郎，也開一家「松濤園」。此後，一家家開業，成為北投觀光休憩之焦點，凡是到北投就要「泡湯」。

一九〇五年日俄戰爭結束，有一批傷兵送到北投療傷，遂有「偕行社」的成立，此即「陸軍俱樂部」。一九一一年北投公園落成，「天狗庵」和「松濤園」居圖中公園南側，「偕行社」在公園東端北側。這是俄倭戰爭給北投帶來的繁榮機會，但深思之，俄倭戰爭關中國屁事，卻在中國領土打，死一大堆中國人，倭鬼兵又送來台灣，叫台灣人

「供養」，也沒道理！

當時台北州的鐵道部有員工信仰「密宗」，集資在北投建寺院，名「鐵真院」，即今普濟寺，建物至今無重大更易。寺外在尊「湯守觀音」，湯是溫泉，守是保佑，為一九〇五年開光的北投溫泉守護神。

圖中公園南側的「瀧乃湯」，在今之光明路二四四號，至今乃在營業，是北投最老的溫泉浴場。

新莊郡下轄「一街三庄」，即新莊街、鷺州庄（蘆洲）、五股庄、林口庄。郡役所設在新莊街，其他如公會堂、街役場、郵便局、信用組合，也在附近。林口台地（圖左）是產茶區，淡水河沙洲平原多菜圃，觀音山麓已多是水田。

新莊開發早於艋舺（詳見第九章），後因河道淤塞，商機才沒落。按劉銘傳最早規劃的縱貫鐵路，從台北南下路段，跨過淡水河，在三重埔設「大橋頭站」，再通過新莊「海山口站」到桃園。後來倭人重新規劃，一九〇一年起，改走艋舺、板橋、樹林往桃園。

林口台地山麓有一「山腳庄」，倭人走後我們改成「泰山鄉」。新莊在清代及倭據兩次衰落，難怪老作家鄭清文（也是新莊人），寫過一本書《新莊：失去龍穴的城鎮》。

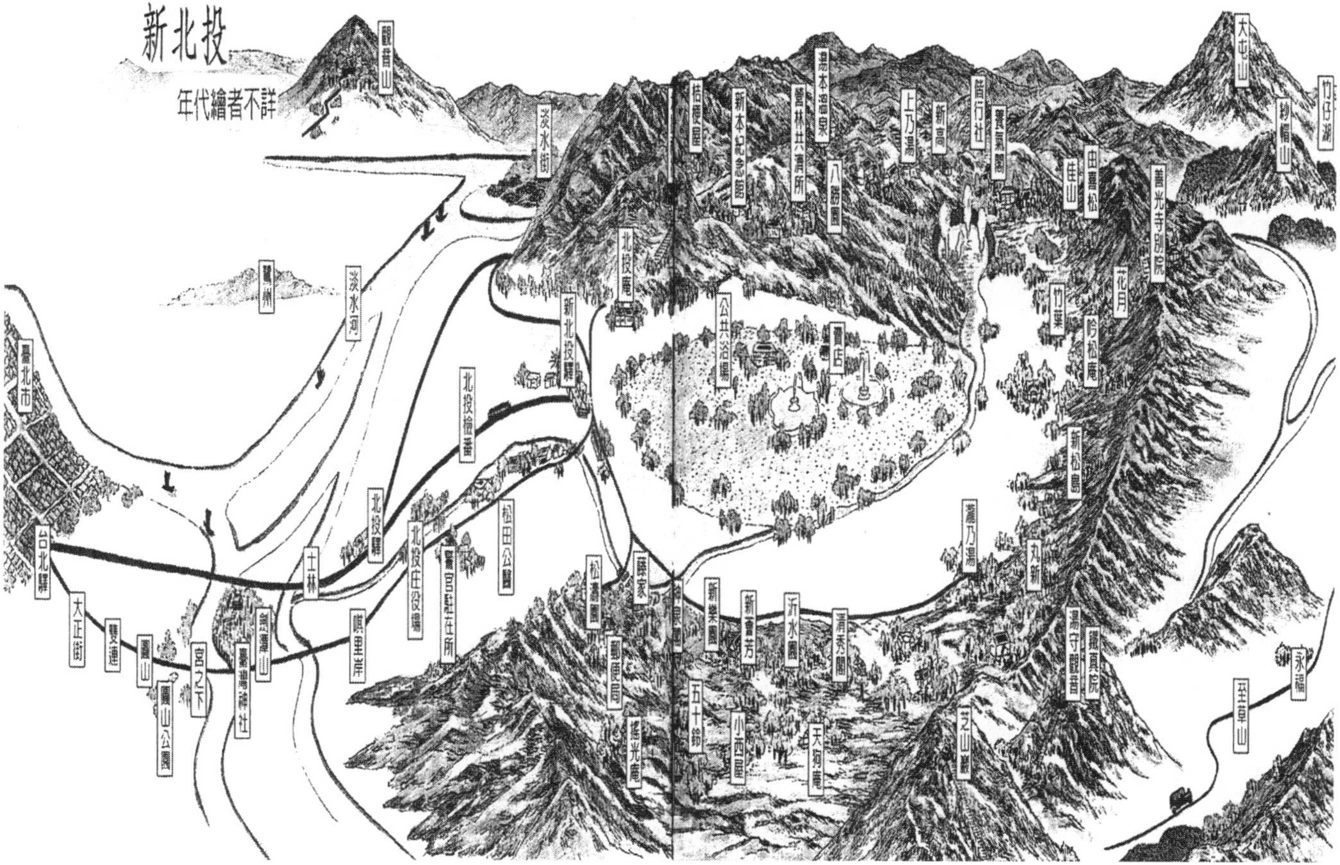
新北投
年代繪者不詳
觀音山
淡水街
淡水河
關渡
臺北市
台北驛
大正街
雙連
圓山
圓山公園
宮之下
臺灣神社
劍潭山
士林
北投驛
北投庄役場
北投檢番
唭里岸
松田公園
新北投驛
北投庵
公共浴場
松濤園
藤家
郵便局
瑤光庵
五十鈴
小西屋
天狗庵
新樂園
新薈芳
沂水園
清秀閣
瀧乃湯
丸新
芝山巖
湯守觀音
鐵真院
新松島
竹華
花月
吟松庵
由實松
佳山
弘法寺
新高
上乃湯
八勝園
星乃湯
新本紀念館
鐵道部
大屯山
紗帽山
竹仔湖
至草山
永福

新莊郡

1934年 金子常光繪

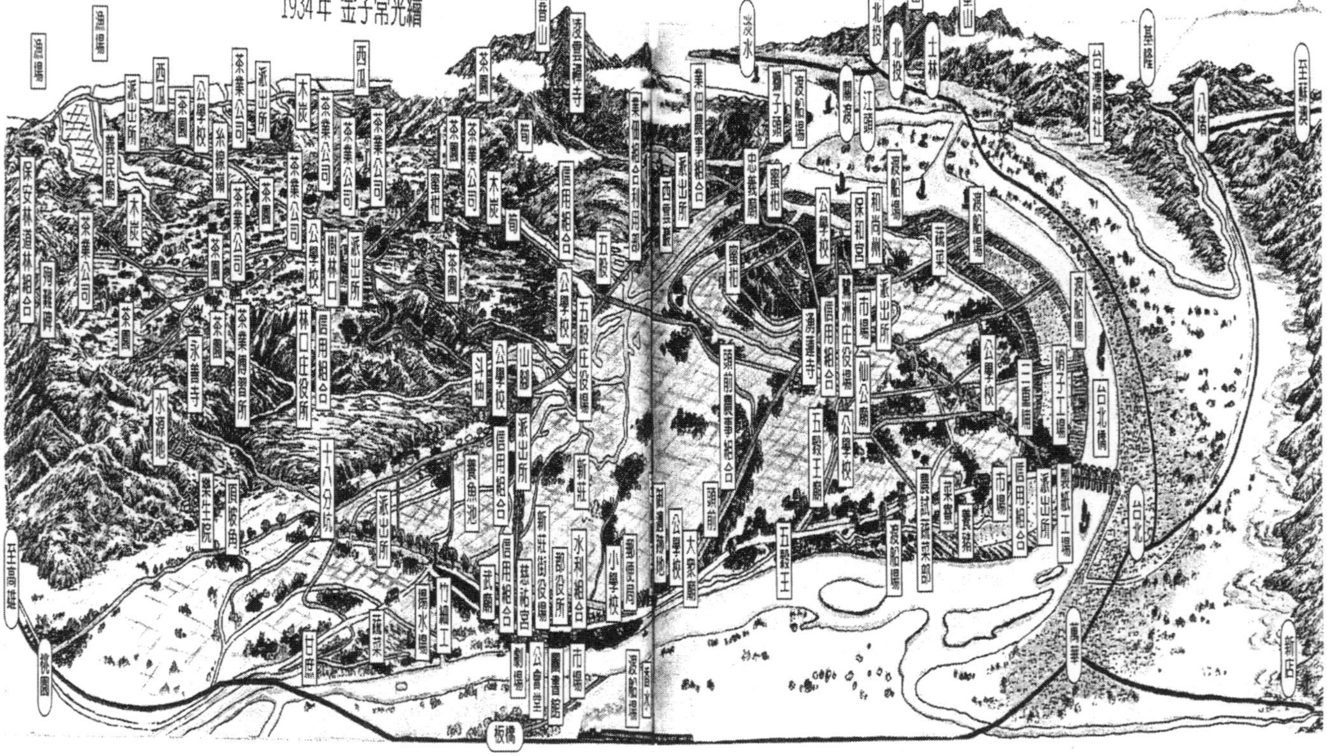

台北橋是當時台北人的交通要道，橋身以七座鋼鐵花樑打造而成。

北投老字號溫泉池瀧乃湯。

淡水河岸停泊的船，圖中的鋼骨鐵即是台北橋。

101 11 28
蘆洲李宅古蹟
李友邦將軍紀念館
開放時間：9：30 am ~ 4：00 pm
優待票60元
入場聯 12712
網站：www.luchoulee.org.tw
地址：新北市蘆洲區中正路243巷19號
電話：(宅)02-22810375/02-23892224

古蹟 樸素

「蘆洲李宅古蹟」初建於一八五七年，由李氏來臺二世祖濯夫公創建，其時地基廣闊，粗具規模。光緒二十一年（一八九五年左右），復由子嗣七房兄弟合資延聘大陸山西名建築師廖鳳山，專程來台設計擴建，當地人稱之為中原厝。

「蘆洲李宅」於一九八五年經內政部公告為國家三級古蹟，歷經二十三年漫長的修復，終於二〇〇六年正式開放。

沉靜的見證由土地所孕生的臺灣情感。

人文

李氏三世祖士實公（諱樹華），於清季擔任「儒學督正」主管全台灣秀才科考業務，得光緒皇帝派令題繪；中門書懸「外翰」扁額（為清羅秀惠舉人題字），並有「簪花晉爵」門神圖繪。是以，蘆洲李宅兼具農莊與官宅格局。

李氏五世祖李友邦將軍是第一位台籍將領，日據時代，領導民眾對日抗戰，李宅成為抗日志士聚會的歷史舞台。台灣光復，台灣義勇隊帶回象徵光復的第一面中華民國國旗。李將軍不幸於白色恐怖期間遭誣陷身亡，其妻嚴秀峰堅持討回歷史公道，伸張人權正義，契而不捨保存李氏祖厝並使沉冤得雪。目前「蘆洲李宅古蹟」以「李友邦將軍紀念館」對外開放，展出抗日史料、及李將軍手稿。

建築

李宅之整體造型樸素簡約，全宅未用木柱，是磚造石構之大型院落；無華飾，層疊之馬背脊屋頂，昂揚天際，是此建築之特色。李宅是三座四合院的建築合群，全厝原有九廳、六十房、三落一二〇門，座落於「七星下地，浮水蓮花」的風水寶地，復因矗立於田尾，鄉人皆稱「田仔尾」（暱稱「田野美」），厝前闢建「蓮花池」，昔逢天氣晴朗，池中映現觀音山頂倒影，清晰美觀，是謂「李厝一景」。

第十八章 台北來電

電是近代都市之「根本」，沒有電，一切都別談了。前文講到劉銘傳開始實驗性的建立發電設施，可惜未能擴大，且不久台灣就給倭人搶據而去。

倭國搶據台灣是為入侵南洋之用，當然要好好建設（不建設怎能成南侵基地，現在還有一群「不知道我是誰的人」，還在感恩倭人建設恩典，真是本末倒置！）。一九〇三年十一月，倭人決定大力發展電力，要建設第一座水力發電廠，地點選在南、北勢溪交匯處（如後圖），建龜山發電廠。但該處是泰雅族地盤，族人強力反對建廠，倭人才不管這些，霸權在握，又有軍隊，不顧一切反對動工了！

泰雅族感受到生存權受到威脅，一九〇五年二月二十日晨四時，泰雅勇士約五十人對龜山電廠工地宿舍發動夜襲，熟睡中有倭人夫婦四對、獨身男六人、台灣人男四人，共有十五人喪生，其中有十三人被馘首（頭被砍走）。

本案震驚倭人，乃派大軍來對付泰雅族，該族險些被全族消滅。事平後，加派兵力守衛，得以持續動工。後在電廠附近建有紀念碑，文曰：

明治38年2月20日拂曉兇△成隊襲龜山水力電氣所工夫小屋殺男女十五人馘首放火而去聞者掩泣官賜金予遺族死者可以瞑焉

銘曰　鮮血染草　埋骨邊荒
　　　電火照夜　死者餘光

明治38年　高石工務所建之

一九〇五年七月，龜山電廠漸漸竣，八月十七日台北三市街（城市、大稻埕、艋舺）開始送電，到十月三市街大多有電燈。

一九〇七年二月，開始興建第二電廠「小粗坑水力發電所」，位於今之屈尺（新店庄）。直到一九〇九年八月才竣工送電，至九月送電區擴張到牛稠港庄（今基隆中港中興二里）、蚵殼港庄（基隆安樂區十七里）、大沙灣庄（基隆中砂、正砂、真砂、砂灣里）。

台北的供電則擴充到頂內埔庄（今台大公館到蟾蜍山一帶）、林口庄（今公館三軍總醫院周邊）、加蚋仔庄（艋舺製糖場）等地。到一九一〇年九月，供電到龍匣口庄（今龍口）、古亭庄、下崁頂（近崁頂）、三板橋庄（東門到松山）。至一九一一年十月，供電到大直（芝蘭一堡）、福德洋庄（士林福德里）、山仔腳庄（劍潭）。

不料，一九一一年八月台北大颱風，次年八、九月又連續颱風，破壞了龜山和小粗坑兩個電廠。為各項急須用電，一九一三年九月在大加蚋堡林口庄（今台大公館圓環），興建「台北預備火力發電所」，次年四月完工，這個火力電廠用到日月潭電廠完工，才廢止拆除。

台灣開始使用電燈時的電燈類型

劉銘傳雖然比日本人更早引進過電燈，但那是戶外照明用的弧光燈。原理為兩支碳棒間通電，利用電光轉為熱能以茲照明，當兩支碳棒間距過大即需更換或調整。一八九八年台灣總督府製藥所戶外照明即選用弧光燈。

一九〇五年，台灣引進了碳絲電燈（Carbon Lamp），碳絲是愛迪生實驗許多材質後才成功的產品，用碳絲做成直條燈絲通電後發光，但在非真空的工作環境下，高溫常加速碳絲老化，平均使用時數不到八百小時。台灣在一九一二年以前皆使用這種碳絲電燈。碳絲電燈又可細分為「史旺式」與「愛迪生式」。自從電燈的「原型」發展出來以後，重點即置於電燈的延壽上，而為了延壽，英國人史旺（Swan）改良的燈泡稱為「史旺式燈泡」，發明大王愛迪生發明的稱「愛迪生式燈泡」。

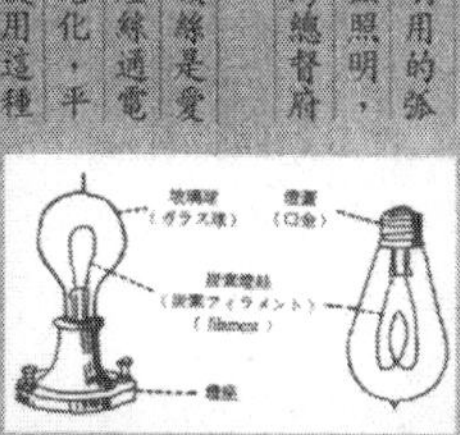

碳絲電燈是第一代商品化電燈，平均壽命短、溫度高，尚未達物美價廉的實用性，台灣在一九一二年以前皆使用碳絲燈泡。

自一九一二年起，台灣開始引進鎢絲電燈（Tungsten Lamp），鎢絲燈除了燈絲材質改變外，製程配套改良才是讓鎢絲燈大放異彩的原因，如灌入惰性氣體延緩老化、燈絲繞行方式改良、耗電率降低等。鎢絲燈較耐熱，平均壽命長，配合總督府作業所免費升級等措施，使該型燈泡一躍為主流產品，自一九一九年取代了碳絲電燈。

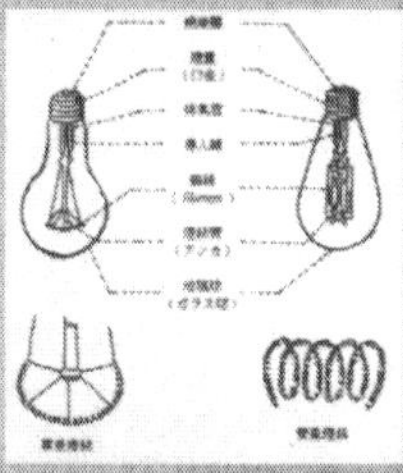

鎢絲電燈耐熱，平均壽命長，一九一六年後漸取代碳絲電燈。

上圖：夜間明亮寬敞的總督官邸，讓總督兒玉源太郎宴請各國駐台公使時充滿信心。

下圖：夜間的總督官邸，因為有了電燈而恍如不夜城。

打造龜山電廠

施工中的龜山壩

一九〇五年剛蓋好的龜山電廠外觀

一九四〇年代電廠外觀，與一九〇五年差異甚大，連地基高度都因歷次洪水而改建，同樣的龜山電廠，外觀不同，滄桑各異。

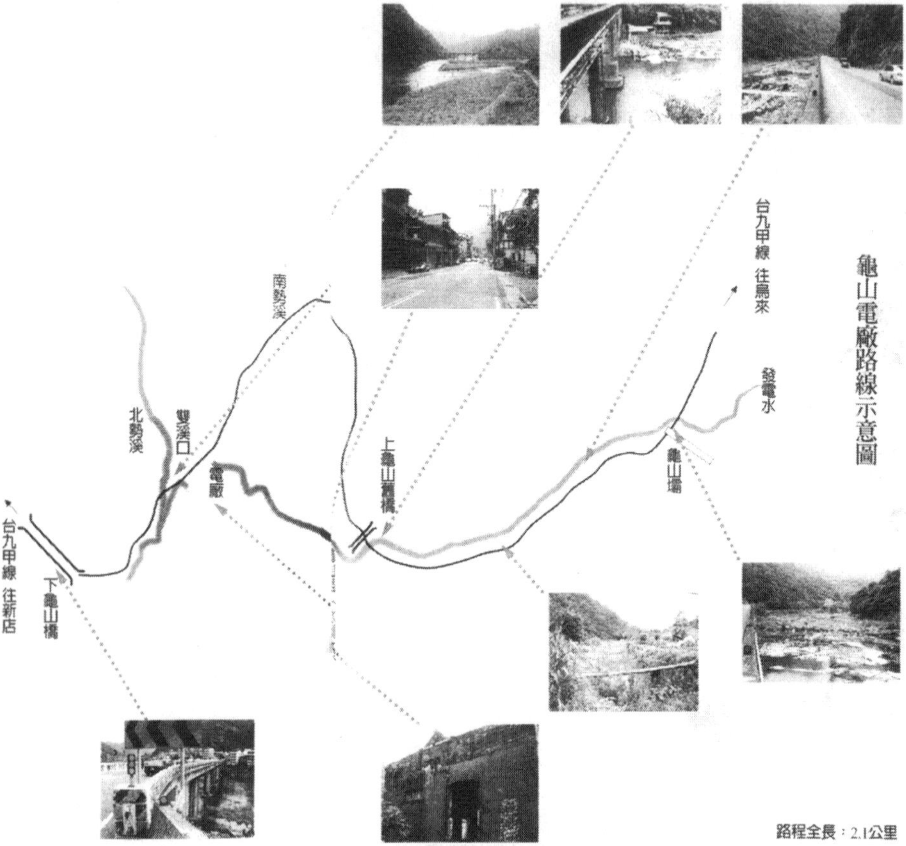

台北第一發電所：龜山電廠

從現在新店地區往坪林的北宜公路方向直行，到新烏路右轉，一直上去到一處稱為雙溪口的地區（南、北勢溪交匯處），南勢溪畔有一座老舊的建築，溪畔常有遊客戲水，該地也是救生協會訓練場地，建築物內原本堆滿木頭與雜物，伴隨的只有兩隻土狗，非假日則安靜寂寥，這就是台灣第一座水力電廠的現況。龜山電廠在日本時代叫做「台北第一發電所」。根據照片顯示，龜山電廠建築物經過改建，已非原先的龜山電廠，這與幾次毀滅性大水後原址重建有關，甚至可能不只重建一次。一九〇五年的龜山電廠，一九三〇年全白斜頂的龜山電廠，以及一九四〇年代到現在的龜山電廠外貌，都經過好幾次的整修。

根據台北縣文史協會的夏聖禮先生表示，該地屬私人產權，一九四三年起便任其荒廢，若不能彰顯其在台灣近代能源史上的意涵，實屬可惜，希望這個重要的文化資產能引起更多人及有關單位重視，使其丰采再現並發揮教育的價值。

龜山電廠側面

屋頂的作業所電紋徽圖

龜山電廠內部屋頂的鐵架結構，據說是一九四〇年代為恐屋頂崩塌而增建。歷經幾十年的歲月，鐵架緊緊護持著電廠的主結構，直到今日已顯再斑駁。

台北第二發電所：小粗坑電廠

新烏路第一座橋是青潭橋，經過第二座小粗坑橋後，右邊有一條永興路，進入後可以看到新店溪流域第二座水力電廠，日本時代稱為「台北第二發電所」，後來稱為「小粗坑電廠」，現在稱為「台灣電力公司桂山發電廠粗坑分廠」。整體結構保持相當完好的小粗坑電廠，據說是全台保存最好的日治時代水力電廠。

小粗坑電廠由總督府技師國弘長重督導興建，竣工於一九〇九年，位於龜山電廠的下游，並吸收龜山電廠的營運經驗。直到一九三三年以前，小粗坑電廠發電量佔全台總發電的二十四%，是供應大台北地區的重要電廠；現在卻只是桂山電廠的分廠，而且很少人知道它過去的重要性。

日月潭計劃完成後的一九三五到一九三六年間，小粗坑電廠發電率下降到十八至二十三%，但一九三七年中日開戰後，為供應軍需產業電力需求，發電率又回到八十八%以上。水力電廠雖然初次投入成本較高，但堅固耐用，維修方便。

龜山和小粗坑這二座位於新店溪上游的電廠，可說見證了台北縣市的發展。

小粗坑電廠門牌

小粗坑電廠據說是全台保存最好的日治時代水力電廠。

台灣第一個變電所：古亭庄變電所，位於今日捷運萬隆至景美站附近。

台北的天送埤發電廠

最早啓用發電廠的台灣總督府製藥所

台灣總督府製藥所全景

製藥所的目地在生產官方認可的鴉片產品

台灣總督府製藥所的發電機

總　結

大科學家愛因斯坦說過最有名的名言：「時間、空間和物質是人類的錯覺。」也有翻譯成「誤解」。這句名言完全可解釋佛教經典《金剛經》的核心思維。

事實上，理解或能洞視「大歷史」的人，很容易懂得愛因斯坦在說些甚麼！也較能了解《金剛經》的意義。例如，我研究台北的前世今生，從幾百萬年前的「古古台北」、「古台北」到現在，我似乎看見每一秒的變動，而一切的一切，又「如夢如幻、如露如電」（《金剛經》原四句偈是**「一切有為法，如夢幻泡影，如露亦如電，應作如是觀。」**

千百萬的秒秒變化，我只是捕捉一小部份的故事，說給人聽；而如夢如幻中，我抓住部份「實相」，這些大多是人們將要或已經失落的記憶，我再示現，只給有緣人看，也教育一些「不知道我是誰的人」！

台北建城，最先屬於台北府淡水縣的轄區。整個台北城是長方形，南北長約一千三百多公尺，東西寬約一千一百多公尺，城牆四周共計約五千公尺，面積不到二平方公里。

滿清甲午一戰，竟敗給狼子野心的倭國，數百年來倭國以「消滅中國」為其立國目標，生生世世教育他們的子民，謂「消滅中國是大日本國子民的天命」，這下亞洲四鄰可慘了，倭人搶據台灣，台北當然也歸倭人所有。

倭人拿下台北後，先將清代的台北府，改為台北縣，又改成台北廳，到民國九年改成台北州。州下設群、市，「台北市」之名由此時開始，原台北府城牆全拆除，將萬華、大稻埕及東門和南門外地區併入。後來再擴張，東含松山，西臨淡水河，南接新店溪，北以基隆河及劍潭山為界，面積約有六十七平方公里。

一九四五年倭人慘敗，台灣只好吐出來交還中國。台灣光復後，台北市隸屬台灣省，為省轄市，成立台北市政府。民國三十五年市區重劃，全市分為城中、延平、建成、大同、中山、松山、大安、古亭、龍山、雙園十區，全市面積仍約六十七平方公里。

民國五十六年七月一日，台北市由省轄市，升格為院轄市。當時市區重劃，斟酌自然形勢，考量水源需求，以淡水河、新店溪為界，並將原是台北縣的北投、士林、內湖、南港、木柵、景美等六鄉鎮，劃入台北市轄區，而成為十六個行政區，全市面積達二百七十二平方公里，為全台灣面積最大的都市。

民國七十九年又將十六區調成十二：松山、信義、南港、內湖、萬華、大同、中正、大安、文山、中山、士林、北投。民國九十九年十二月二十五日，台灣突然有了五個院轄市，台北縣變成新北市。

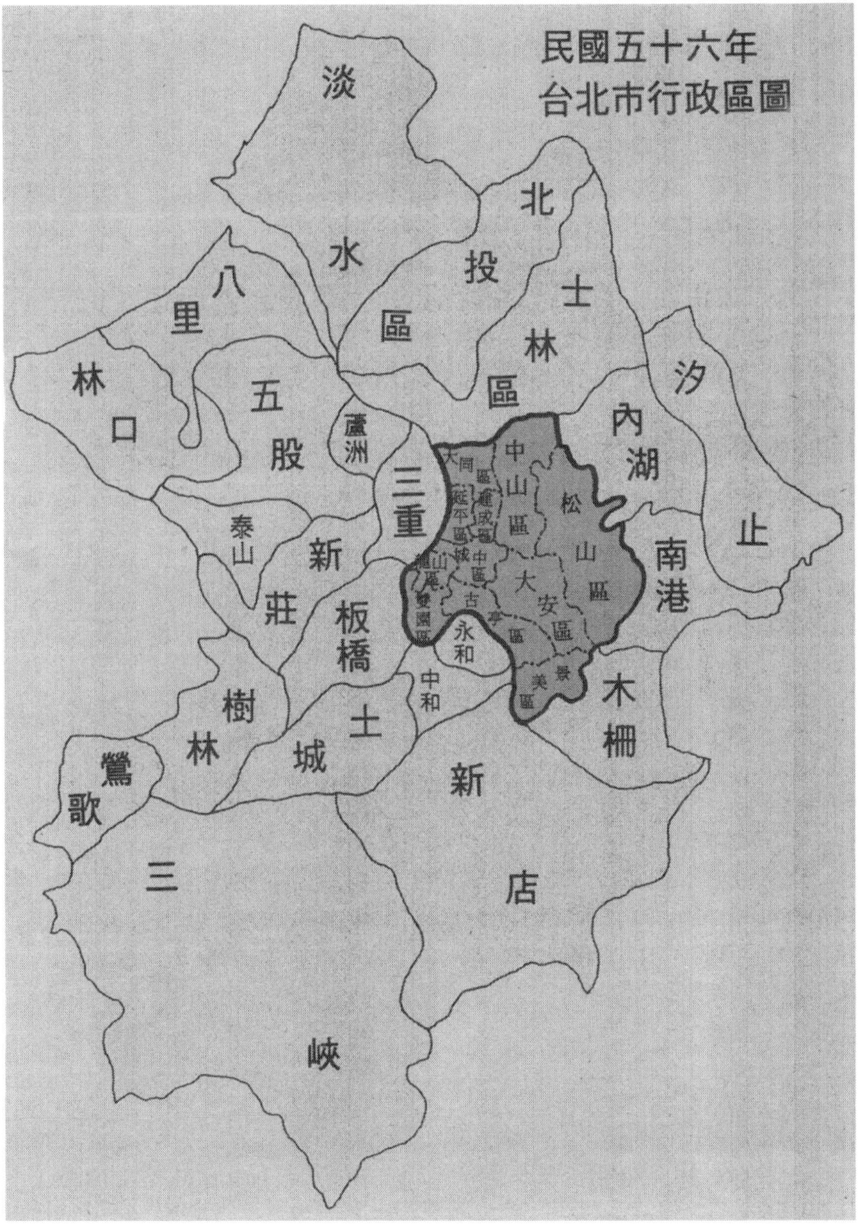
民國五十六年
台北市行政區圖
淡水區
北投
士林區
八里
林口
五股
蘆洲
三重
泰山
新莊
板橋
樹林
鶯歌
土城
三峽
新店
中和
永和
內湖
汐止
南港
木柵
大同區
延平區
建成區
中山區
松山區
城中區
大安區
古亭區
龍山區
雙園區
景美區

附件一：台北的前世今生發展史大事記要

年代	大事記要
四百萬年前	△約三千萬年前，菲律賓板塊撞上歐亞大陸板塊，大陸東南海底沉積岩被擠出海面，至大約四百萬年前，古台北露出海面誕生了。古新店溪在林口出海，形成林口沖積扇！
二八〇萬年前至二十萬年前	△二八〇萬年前，大屯火山群爆發。 △六十萬年前，觀音山火山爆發，古台北經長期大整容，直到二十萬年前才落幕。
六萬年前	△台北發生大地震，地表出現裂痕，中央地區下凹，形成盆地。
三萬年前	△淡水河系形成。 △大漢溪和基隆河各自大轉彎後，共同流入台北盆地，匯集成淡水河。
一萬年前至五千年前	△因全球氣候暖化，台北盆地淹水，形成古台北湖。

△五千年前，湖水逐漸退去，河岸開始有人類生活，這是最早的「古台北人」。

六千年前至四千五百年前

△先陶文化（古台北湖時期）、大坌坑文化（新石器時代早期）。

△訊塘埔文化（新石器時代中期）

四千五百年前至二千三百年前

△訊塘埔文化後期、圓山和芝山岩文化。

二千三百年來

△植物園文化、十三行文化、清代文化層。

230 三國吳黃龍二年

△孫權派將軍衛溫，諸葛直率萬餘甲士探訪夷洲。

656 唐顯慶元年

△《隋書》成稿，其中「東夷列傳」有「流求國」記錄。

1349 元至正九年

△汪大淵作《島夷誌略》，記載台澎地理、風物、人情。

一五五四　明嘉靖三三　Lopo Homen 繪世界地圖，首次出現 Formoso 福爾摩沙島。

一五五七　明嘉靖三六　葡萄牙人航經台灣海峽，譽之「美麗之島」

一五六三　明嘉靖四二　流寇林道乾遁入台，到台北，為漢人闢台先河。

一五八九　萬曆十七年　巡撫周寀定東西洋貿易船至雞籠、淡水。

一五九二　萬曆二十年　倭寇入侵雞籠、淡水等地。

一五九三　萬曆廿一年　倭國頭目豐臣秀吉派人到高砂（可能台灣）催促納貢未成。

一六〇〇　明萬曆二八

一六二一　明天啟元年

一六二六　明天啟六年　西班牙人佔據雞籠，登社寮島，築城建教堂，與南部荷人抗。

一六二八　明崇禎元年　西班牙人在淡水築聖多明哥城。

一六二九　明崇禎二年　荷人攻西人於淡水，未克。

一六三二　明崇禎五年　西班牙人沿淡水進入台北平原，沿基隆河開路通雞籠；西船一艘至蛤仔難。

一六三三　明崇禎六年　西人探險三貂角（Santiago）地方。

一六三四　明崇禎七年　在淡水有二百西人，在雞籠有三百人，時有二十二艘船同時進出雞籠。

一六四二　明崇禎十五年　荷人逐西人離開台灣，占領北台，在雞籠駐兵。

一六四三　明隆武元年

一六四七　明永曆元年

一六五〇　明永曆四年

一六六一　明永曆十五年　鄭成功逐荷人，收復全台。

一六六二　明永曆十六年　鄭成功因傷風疾逝世。

一六八一　明永曆三五年　康熙20　公館地區信徒建寶藏巖寺，祀觀世音。

一六八三　明永曆三七年　康熙22　平定台灣，翌年設台灣、諸羅、鳳山三縣，統轄於台灣府；漳州人王錫祺至淡水墾唭哩岸。

一六八四　康熙二三年

一六八五　康熙二四年　泉州人陳諭墾淡北靖厝之野（今鶯歌）；客家移民進入淡水流域開墾。

一六九三　康熙三二年　廣東廖姓家族移住石壁潭（今寶藏巖）一帶

一六九四　康熙三三年　△四月：台北盆地大地震，形成「古台北湖」。

一六九六 康熙三五年 雞籠通事賴科越萬山，到東部撫九番社。

一六九七 康熙三六年 郁永河北台探險，作「裨海紀遊」。

一七〇〇 康熙三九年

一七〇九 康熙四八年 泉州人陳逢春、賴永和、陳天章三人最早得官方墾照，開墾大佳臘地區，文獻上見有「陳賴章」是他們三人的墾號。

一七一〇 康熙四九年 閩人初入台北平原。

一七一二 康熙五一年 雞籠通事賴科在北投建干豆門靈山廟。

一七一三 康熙五二年 墾首賴科、王謨、鄭珍和朱崑侯四人組成「陳和議」墾號，開拓士林地區。

一七一八 康熙五七年 清廷設「淡水營」，守備兵力500人。

一七二三 雍正元年 設淡水廳管轄台北盆地。

一七二四 雍正二年 淡水拳山庄墾民開拓霧裡薛圳（今景美、新店一帶）。

一七二七 雍正五年 閩人貢生楊道弘和林天成合墾興直庄（今新莊），及八里坌、芝蘭堡部份荒埔。

一七二九 雍正七年 墾首廖簡岳最先開發林口庄（今台大公館水源地）至拳山、萬

		盛庄一帶。
一七三四	雍正十二年	泉州安溪移民建「公館庄」，周永清等建「七股圳」，灌溉台北市東南一帶農田。
一七三六	乾隆元年	
一七三七	乾隆二年	粵人薛啟隆募佃墾淡北；楊道弘、鍾日陞、胡瑞銓等墾八里；閩省安溪人錢爾等墾北縣。
一七三八	乾隆三年	泉州人張伯宋、林文進等墾淡水廳林口（今林口），閩人墾南港。
一七三九	乾隆四年	艋舺龍山寺落成，主祀觀世音。
一七四〇	乾隆五年	龍山寺竣工。郭錫瑠開圳因「地險番兇」未成。
一七四一	乾隆六年	劉良璧「重修台灣府志」：淡水堡轄「大灣庄」，光緒元年改「大安」。
一七四二	乾隆七年	泉州人周黃清墾淡水廳溝子口地（今木柵）。
一七四三	乾隆八年	泉州人張啟祥墾淡水廳木柵庄。
一七四四	乾隆九年	泉州人高培全墾淡水廳頭廷溪地（在木柵）。
一七四五	乾隆十年	泉州人沈用墾錫口（今松山）；閩人胡焯猷墾淡水廳山腳庄（今

泰山）。

一七四七　乾隆十二年　閩人呂進德等墾南勢角地（今中和）、漳州人許阿九墾水尾（在今金山）。

一七四九　乾隆十四年　福建同安人陳仲惠墾拳山下溪庄（景美）。

一七五〇　乾隆十五年　泉州陳姓墾更寮庄（今五股）。

一七五一　乾隆十六年　設拳頭姆官庄。（在今文山區）

一七五二　乾隆十七年　漳州七縣移民建芝山獨峙（士林、芝山岩）惠濟宮。

一七五三　乾隆十八年　閩人蕭朝定開淡水廳缺仔庄到橋子頭道路。

一七五五　乾隆二〇年　淡水廳歸治竹塹。

一七五六　乾隆二一年　三角勢（三峽）到柑園（樹林）道路開通。

一七五七　乾隆二二年　清政府在公館駐軍，設「官庄」。

一七五九　乾隆二四年　八里坌淡水營都司移駐艋舺；閩人劉金福墾秀朗社角（中和）。

一七六〇　乾隆二五年　瑠公圳竣工。余文儀「續修台灣府志」，大加蚋堡首次轄「內埔仔庄」，淡水堡轄萬盛庄；建天后宮於八里坌。

一七六一　乾隆二六年　永定貢生胡焯猷開興直山腳（泰山），啟田數千畝。

一七六二	乾隆二七年	閩人劉天生墾石壁湖（中和）。
一七六三	乾隆二八年	胡焯猷以興直堡新莊山腳自宅設義學，捐學租水田八十多甲。
一七六四	乾隆二九年	續修《台灣府志》成。
一七六五	乾隆三十年	泉州人張萬順墾萬順寮莊（深坑）。
一七六七	乾隆三二年	改八里坌巡檢為新莊巡檢；閩人江有濱、廖邦哲等墾永和、中和一帶土地，闢田數百甲。
一七六八	乾隆三三年	淡水業戶漳州人林漢生，招眾墾蛤仔難，為番所殺。
一七七〇	乾隆三五年	泉州人墾柑園（樹林），漳州人許姓墾田心仔庄（金山）。
一七七六	乾隆四一年	淡水芝蘭謝開使等，協同番人開「芝蘭水梘頭圳」完成。
一七七七	乾隆四二年	閩、粵移民爭淡水柑園地（今樹林），粵人變賣田產，悉移竹塹。
一七七八	乾隆四三年	漳州人林應寅到淡水新莊定居，為板橋林本源家族之渡台始祖。
一七八一	乾隆四六年	閩人吳、張、高、陳四姓，合秀朗番社墾拳山（今公館至景美）、深坑。
一七八三	乾隆四八年	閩人連生建秀朗平林庄（今永和），淡水海山庄張必榮拓地，南到鶯歌石。

一七八六　乾隆五一年　林爽文起事於彰化大里杙（今台中大里），十二月陷淡水、鳳山。

一七八七　乾隆五二年　元月清廷調大軍至台平亂，廿四日，閩安副將除鼎士領兵二千至淡水。

一七八八　乾隆五三年　艋舺清水祖師廟落成；全台亂平；開八里坌港和福州五虎門海口對渡。

一七九〇　乾隆五五年　淡水拳山堡人高槐青等建五庄（均在北縣）：發達埔、阿柔埔、麻竹寮、楓仔林、贜眈埔。

一七九二　乾隆五七年　艋舺開港，「一府二鹿三艋舺」，開八里坌（淡水）。

一七九六　嘉慶元年　士林「天后宮」落成。

一七九七　嘉慶二年　淡水廳批准吳沙開拓蛤仔難地，因番來攻，退保三貂，旋與番和，進墾如常。

一七九八　嘉慶三年　觀音山寶藏寺建成，是公館地區最早的信仰中心；吳沙進墾至二圍病死，姪吳化承其業。

一七九九　嘉慶四年　淡水同知李明心禁墾蛤仔難地，時吳化已進墾至四圍。

一八〇〇　嘉慶五年　淡水廳再准墾蛤仔難地。

一八〇一	嘉慶六年	吳沙之子光裔，邀淡水人何繢、趙盛隆、柯有成等，同進墾蛤仔難地。
一八〇二	嘉慶七年	再禁墾蛤仔難，並擬驅墾眾出山封禁；吳化等已墾至五圍定居，並進墾如故。
一八〇四	嘉慶九年	雞籠番竄蛤仔難，與漳人爭五圍地。
一八〇五	嘉慶十年	大龍峒保安宮落成，主祀保生大帝；海賊蔡牽據八里坌、焚新莊，陷艋舺。
一八〇六	嘉慶十一年	陳振師建成「芳蘭大厝」（公館）。
一八〇七	嘉慶十二年	知府楊廷理開由暖暖，經十分寮、楓子瀨、雙溪，達蛤仔難山路。
一八〇八	嘉慶十三年	水返腳（汐止）人開錫口（松山）至水返腳道路，拓地至石碇；艋舺置「水師游擊」兼水陸兩路。
一八一一	嘉慶十六年	有司報全台民戶：計 24 萬 1217 戶，男女大小凡 200 萬 3861 人，土番不計。
一八一二	嘉慶十七年	設拳山堡（1894 改「文山堡」，1920 改文山郡）；新設「噶瑪蘭廳」。

一八一三	嘉慶十八年	艋舺「天后宮」，新莊「文昌宮」落成。
一八一五	嘉慶二十年	閩人連熾昌開淡水坪林荒埔。
一八一七	嘉慶二二年	建淡水廳儒學於竹塹。
一八二三	道光三年	新莊人林平侯重修三貂嶺道路。
一八二四	道光四年	艋舺營「水師游擊」改陞為「水師參將」，艋舺地位日重。
一八二五	道光五年	艋舺設軍工廠及軍工料館。
一八二九	道光九年	淡水廳城改建告竣。
一八三三	道光十三年	淡水發生漳、泉械鬥。
一八四〇	道光二〇年	中英鴉片戰爭，台灣緊張；閩人由三角湧（三峽）進墾福德坑地。
一八四一	道光廿一年	英船納爾不達號（Nerbudda）進犯雞籠港口，淡水同知曹謹等防禦英夷。
一八四三	道光廿三年	曹謹建學海書院（原名文甲）於艋舺下崁庄。
一八四五	道光廿五年	淡北鉅富林國華始營板橋林本源宅，建弼益館。
一八四七	道光廿七年	英船 **Royalist** 抵雞籠，發現煤礦。
一八四八	道光廿八年	戈登將雞籠煤礦勘察報告發表在皇家地理學會，九月，淡北水災。

一八四九 道光廿九年 美船 **Dolphin** 初到雞籠試探，意在通商。

一八五〇 道光三十年

一八五一 咸豐元年 林藍田在大稻埕建店舖三幢，店號「林益順」，是大稻埕建店舖之始。

一八五二 咸豐二年 淡水漳、泉械鬥；通判薩廉輯《噶瑪蘭廳志》成。

一八五三 咸豐三年 漳、泉械鬥，焚燒艋舺祖師廟；林右藻領同安人退出八甲，遷至奎母卒（大稻埕）。

一八五四 咸豐四年 美東方艦隊到雞籠測繪水陸地圖，企圖攻占台灣。

一八五五 咸豐五年 鉅富林國華、林國芳兄弟，築屋於擺接堡之枋橋（今板橋）。

一八五八 咸豐八年 海賊黃位（小刀會）犯雞籠。

一八五九 咸豐九年 大稻埕霞海城隍廟落成；九月，淡北（北台）漳泉大械鬥，有如內戰。

一八六〇 咸豐十年 「北京條約」結果，開安平、淡水兩港。

一八六一 咸豐十一年 淡水設釐金局。

一八六二 同治元年

一八六三　同治二年　雞籠港為淡水附港，亦開放；枋橋富紳林維讓、維源兄弟捐建「大觀義塾」。

一八六四　同治三年　艋舺建「慈雲寺」。

一八六五　同治四年　英人來台調查淡水茶園，發現茶葉大有可為。

一八六七　同治六年　十一月廿三日淡北大地震，雞籠山崩，金包里沿海地裂，死數百人；艋舺加工製造烏龍茶。

一八六八　同治七年　大稻埕「天后宮」成。

一八七〇　同治九年　准許公開採雞籠煤炭；淡水廳清查番人丁口，14 社 494 人；艋舺建「育英堂」。

一八七一　同治十年　陳桂培等撰《淡水廳志》成；林豪撰《淡水廳志訂謬》成。

一八七二　同治十一年　置雞籠海防廳；長老會馬偕至淡水傳教；倭國佔領琉球，準備進犯台灣。

一八七三　同治十二年　倭寇樺山資紀到淡水調查（侵台準備）。

一八七四　同治十三年　三月二十二日，爆發「牡丹事件」。沈葆楨辦理台灣海防。

一八七五　光緒元年　古亭、林口（公館水源地）納入大加蚋堡二十二街庄範圍；沈葆楨奏准設「台北府」。下轄三縣：淡水、新竹、宜蘭；改淡水廳為「新竹縣」，改「雞籠」為「基隆」。

一八七六　光緒二年　陳振師子孫建成「義芳居大宅」；宜蘭縣建縣儒學。

一八七九　光緒五年　閏三月，台北府署從竹塹遷回台北府城。廢艋舺縣丞。台北府城興工。

一八八〇　光緒六年　台北府城建「儒學」、「登瀛書院」、「考棚」。

一八八四　光緒十年　十一月「台北府城」竣工；改制，台北府下轄淡水、新竹、宜蘭三縣，及基隆廳；中法戰爭。

一八八五　光緒十一年　九月五日清廷宣佈建台灣省，台北為省會。劉銘傳為第一任巡撫，台北首次有電（行轅內）。

一八八六　光緒十二年　台北設「清賦稅局」，劉銘傳兼撫墾大臣，富商林維源為幫辦，辦理台北撫墾事務。台北設電報總局、火藥局。

一八八七　光緒十三年　六月台北到基隆鐵路開工。

一八八八　光緒十四年　台北府城開始有電，發電所在撫台街；台北設「郵政總局」、「鹽務局」及架設淡水河鐵橋。

一八八九　光緒十五年　台北至水返腳（汐止）鐵路完成，並建水返腳火車站房。

一八九一　光緒十七年　台北到基隆鐵路竣工；劉銘傳因病准辭，邵友濂接任，終止所有新政。

一八九二　光緒十八年　設「通志局」，修《台灣通志》；林維源建「欽差行台」於台北。

一八九三　光緒十九年　台北到新竹鐵路完工。

一八九四　光緒二十年　甲午戰爭；省會從台中遷台北。

一八九五　光緒二一年　六月七日：倭軍攻佔台北城，不久倭國攻佔全台。

一八九六　光緒二二年　胡嘉猷、陳秋菊、林李成等突襲台北。

一八九八　光緒二四年　陳振師子孫再建成「玉芳居大宅」（今台大男七舍）；倭人兒玉源太郎就第四任台灣頭目。

一八九九　光緒二五年　「台北師範學校」開校。

一九〇〇　光緒二六年　台北淡水河堤防完工。

一九〇一　光緒二七年　設台北廳（全台分20廳）；「台灣文庫」成立於台北「淡水館」。

一九〇五　光緒三一年　龜山水力發電所竣工，公館地區開始有電。

一九〇六　光緒三二年　倭人佐久間死馬就第五任台灣頭目。

一九〇七　光緒三三年　羅斯福路拓寬一條小徑為車道，民國四四、五四又有二次拓寬；倭人拆除孔廟。

一九〇九　宣統元年　小粗坑水力發電所竣工。艋舺、大稻埕、大龍峒古亭改隸台北廳。水源地淨水場完工。

一九一〇　宣統二年　古亭庄、林口庄（今公館水源地）開始供電。

一九一三　民國二年　九月：台北預備火力發電所（今之公館圓環邊）開工；台北到圓山客運通車（全台第一）。

一九一四　民國三年　台北圓山動物園開始營業。

一九一五　民國四年　四月：台北預備火力發電所竣工。

一九一八　民國七年　倭人明石元二郎就任第七任台灣大頭目。

一九一九　民國八年　在內埔庄設「高等農林學校」（後廢校改建台大）。

一九二〇　民國九年　廢廳置州，設台北州，下轄二市九郡；「台北市役所」成立。

一九二一　民國十年　四月：萬新鐵路開始營運，公館地區設四站。

一九二三　民國十二年　勸業銀行台北分行成立。

一九二四　民國十三年　宜蘭鐵路完工。
一九二五　民國十四年　台北橋竣工；台北孔廟建成。
一九二六　民國十五年　「台北高等商業學校」成立。
一九二八　民國十七年　△三月創立「台北帝國大學」（光復後改國立台灣大學）。
一九二九　民國十八年　倭人石塚英藏出任大頭目。
一九三三　民國二二年　台北帝大刊行《新港文書》；「勸業銀行台北分行」成立。
一九三四　民國二三年　十月：台北預備火力發電所撤廢。
一九三五　民國二四年　倭人全面舉行「強侵台灣四十年博覽會」。
一九三六　民國二五年　倭人小林躋造任第十七任大頭目。
一九四〇　民國二九年　倭人長谷川清任第十八任台灣大頭目。
一九四三　民國三二年　中、美、英「開羅宣言」，戰後台灣重回中國。
一九四四　民國三三年　倭人安藤利吉就任第十九任台灣頭目。
一九四五　民國三四年　倭國無條件投降，中倭雙方在台北今中山堂舉行台灣受降典禮。
　　　　　　　　　　　△十一月十五日國立台灣大學成立。
一九四六　民國三五年　二月台北市重劃市區，分古亭等十大區。

一九四七　民國三六年　台北取締私煙爆發「二二八造反事件」。
一九四九　民國三八年　政府遷台北。
一九五〇　民國三九年　吳三連出任台北市長，原市長游彌堅遭罷免；美帝第七艦隊入侵台灣海峽；首屆台北市民選市議會成立。
一九五一　民國四十年　元月吳三連當選首任台北市長。
一九五七　民國四六年　台北市市區重劃，全市分十區。
一九五八　民國四七年　原台北衛戍總部、台灣省防衛總部、台灣省保安司令部、民防司令部撤銷，改成立「台灣省警備總司令部」。
一九六二　民國五一年　四月二八日，台視成立。
一九六五　民國五四年　三月二五日晨 3:35，萬新鐵路全面停駛。
一九六六　民國五五年　台北市人口達 100 萬 17 萬人。
一九六七　民國五六年　七月一日台北市改制院轄市，擴大轄區。
一九六九　民國五八年　「生命線」在台北馬偕醫院啟用。
一九七一　民國六十年　我國退出聯合國。
一九七二　民國六一年　十二月四日，發生「台大哲學系事件」。

一九七五　民國六四年　四月五日，蔣公逝世。

一九八七　民國七六年　十一月開放大陸探親。

一九八八　民國七七年　蔣經國走了，不久漢奸李登輝接任大頭目。

一九九〇　民國七九年　台北捷運動工，台大木造宿舍拆除，改建成今之「捷運公館站」；市區重劃，將原十六區改成十二區。

一九九四　民國八三年　年底，台北市長改民選。

二〇一〇　民國九九年　台北縣升格成新北市，為五個院轄市之一。

二〇一一　民國一〇〇年　倭國發生「311」大浩劫，他們自認是「天譴」，台灣人卻捐款近百億台幣，可以證明多數「台灣人」奴性很強，至今仍懷念著奴役自己的主人。奴才一直認為自己是奴才，不知道自己是誰！這真南很可悲的事！永恆的在感恩主人的奴役建設！

附件二：台北的古蹟、老街、歷史建築

（一）臺北府城北門（承恩門　第一級）

這是臺北的第一級古蹟，清代臺北府城本是一座長方五門的城池，經過歲月的洗禮，只存承恩門讓我們發思古之幽情了！

北門向北通往大稻埕方向，城門有外郭。外郭門額題「巖疆鎖鑰」四字，今移新公園內碑林。

北門的城門是碉堡式造形，城樓用牆兩層，非常堅固。屋頂是單簷歇山式，如燕尾翹起，柔和且優美。城門內有兩扇大杉門，外層用鐵皮釘上圓釘包住。

臺北府城原有五個城門，北門之外，西門（寶成門）於日據之初，因市區改正計劃被拆除了；至於東門（景福門）、南門（麗正門）、小南門（重熙門）則於一九六〇年代，被改建成水泥構造的北方宮殿式樓閣。

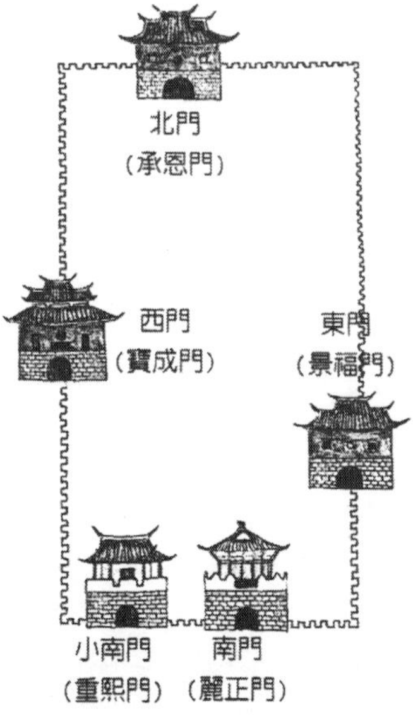

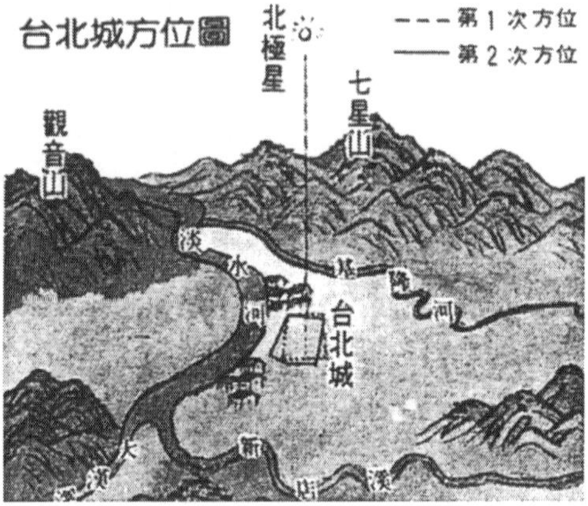

臺北城方位圖

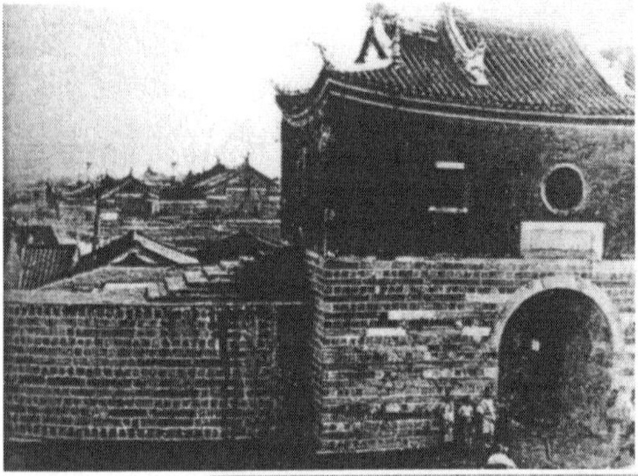

臺北府城北門（原貌）

臺北府城北門（承恩門）

（二）圓山遺址（遺址　第一級）

圓山遺址的層位共有兩層：上層為圓山文化，下層為繩紋陶文化。

圓山遺址貝塚

（三）芝山岩遺址（遺址　第二級）

芝山岩遺址是臺灣考古史上最早被發現的一個史前遺址。

芝山岩遺址

（四）臺灣布政使司衙門（衙署　第二級）

原來在中山堂附近，是清代臺灣最大官署建築，倭國占領臺灣後，將此地作為總督府，直到 1919 年新總督府落成為止。倭據中葉拆除，將部分建築移至南海路植物園內。

臺灣布政使司衙門今貌

（五）臺北公會堂（其他　第二級）

原址為清代臺灣布政使司衙門，1932 年倭人以紀念倭頭裕仁登基為名，拆除衙門改建公會堂，提供民眾文化藝術活動場所。

民國 34 年 10 月 25 日臺灣光復，在二樓舉行受降典禮，倭方代表臺灣總督安藤利吉簽字，是臺灣歷史上極為重要的時刻，自此公會堂改稱中山堂。

臺北公會堂（中山堂）

龍柱

臺灣獨一無二的銅鑄龍柱。一柱單龍，底部有海浪、水族，龍身向下又昂首向上，栩栩如生。

天花

寺殿內部天花板有平頂彩繪的「天花」，也有精緻的螺旋形藻井，美不勝收。

交阯燒白虎壁飾

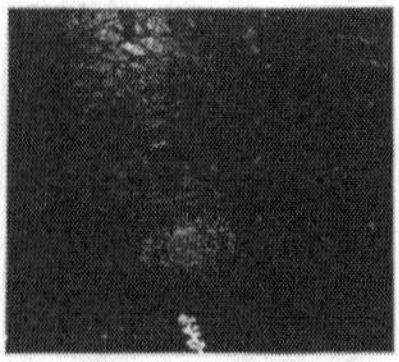

藻井

龍山寺

屋簷

（六）艋舺龍山寺（祠廟　第二級）

創於 1738（乾隆 3）年，主祀觀世音菩薩，是由泉州晉江安海鄉龍山寺分靈而來。是泉州三邑移民的守護神。現在的龍山寺是民國八年住持和尚福智倡修，聘泉州名匠王益順修建而成。二次大戰後，正殿右護龍中彈全毀，但菩薩仍安坐，傳為神蹟。此寺與清水祖師廟、保安宮合稱臺北三大廟門。

（七）大龍峒保安宮（祠廟　第二級）

保安宮主祀保生大帝，俗稱大道公，是福建同安人的守護神。相傳保生大帝吳本是北宋同安縣名醫。因醫好皇太后的病，後來追討為保生大帝。本宮於 1805（嘉慶 10）年興建。是同安人政治及文教中心，每年三月十五日聖誕舉辦觀光節，非常熱鬧。

大龍峒保安宮
坐北朝南，中央正面牆堵全為石材 有嘉慶年間的石獅及八角蟠龍檐柱最精美，全廟規模龐大，造形雄偉，雕鑿細膩。

（八）艋舺清水巖（祠廟　第三級）

主祀清水祖師陳昭應，是安溪人守護神，蓬萊祖師傳說最靈驗，又稱落鼻祖師。原廟於「頂下郊拼」時毀壞，同治六年重建。

艋舺清水巖

（九）艋舺地藏庵（祠廟　第三級）

奉祀地藏王菩薩，艋舺開發甚早，死於天災、海難及械鬥者甚眾，故信奉普渡眾生的地藏王。廟旁有大眾廟，主祭無主亡魂，可看出唐山過臺灣的辛酸。

（十）艋舺青山宮（祠廟　第三級）

主祀三邑守護神靈安尊王張滾，傳說他是三國孫權的大將，正直廉潔。

（十一）大稻埕霞海城隍（祠廟　第三級）

1821（道光元）年同安人，將老家福建同安縣臨海門城隍老爺金身，奉來艋舺八甲庄金同利店中，生意興隆，乃再建廟。頂下郊拼同安人敗退，遷往大稻埕。城隍是城池守護神，掌陰間司法，獎善罰惡，有求必應，極受人民愛戴。臺北俗諺「五月十三人看人」就是霞海城隍祭典熱鬧的寫照。

艋舺地藏庵

艋舺青山宮

大稻埕霞海城隍廟

（十二）士林慈諴宮（祠廟　第三級）

慈諴宮又稱士林媽祖廟，為漳州人所建，位於今士林夜市內，特色為寺廟左右由兩派匠師承建，作風互異，稱為「對場」。

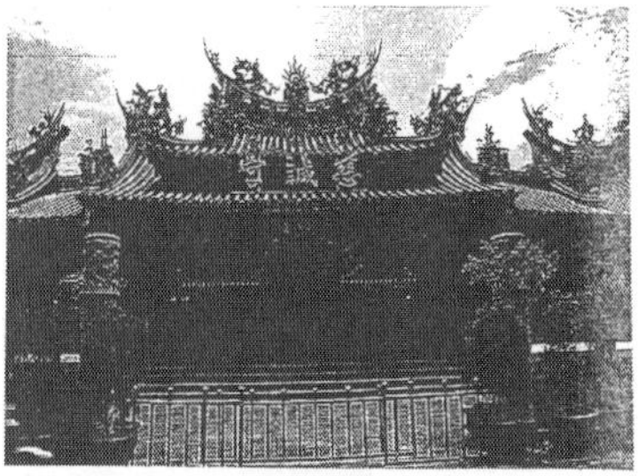

士林慈諴宮

（十三）芝山岩惠濟宮（祠廟　第三級）

供奉漳州守護神開漳聖王陳元光。士紳潘永清又建文昌祠於宮後，設義學興文教，使士林文風鼎盛，日據時曾發生「芝山岩事件」。

芝山岩惠濟宮

（十四）景美集應廟（祠廟　第三級）

唐安史之亂，死守睢陽殉國的張巡、許遠被民間尊奉為保儀尊王與保儀大夫，專司保護禾苗，驅蟲害，俗稱「尪公」。1860（咸豐10）年建廟於梘尾。

景美集應廟

崇聖祠

陳悅記祖宅

萬仞宮牆

臺北孔子廟正門

大成殿

（十五）陳悅記祖宅（老師府）（祠廟　第三級）

陳悅記祖宅是大龍峒碩儒陳維英祖宅，也是目前臺北市規模最大的古厝。建成於 1807（嘉慶 12 年），「悅記」是陳氏的家號，現位於寬廣的延平北路上，仍保留顯赫醒目的「文魁」等匾額，更有高聳的石質旗竿，令人難忘。

（十六）臺北孔子廟（祠廟　第三級）

臺北孔子廟始建於 1879（光緒 5）年，原位於今北一女、臺北師院一帶，稱為臺北府儒學。1895（光緒 21）年日軍入城，進駐孔子廟，破壞嚴重。1907（光緒 33）年更遭拆除。1925 年，臺北士紳倡議建孔子廟，陳培根等人獻地四千餘坪，由泉州名匠王益順建成，現每年 9 月 28 日依禮隆重舉行祭孔大典。

陳德星堂

陳德星堂內景

義芳居古厝

銃眼

（十七）陳德星堂（祠廟　第三級）

德星堂是陳氏宗祠，1892（光緒 18）年創建於臺北府城文廟之東。1911（宣統 3）年，倭人擬建臺灣總督府，遷建於今址。

（十八）義芳居古厝（宅第　第三級）

位於下內埔（今大安區基隆路三段），由陳榮來於 1876（光緒 2）年所建。古厝特色在設有二樓銃櫃一座，內外牆壁又開有廿四個銃眼，供人屈膝射擊之用，可形成嚴重的火網，反應當時下內埔社會治安狀況，是歷史見證。

學海學院

（十九）學海書院（書院　第三級）

舊稱文中書院，為 1843（道光 23）年，淡水同知曹謹所建。1847（道光 27）年閩浙總督巡台，易名學海，并題額曰「學海書院」。倭據時代改為高氏宗祠，名為有繼堂。

學海書院為清代臺北地區最高學府，名師陳維英即掌教於此。現仍留存陳維英手撰楹聯，「學知不足，教知困，自反自強，古人云功可相長也，海祭於後，可祭先，或原或委，君子曰本其當務之。」

芝山岩隘門

（二十）芝山岩隘門（關塞　第三級）

隘門是傳統聚落的防禦設施，可防盜匪或械鬥時外族之進攻，道光五年漳州人為防泉州人修四門，今隘門為原西門，是臺北隘門原形惟一保存者。

原臺灣教育會館

（廿一）原臺灣教育會館（其他　第三級）

植物園對面南海路上，一幢兩層的古老洋樓，建於 1931 年，由當時倭國官員井上薰設計。外壁用北投燒製的淺褐色面磚，窗及線腳以洗石子處理。是日據時代最後階段的建築形式。

臺北水源地唧筒室

自來水博物館

勸業銀行舊廈

（廿二）臺北水源地唧筒室（其他　第三級）

1907 年倭人設計在新店溪畔設置水源地，並建唧筒室，置放九座大型抽水機，供應臺北市二十萬居民每日二萬噸自來水。唧筒室建築採文藝復興巴洛克式風格，古樸優美。今改為自來水博物館。

（廿三）勸業銀行舊廈（其他　第三級）

於 1933 年設立「勸業銀行臺北分行」，負責臺灣農業經濟發展。光復後改為「土地銀行」。雕飾別緻。此一古蹟的特色是：列柱一邊 5 柱，一邊 8 柱，雄偉矗立，非常醒目。

臺灣總督府交通局鐵道部

臺北郵局

（廿四）臺灣總督府交通局鐵道部（其他　第三級）

1919 年倭國人興建，屬英國都鐸式建築，是倭據時代鐵道部所在。此地本是劉銘傳時期的機器局，專門製造機械及修理火車。光復後改名為臺灣省鐵路局。

（廿五）臺北郵局（其他　第三級）

劉銘傳曾創立郵政總局於大稻埕。倭據之初，即於北門附近建造一座木造郵局。1926 年改建為鋼筋水泥大樓。

（廿六）林秀俊墓（陵墓　第三級）

林秀俊又名林成祖是開發板橋及內湖功臣。此墓建於清乾隆年間，是臺北唯一的墳墓古蹟。

林秀俊墓

（廿七）黃氏節孝坊（牌坊　第三級）

道光年間黃氏嫁書生王家霖為妻，二十八歲守寡，奉事翁姑至孝，光緒八年獲旌表建坊於東門內，倭據時期被遷至新公園。今因捷運工程暫拆除，日後再建於新公園內。

黃氏節孝坊

（廿八）周氏節孝坊（牌坊　第三級）

清乾隆至道光年間，周絹嫁北投地區陳玉麟為妻，二十七歲守寡，侍奉翁姑備盡孝道，撫二子有成，獲牌坊旌表，採觀音山石材建築而成，稱「周氏節孝坊」。

周氏節孝坊

（廿九）急公好義坊（牌坊　第三級）

洪騰雲樂善好施，獲牌坊旌表。

乾元行

迪化街上古老建築

李天來宅

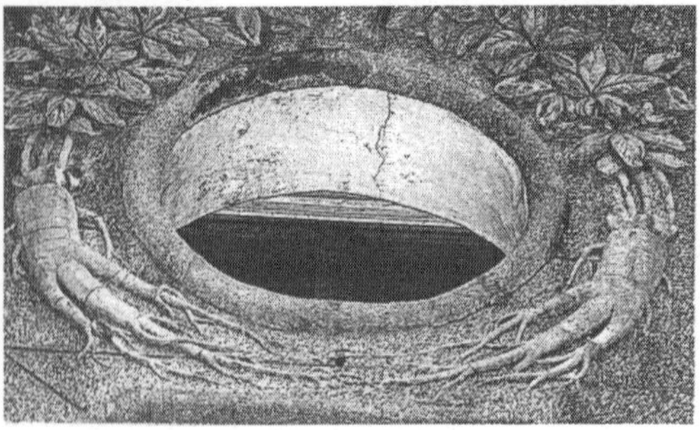

精美裝飾

迪化街景

二、老　街

大稻埕迪化街

大稻埕迪化街是臺北市現存最有歷史價值的老街，古建築有歐式洋樓，也有閩南式店鋪，今日在繁雜的商街掩飾下，雖略顯零亂，但用心觀察，仍可見其典雅精緻的建築之美，駐足欣賞之餘，是否想到文化資產維護工作的重要性！

三、歷史建築欣賞

原臺北州廳（監察院）

（一）原臺北州廳（監察院）

中央圓盤式屋頂是仿東羅馬拜占庭式圓頂建築，非常獨特，周圍一圈小窗，增加採光，花紋裝飾精緻又豪華。

省立博物館

（二）省立博物館

位於新公園內，原址為清代大天后宮，1915 年為紀念臺灣總督兒玉源太郎及民政長官後藤新平改建，有希臘多利安式巨柱及羅馬式圓頂，是古典式建築最大的一座，山頭上的浮雕繁複優美。

（三）國父史蹟紀念館

本名梅屋敷，是倭據時代臺北最著名的旅館，國父二次革命討袁失敗後來臺，在此住宿一晚，並寫下「博愛」二字贈予倭人，故改建為國父史蹟紀念館。民 76 年為配合地下鐵工程全屋向東遷移 50 公尺。

國父史蹟紀念館

圓山別莊

林安泰古厝

（四）林安泰古厝

原位於四維路 141 號，是閩南式「兩落兩廂式」四合院，具中國南方建築特色。林家自福建泉州安溪來臺，在艋舺開「榮泰行」，故取「安」與「泰」叫「安泰厝」。民國 67 年為開闢敦化南路而拆除，民國 73 年再組合於新生公園內。

（五）圓山別莊

1913 年聘英籍工程師設計，採都鐸式建築，黃白紅三色強烈對比，令人耳目一新，別莊主人是大稻埕茶商陳朝駿，他支持　國父孫中山先生革命運動。

現為美術家聯誼中心，對外開放，供參觀休憩。

國父史蹟紀念館、林安泰古厝及圓山別莊都經整建、遷移，已開放參觀，不僅可以欣賞史蹟、建築；臺北市立美術館旁的圓山別莊還設有咖啡座，心動不如行動，本週末就來一趟知性之旅吧！

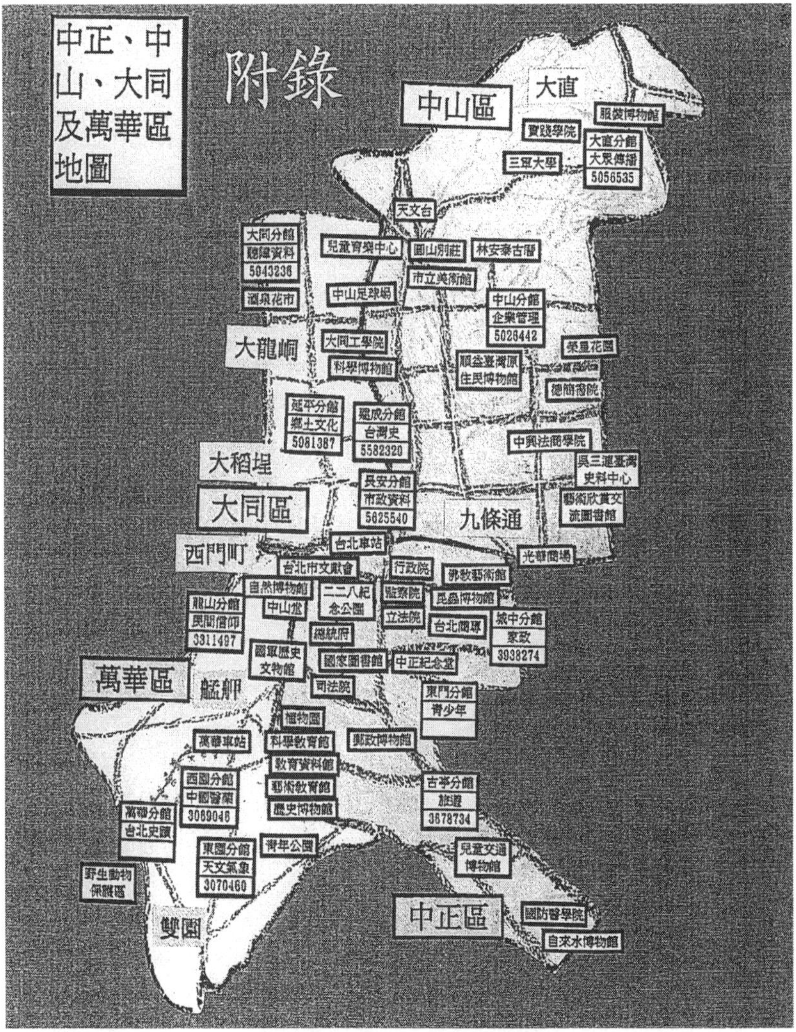

文海悠遊 ── 學海校林篇

全台最高的學府在那裡？答案是……座落於陽明山的文化大學，其中國式的建築已成四台北北區的地標。看著地圖上所列出的大專院校及研究所，喜歡開船的、跳舞的、唱歌的、運動的、研究骨頭的、做醫生的、學音樂、跑新聞的同學，請看看：士、農、工、商、自由業的學海校林，台北什麼都有。

附錄

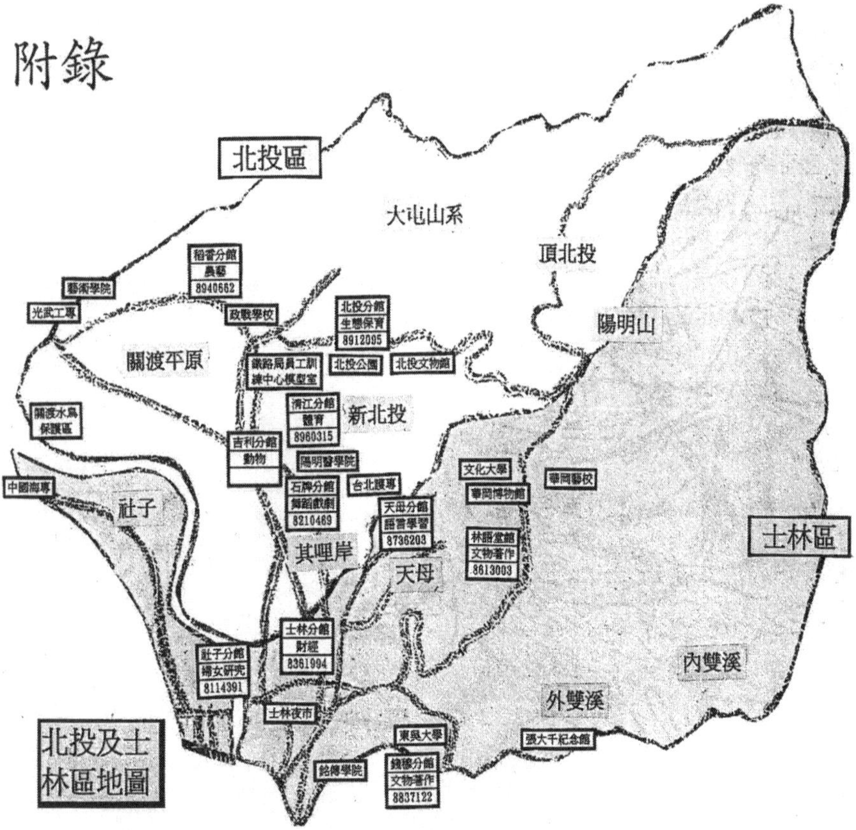

文海悠遊——按圖索驥篇

當你行經中山北路，可曾被路旁美麗的婚紗店吸引住？週末假日，走到光華商場，看著擁擠的人潮，是什麼原因使他們聚集在此？其實，台北的街道，自有它的魅力與特色，以下有幾張台北大區域圖，請仔細地去親身體驗吧！

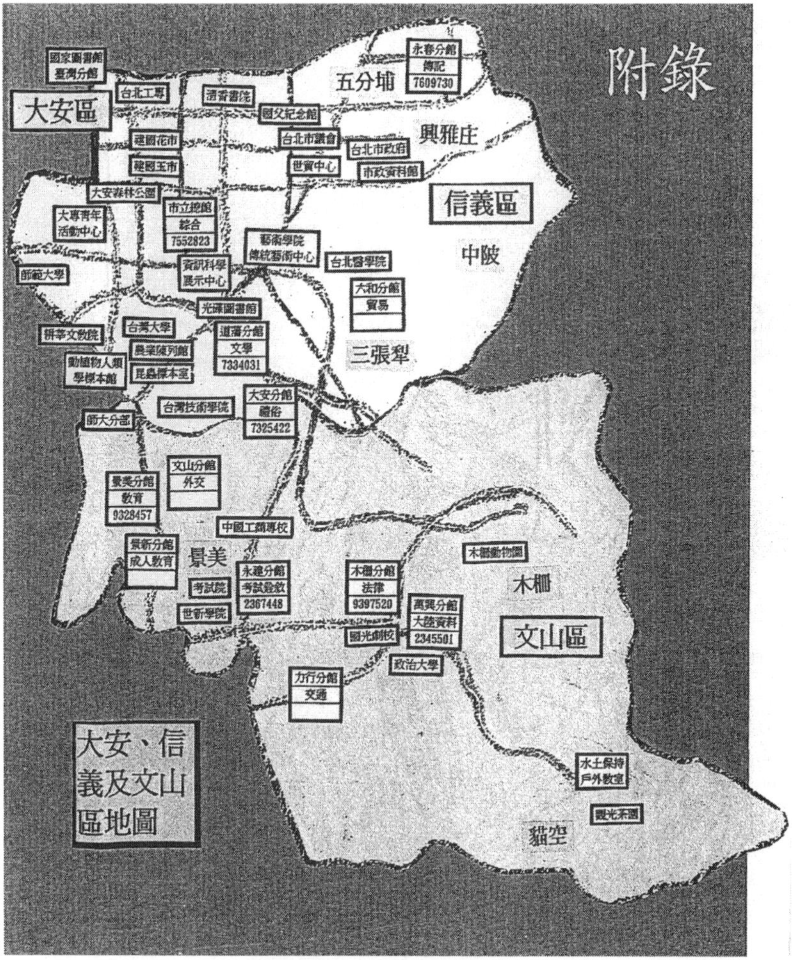

文海悠遊 —— 心靈補給站

台北圖書館的密度，堪稱全國第一。又有許多博物館、紀念館、美術館……，可悠遊其間，讓心靈感受著真、善、美。如果你喜歡聽音樂、欣賞舞蹈、戲劇，國家音樂廳、社教館、國父紀念館……等等演出場所也歡迎你的到來。

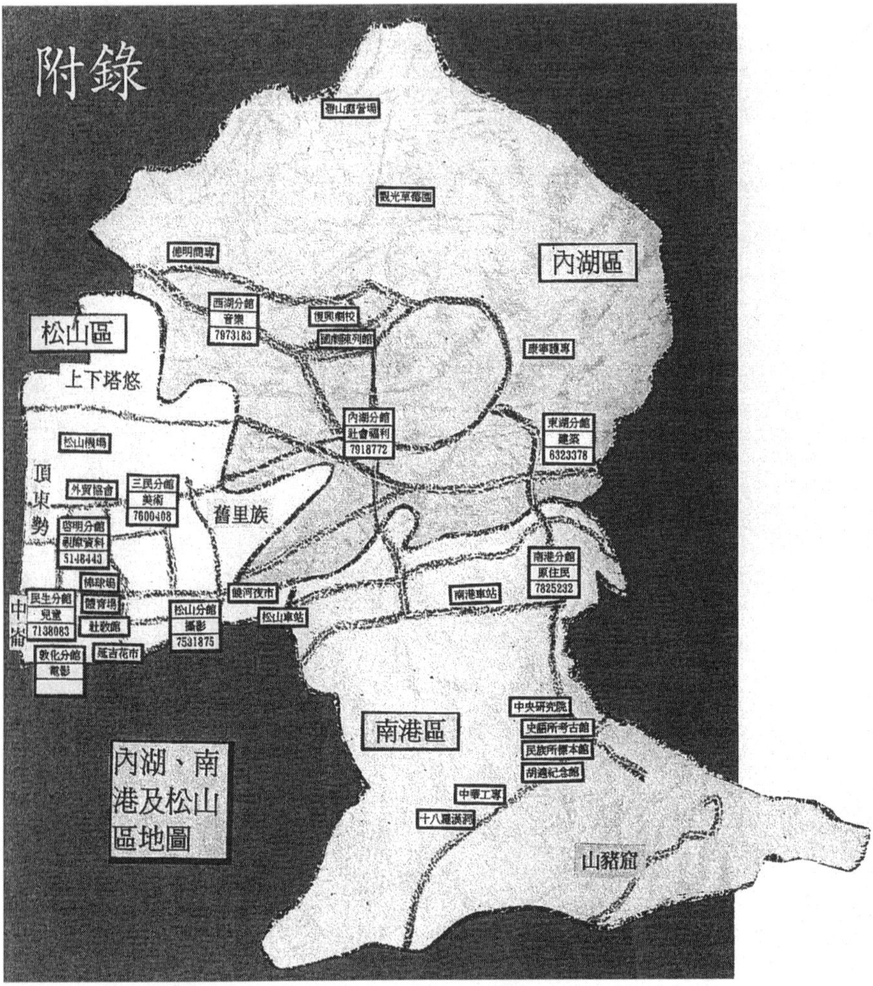

文海悠遊——輕鬆休閒篇

如果你喜歡熱鬧喧嘩，喜歡逛逛街、Shopping，夜市、商場、百貨公司、棒球場、籃球場、電影院……任君選擇。如果你喜歡青山綠水，想遠離塵囂，不防到公園、或是郊外的綠地走走。偷個浮生半日閒，讓自己放輕鬆吧！

附件三：台北古地名源由略說

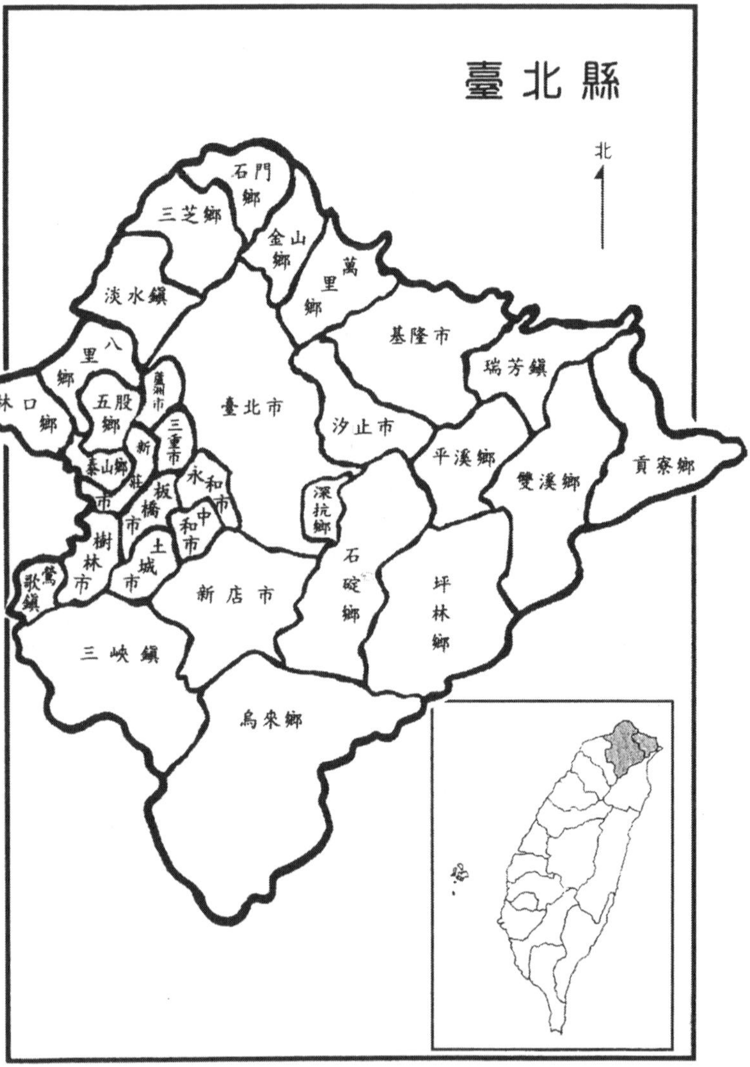
臺北縣
北
石門鄉
三芝鄉
金山鄉
萬里鄉
淡水鎮
八里鄉
基隆市
瑞芳鎮
林口鄉
五股鄉
蘆洲市
臺北市
汐止市
三重市
新莊市
泰山鄉
永和市
板橋市
中和市
深坑鄉
平溪鄉
雙溪鄉
貢寮鄉
樹林市
土城市
鶯歌鎮
新店市
石碇鄉
坪林鄉
三峽鎮
烏來鄉

臺北縣

臺北縣位於臺灣之北部，故稱為臺北縣，本縣之沿革，明永曆十五年（西元一六六一年，清順治十八年），鄭成功收復臺灣，設一府二縣，本縣現在轄區屬於北路天興縣。永曆十八年（清康熙三年），陞天興縣為天興州，仍隸之。臺北縣區，古曰雞籠、淡水。「臺北」一名則始見於康熙末、雍正初。清康熙二十二年轄於諸羅縣，隸於臺灣府，歸屬於福建省，中法之役以後，臺灣闢省，本縣仍隸於臺北府；日據時代地方區域幾經變更，定本縣為臺北州，光復後更名臺北縣。

板橋市　乾隆年間在本市西門公館溝（崁仔腳）架設木板橋一座，稱為枋橋，為貨物聚運必經之處，地方人士乃命名本市為「枋橋頭」，至民國九年改稱為板橋。

「擺接」**Pai Chiap** 乃「木板橋」之意。

蕃仔園　蕃子園就是蕃人的菜園之義，此處有蕃人的菜園，故名。

四汴頭　「汴」是用來分水的堰門或水門之義，地名意指四分水的堰上部落之意。

港仔嘴　河口之義，根據地形而命名。「江仔翠」是「港仔嘴」的諧音字。

鶯歌鎮　本鎮因北方山腰有大石形似蒼鷹，稱為鷹哥石，日據時代因以諧音「鶯歌」而名本鎮。

西元一九二〇年以前稱為「鶯歌石」。地名是基於鶯哥山而起的。鶯哥山的山腹有一巨岩，彷彿鶯哥收翅狀，故命名為鶯哥石，後來轉為整個山的名稱。淡水廳的古蹟考云「鶯哥山相傳會吐出濃霧形成瘴氣，為此，鄭成功的進軍受到阻礙，因此，立刻下令用大砲轟炸，後來就發現了這塊鶯哥石。

日據時代轄於鶯歌街役場，但街治係設在樹林彭福，光復後於民國三十五年八月與樹林分鎮，改稱為鶯歌鎮。

山仔腳　位於龜崙山的東麓，山仔腳為山腳下之意。

獇仔寮　獇仔跟羗仔同義，獇仔寮就是監禁獇的圍棚。該地有獇危害農作物，因此設置了防犯獇害的柵欄，以保全農作物，故名。

潭　底　直到乾隆初年為止，樹林到三峽一帶由於大嵙崁溪泛濫成一大潭，潭邊樹木繁茂，時常有泰雅族出沒。潭底地名由此而來。乾隆二十年至四十年潭水漸漸乾涸變成陸地以後，在潭底的閩人張必榮，吳夢花等人採伐樹木，開闢了樹林、鶯歌及三峽等地方。

溪墘厝　意指築在河岸的房屋，地名由此而起。

尖　山　所謂的「尖山」是孤峰突起者。該處有尖山，故名。臺灣府誌內載「尖山，孤峰秀兀，勢若玉筍，故名」。

斗門頭　斗門同陟門是閘門、戽門、擋門之義，也是指水門。「頭」是上方的意思。

蘆洲市（和尚洲、鷺洲）　本鄉為大科崁溪之沖積沙洲，有「河上洲」之稱呼，此地又屬關渡媽祖廟的和尚管理，又稱「和尚洲」；而溪濱蘆葦叢生，復取名為「蘆洲」，後又因鷺鳥時常來此聚集，又改稱為「鷺洲」，光復以後始再改為「蘆洲」。清雍正十年左右已有了漢民的足跡，當時開墾地有水湳、溪墘、中洲埔等名，這些都是由地形之形狀而命名。雍正十年左右八里坌的漢族帶著佃農，經觀音山的山腳，移到新莊後，此地就成了開拓者的中途站，基於河水環拱之地形稱為「河上洲」。清乾隆時新竹城隍廟的僧人梅福，向官府奏請，本地的產業作為關渡媽祖廟的油香錢，於是每年都到水湳徵收租穀，當地人稱僧人所居之處為「和尚厝」。

本鄉在日據時代稱和尚洲區，隸於士林支廳，民國九年二重埔區併入和尚洲區，改稱鷺洲庄，轄於新莊郡，光復後於民國三十六年四月，三重埔自本鄉劃出，並更名為蘆洲鄉，以迄於今。

樓仔厝　因位於舊河頭故有「舊港嘴」之名，嘉慶二十年間此地被開拓建成村莊，此莊靠近水邊，於是建築樓屋，水上住屋的常型，小木樁上家屋的變形，以防止浸水，稱為「樓仔厝」，後來成為地名。

二重埔　意指第二段埔地，三重埔則是第三段埔地。

陡門頭　陡門指閘門，又指戽門、擋門、水門。臺北地方的人稱木質的堰為閘。陡門頭意指水門之上方。

新莊市（蘆竹濫）　新莊原名蘆竹濫，為本省北部首先開拓之市集，故名新莊。原為凱達格蘭「武勝灣社」（Pinoruwan）所在地。漢人移民於康熙末年入墾，雍正五年，有閩人楊道弘者，復招佃來闢。雍正十年前後成村，取意新設立村莊故稱為「新莊」。西元一九二〇年以前均稱新莊街。康熙末年漢人移民足跡經此，雍正十年左右新設置之村莊，稱為「新莊」，其位置首當海山（鶯歌及三峽）之要衝，又稱為「海山口」。因其沿岸河港船舶輻湊，成為臺北的商業中心，因而發達起來，於是又被稱做「中港街」，到了嘉慶末年由於河道淤淺，失去了船運之價值，商業中心於是轉移到了下游的艋舺街。

清代置巡檢於淡水河口之八里坌，先民溯河移居於本鎮而漸成市集，後設艋舺縣丞於此，日據時代置有辦務署，繼設為臺北廳新莊支廳，後改稱臺北州新莊郡新莊街，光復後始成立為新莊鎮。民國六十九年升格為新莊市。

磚仔厝　此地名指當地有一房屋是由磚頭建造之意。因古時房屋大都由木頭及竹子建造而成，磚造房子就成為一種特殊性。

崎仔腳　崎仔是坡道之義。地名的由來是因其在坡道底部。

柏仔林　柏仔與柘仔同義，因柏子樹很多，故稱之。

營　盤　是鄭氏屯兵之地。最初武營徵收熟蕃或漢民所有的埔地，設置兵營以防禦生蕃。後來由於生蕃退居內山，撤掉了守營的兵勇，於是把其營地當成田園租給人民耕種，租金充作兵營之費用，號稱「營盤田」。

義　學　因有「義學」而得名。「義學」意為官設學堂或私塾，不收學費，屬完全免費的學堂。

三重市（三重埔）　三重市舊名三重埔，「埔」是原野之意，不能使用的田園、魚塭、住家等。因新店古代是北部開發較大的部落，為當地中心點，往北之聚落稱頭重埔、二重埔，較北為三重埔。即第三段未拓墾的埔地之意。民國三十六年以前屬蘆洲鄉管轄，民國三十六年四月始分治成立三重鎮。後來升格為三重市。

菜　寮　此處原為種植蔬菜的菜農，搭建屋舍居住後而成為地名。

大竹圍　此處先民入墾開拓時，其住屋外圍種植竹子，成天然圍牆，稱為大竹圍。

土城市（馬祖田）　原稱「媽祖田」，開墾之初，為了防蕃害而構築之城，意指此地乃是往昔設隘的遺地。昔時之城門以土築成，故有土城之名。清乾隆時閩南乾旱，先民渡海在此開墾。

本鄉在清代係屬於廣福莊之一部份，由閩漳州人移民拓殖，日據時代，本鄉轄於臺北縣新莊辦務署，後將本鄉分為第二十及二十一兩區，明治三十八年（一九〇四）復併二區為土城區，民國九年改稱土城庄，光復後始成立為土城鄉。後來升格為市。

沛舍坡　乾隆二十五年安溪人，陳沛因開闢墾田致富，被人稱沛舍，其開拓之陂被稱沛舍波，而成地名。

埤塘　貯水池，灌溉農田而得名。

大安寮　以象徵吉祥之「大安」坡灌溉而搭建寮舍，故稱之。

三芝鄉（芝蘭三堡）　昔是凱達格蘭平埔族之聚落，本鄉在清朝時代稱為「芝蘭三堡」，後來將小基隆區及新庄子區併入，取堡名「芝」與「三」兩字，三字在前，芝字在後，乃更名為三芝。

本鄉原由平埔族所居，後由漳州泉州人移墾於此，日據時代設為滬尾署第六區及第七區，民國前十五年改稱臺北廳第三十區及三十一區，民國前三年又改名為小基隆區及北新庄子區，民國九年，小基隆區及北新庄子區合併為三芝庄，光復後始成立為三芝鄉。本鄉出了一位李登輝而聞名中外，很可惜後來成為漢奸！

小基隆　平埔族凱達格蘭族的小雞籠社的原址在富貴角一帶的打賓海邊，現址是原址的一部份加上石門莊老梅，形成小雞籠與大雞籠互為對稱。

土地公埔　供奉土地公的廣場之意，埔地是指未開墾的土地。

八里鄉（八里坌）　古稱「八里坌」，是平埔族社名（**Parrigon**）之譯音。昔時為「八里坌」山胞聚集之地，康熙末年漢人已入墾，至雍正二年形成聚落，同治年間前後發揮港口機能，至乾隆初葉，發展成為街肆，並築造城牆稱「八里坌街」。至今仍沿用八里之名。

下罟仔　罟與罛同義，是放置曳網捕魚的意思。罟仔（罛仔）是指捕魚之網的意思。

海墘厝　海墘就是海邊，地名是指在海邊的房舍之意。

觀音山　觀音山的舊名為新直山，別名為八里坌山，淡水廳誌記載「八里坌山，山凡八面故名」，是八里坌地方的主山。隔著大屯山與淡水河口與南岸對峙，海拔六一二公尺，由火山質所形成。此山好像十八個小山峰（十八羅漢）圍繞著主山峰（觀音），遠遠望去，其中一峰屹峙，很像觀音在趺坐，故取名觀音山。

大八里　位於淡水近河口的南岸，為往厝平埔族八里坌社的所在地，故以譯音為命名。康熙末年已經有漢人的足跡，雍正二年已形成了一片村莊，雍正十年左右以淡水港的鼎盛一時，乾隆初年已形成城堡圍繞的市街。後來由於沿岸逐漸淤淺，以致淡水的重心移到了北岸的滬尾（淡水），到了同治九年變成了寂寥的一座村落。

樹林市（風櫃）　清季先民開墾時，此地有多家打鐵店，所使用的風櫃，即送風助長火勢之工具，故舊稱「風櫃」，後來以鎮治設於樹林，故名樹林鎮，當地樹叢如林，故取名樹林鎮。

本鎮在民國前十七年轄於臺北縣，民國前十五年設置三角湧辦務署，後改設為區，民國前十一年，本鎮轄於桃園廳，稱為第三十一區及第三十三區，至民國前九年改稱第十七區，民國前七年復改稱樹林區，民國九年樹林區與鶯歌區合併為鶯歌庄，民國二十九年鶯歌庄復升格為鶯歌街，光復後改稱鶯歌鎮，至民國三十五年八月本鎮始由鶯歌鎮劃出自成為樹林鎮。

石頭溪　位於樹林鎮南方，淡水河與支流三峽溪間，地勢平坦。乾隆二十一年客籍移民入墾於此，因初期二河氾濫，河床上多石頭，故以此為名。

石灰坑　嘉慶年間，有泉州人魏少所開墾，因出產石灰之坑谷，故以此為名。

溪墘厝　在樹林鎮之南邊，淡水河及支流大漢溪間的平坦地。因創建聚落於溪邊，故以此為名。

樟樹窟　在樹林鎮之南邊，地當淡水河及其支流大漢溪之間，地勢平坦。嘉慶年間墾成，初期境內樟樹甚多，故以此為名。

坡內坑　乾隆年間，潭底業戶張必榮抵此，引山坡之水蓄瀦成坡，以灌溉農田。因坑谷在坡之內側，故稱坡內坑。

潭　底　地名起源於往昔淡水河泛濫，形成大潭。後來潭水枯涸，潭底現出，故名。

泰山鄉　清康熙後期，就有先民至此開墾。本鄉西南為連綿崎嶇的山脈，前面為一片廣大的平野，其雄偉的氣象，猶如大陸上的東嶽泰山，故竊取其名而為鄉名。

林口「臺」地東區的「山」腳村雅化成泰山。

本鄉於清代係轄於淡水縣，日據時代設立為貴子坑區，民國九年被編入新莊鎮，光復後於三十九年三月始自新莊鄉劃出而成泰山鄉。

楓樹腳　乾隆初泉州張姓入墾此地，因墾拓當時，建莊於楓樹下故名。

義　學　乾隆二十八年福建永定人，貢生胡焯猷，在其舊宅捐置義學，設明志書院，後成地名。

平溪鄉（平溪仔）　鄉內溪流大多急湍，惟有平溪路沿線之溪流比較平緩，故稱本鄉為平溪。日據時稱平溪庄，光復後改為平溪鄉。

本鄉於日據時代隸於基隆支廳，分置為石底、十分寮二區，民國前十一年改隸於水返腳支廳，民國九年合併二區而成平溪庄、隸於七星郡、光復後始成立為平溪鄉。

十分寮　原先設置樟腦灶的地方。十腦灶稱為一份，寮是茅舍之意。或與土地之開墾有關。「份」亦為土地開拓的股份之意。

月桃寮　放置月桃的茅舍之意。

薯榔寮　薯榔是用來染布料或魚網的蕃薯根莖類。因為該地有放置薯榔而搭建的茅舍，故以此為名。

石　底　位於基隆河上游，呈涸河狀態，石頭暴露於河底，故名。

新店市　本市轄內原為山地高砂族的同胞所散居，後來有人在本市山麓拓地建屋，開設小店，日漸繁榮成市，因此稱為新店，以別於舊村落「青潭」。

日據時代設置新店保良局，後歸景尾辦務署管轄，嗣將本鎮分為新店、大坪林、安坑三區，各置區役場，後又將此三區隸於深坑廳，民國九年，三區復合併為新店區，民國十三年新店溪泛濫，全部房屋被沖失，洪水後重建成新店庄，民國三十二年昇格為新店街，光復後始成立為新店鎮。民國六十九年升格為市。

屈　尺　屈尺就是曲尺之意，此地的溪水有如曲尺一般形成九十度直角屈曲，故名。

彎潭．直潭　前者指潭水彎曲，後者指潭形筆直，故有此名。

大坪林　介於新店溪與支流景美溪之間，為一廣闊緩起伏面呈平臺狀地形，故稱大坪，又因坪上以前曾為林木茂盛之處，故稱大坪林。

雙溪鄉　本鄉境內有兩條大溪流經，牡丹溪與平林溪雙溪會合之地，舊名叫頂雙溪，本鄉地當雙溪川之上游。日據時稱「雙溪庄」，光復後改雙溪鄉。

雙　溪　位於三貂嶺與草嶺間之山谷，由於沿著頂雙溪流域。本溪匯合粗坑溪及坪林溪的支流而形成。雙溪之地名由此而來，上游稱為頂雙溪，下游稱為下雙溪。下雙溪被稱做三貂溪。乾隆末年閩南漳州人建喬、吳爾來此地開墾之後，移民逐漸增多。到了嘉慶初年逐漸形成街市，後來由於牡丹坑的金山被開發，曾經非常繁華。

石　筍　筍與筍同義。石筍就是石筍之義。因該地有類似竹筍的石灰岩石，故名。

柑　腳　地勢一邊為極險難的山顛，三面環繞溪流，懸崖攀登困難，形成了自然的城寨。

以致命名為柑腳城。

本鄉於日據時代之初設有保良局治政，至民國前十六年改稱雙溪庄，民國前十四年設頂雙溪辦務署，翌年改為基隆辦務支署，民國前十一年頂雙溪庄分割為雙溪、柑腳、太平等三區，民國九年，雙溪區連同併入之柑腳區及丁午、蘭坑等地合併為臺北州基隆郡雙溪庄，光復後始成立為雙溪鄉。

貢寮鄉（槓仔寮） 本鄉昔為荒野之地，野獸山豬出沒其間，後來居民為根絕獸類，建草寮以捕獸，以樹槓之，獸類乃盡滅，居民得以聊生，因而稱此地為槓仔寮，日據時代更名為貢寮庄，光復後本鄉仍沿用貢寮。

據稱「槓仔」，係凱達格蘭語陷穽 Kon-a 譯音字，昔時此地為山豬繁衍之處，槓仔寮意即在設陷穽處搭蓋草寮的地方。

日據時代本鄉隸於臺北縣基隆支廳，民國前十五年，本鄉設為第十區庄，民國前十一年改隸於基隆廳頂雙溪支廳，民國前三年基隆廳撤併於臺北廳，乃稱本鄉為臺北廳頂雙溪支廳第十區，民國九年將原槓仔寮區與澳底區合併為貢寮庄，光復後始成立為貢寮鄉。

澳　底　澳是海灣之處，澳底則是海灣深處之意。

草　嶺　另有一名稱嶐嶐嶺。臺灣第一隧道（長度兩千多公尺）就在此地。

琉球澳　出自山胞語地名，有人說因為以前琉球人居住於此澳，所以用琉球澳命名。除琉球澳外還有：三貂琉球澳、三貂澳、澳底灣之名稱。

三貂角　所謂「三貂」之名，起源於西元一六二六年五月，西班牙指揮遠征船隊發現臺灣東北角，以西班牙名 Santiago 命名的史實。明末客居臺灣的沈光文在「平臺灣」一書內寫成「三朝」，黃叔璥的臺海使槎錄及臺灣府誌寫成「山朝」，想必都是 Santiago 的諧音字。把一岬角的稱呼推論到山河及蕃社的名字。此地本是凱達格蘭族起伏諾安社的所在地，在乾隆中葉漢人遷入之初，三貂一帶的谿谷由今日的舊社、遠望坑、福隆、南子吝的四部落所佔居，漢人稱為三貂四社。

五股鄉　原名五股坑，即五人合股開墾之坑。本鄉原有武勞灣、八里坌等蕃社，清代置有八里坌巡檢，日據時代設為五股坑庄，轄於淡水支廳，後改隸於滬尾辦務署，旋又改隸於臺北廳之新莊支廳，民國九年改制為五股庄隸於臺北州新莊郡，光復後乃成立為五股鄉。

石土地公　指用石頭彫刻而成的土地公神像。此地有一尊石土地公像，故以此名之。

水　碓　水碓是指利用水力之臼舂米的水碓。該地有水碓，故以此為名。

更　寮　乾隆十五年（一七五〇年）有泉州陳姓等十八人開拓此處，當初設擊柝警戒，建有一更寮於此地，故以此為名。

林口鄉（樹林口）　又名「平頂臺地」，古稱「樹林口」，本是平埔族部落打獵之地。本鄉位於樹林鎮出入口之處，為全鄉最熱鬧之地，並扼交通之咽喉，以鄉公所設於此地，故名本鄉為林口。林口之意為進入森林之路口。日據時代本鄉設有庄役場，光復後成立為鄉公所。

林　口　莊名意指樹林的入口處。

菁　埔　菁就是藍色，埔為荒地之意，此地生產大菁，大菁為製造藍靛之原料。

萬里鄉（巴里昂）　昔時稱「巴里昂」，十七世紀西班牙人佔據臺灣北部，稱此地為「巴里昂」，近似臺語「萬里」。因轄內有頂、中、下萬里三地名，故改稱萬里。日據時代本鄉設萬里庄，光復後始成立為萬里鄉。

深坑鄉（簪纓）　原名簪纓，四面環山，形似坑底，附近土匪甚多，惟簪纓之地土匪未曾深入搶劫，故有深坑之名。所謂「坑」意指集山間的自然泉水，匯集而成的小溝，同時也意味著山谷。此處乃指山谷之意。

公　館　乾隆二年閩南泉州府的安溪移民到此，聚眾與粵人爭地，終於把粵人逐退取得耕地，從事大規模開墾。新店溪畔有公館街之地名，係當時墾戶建設公館的遺跡。

土　庫　乃是放置米糧的土製倉庫之意。因此地建有土庫故以此為名。

石碇鄉　清乾隆年間，先民到此來開墾。本鄉位於兩山峽間之谷底，有巨大石片相串連，形似住家門戶之底石，故名本鄉為石錠。

清道光八年閩人林先傳募召墾戶，從水返腳（汐止）進行開拓。石碇為其中心地而逐漸形成街道。此地溪中到處是岩石，常有碇置情形，是故取名「石碇」。

本鄉原由高砂族同胞所聚居，後漸由閩人移墾於此，日據時代設石碇等區役場統轄全庄，民國九年設為石碇庄，置庄役場，光復後乃成立為石碇鄉。

楓仔林　亦稱楓仔林。為臺灣楓樹林繁茂之地。

崩　山　意指容易崩潰之山。

坪林鄉　本鄉於開拓前，四面高峰層疊，森林稠密，森林中央有一小平地，因就地形而命名為坪林。部份山嶺是由海底板塊相擠壓，而浮上來的平地，稱坪頂，因坪頂上樹木茂盛，故稱坪林。

日據時代本鄉轄於景尾辦務署，設為坪林分署，民國前十一年改制為坪林支廳隸屬於深坑廳，民國前三年改隸於宜蘭廳，設為坪林區役場及闊瀨區役場二區，至民國九年二區復併為坪林庄，轄於臺北州文山郡，光復後始成立為坪林鄉。一九二〇年改坪林尾為坪林。所謂的坪林尾者，意指部落在林地傾斜處之底部。

九芎林　此處的九芎樹林繁密，故以此特徵為名。

鰎魚堀　意指產鯉魚的池塘，鰎魚就是鯉魚。表示此地曾有鯉魚池。

屈尺蕃　居於新店溪支流之南勢溪兩岸的泰雅族。

獅子頭山　由於山形像獅子的頭而命名。

阿玉山　獅子山頂之短萱草很繁茂，此短萱山胞稱之為「阿玉姑」，此地係依當地特有之植物而命名。

海　山　乾隆四十年前後，稱鶯哥石（鶯歌）、三角湧（三峽）一帶為海山莊，地名「海山堡」因此而起。海山多來自福州府海山島的移民，故有此名。

金山鄉（金包里）　本鄉原名「金包里」，係當地平埔族「金包里社」名稱之譯音，後以「金包里」不雅，乃更名為「金山」，與產金無關。

本鄉初由平埔族所聚居，滿清時隸於諸羅縣管轄，後改隸於淡水縣，不知為何又改隸於基隆廳。日據時代之初，本鄉設為保良局金包里分局，西元一八九六年改設為庄隸於基隆廳，後又改制為臺北縣直轄金包里辦務署，西元一九〇一年改稱基隆廳金包里支廳，民國九年廢支廳而設為金山庄，隸於臺北州基隆郡，光復後始成立為金山鄉。

金包里社位於金山附近的社寮及沙崙。金包里也是凱達格蘭族（宜蘭的平埔族）所謂的「巴哥」，跟多囉里遠等社有關。是明末鄭成功一部將所開墾之地，今日的國姓埔即是其原址。雍正末年閩南人已經建立了金包里的街道。同治六年發生地震時曾蒙受大害。

石頭公　荷蘭軍隊在水尾灣附近，在大石頭上刻有紀念文字，漢人尊稱它為石頭公來奉祀。

死磺子坪　由於硫磺質噴氣孔附近，有毒瓦斯上騰，使大氣的流通不良，往往致人畜於死地。尤以竹子山大磺嘴為甚。故稱死磺子坪，磺山是指硫磺山之意。

淡水鎮（滬尾）　明崇禎元年為西班牙人所佔據，曾築聖多明哥城，後被荷人逐出，明鄭曾駐軍於此。康熙年間稱為「虎尾」，乾隆年間稱「滬尾」。編竹在河流中以取魚，曰「滬」，臺語用以撈魚稱「滬魚」。「滬尾」因位於淡水河口，為設滬罾撈魚的末端處，故稱之。昔時河口南岸八里坌較深，商船據以停泊，道光年間港務轉移到北岸的滬尾。滬尾街的港口叫澹水港或淡水港。原名滬尾街，就是江尾的地方，

「滬」的意思是用碎石圍築於海坪之中，水滿魚藏其內，水汐則捕之。昔時為平埔族淡水社的居住地，又因該地多雨，而滬尾之日語發音與神戶相似，日人因恐混淆，故將該地改成淡水。淡水鎮內尚留有西班牙人建立的紅毛城。

日據時代本鎮設為臺北縣淡水支廳，民國前十五年改設滬尾辨務署，民國前十一年復改設為臺北廳滬尾支廳，民國前三年又改稱臺北廳淡水支廳，並設立區長制，民國九年改制為臺北州淡水郡淡水街，光復後始成立為淡水鎮。

淡水河　臺北盆地，基隆、新店、大溪的三河流會合而形成淡水河，往西北流下注入淡水港口。到了臺北盆地的西北處，大屯、觀音二支脈迫近形成隘峽，稱為關渡門，由此分開下游與中游兩區。

到康熙末年為止，淡水河呈河幅廣闊的大湖形狀，但由於上游沖下沙土，逐漸成為沙洲，甚至變成陸地。從前西班牙人稱淡水河為「Kimazon」，為了與臺灣南部的下淡水溪有所區別，取了「上淡水」之名。淡水也就是雨水之意，此地多雨故名。

竹圍　所謂的竹圍者，是為了防風而種植的竹垣。臺灣的村家民房大多數設有竹垣。淡水附近的地名，像大竹圍、竹圍仔（較小的竹圍之義），都是基於竹垣而命名。

菅林　菅蓁就是鬼茅林之意。鬼茅繁茂故以此為名。

油車口　所謂的油車行是榨油店的意思。以前開榨油店必須開在市街的邊端，以免噪音侵擾鄰居。地名的由來是因其為油車行所在地，街道之出入口故名之。

水梘頭　水梘是樋或筧之義，「水梘頭」就是有樋之地，上方部落之意。

水碓子　水碓子就是利用水力舂米的臼。

興化店　福建省莆田縣興化人所開的店之意。

大　屯　凱達格蘭族大屯社的現址，在大屯山西麓的大屯蕃社前，一部份則留於原址。

大屯山　有人寫成大遯山，郁永河的裨海紀遊則寫成大洞山，以前也被稱為奇獨龜崙山。所謂「大屯」之地名，可能是因該山西麓有平埔族大屯社而命名。大屯山聳立於臺北盆地的北方。

七星山（七星墩山）　臺灣府誌記載「七星山，七峰錯落，圓秀如星，故名」。在大屯山東邊崛起的七星山海拔一一二〇公尺，位於大屯山北方的竹仔山有一千一百零三公尺。

永和市　永和為平埔族「秀朗社」故址，乃荷蘭之譯音。此地常發生族群械鬥，地名取意於永久和平相處之意。

清光緒二十一年，屬臺北府淡水縣擺接堡，民國九年改隸臺北州海山郡中和庄，民國四十七年由中和鄉分出永和鎮，六十八年升格為永和市，本市位於新店溪南岸，臺北盆地南邊。為大臺北之新興城市。

中和市　中為不偏不倚，天下之大本；和為天下之達道，乃取義鄉民之居於良善，故名本鄉為中和。

中和以前以「中坑」、「漳和」二莊得名，為古時平埔族山胞秀朗社故址。清康熙四十七年，陳順章開秀朗。清雍正時，林成祖闢漳和，是為本市之原拓者。「漳和」為開闢時之古名，地為漳人所闢，為求吉祥，各取其一字併為「中和」。本鄉在清代係屬於擺接堡，而下轄一街十九庄，後經調整改轄十庄。日據時代，民國九年，將所轄十庄合併，稱為中和庄，劃分二十區，光復後成立為中和鄉。民國六十八年升格為中和市。

秀　朗　凱達格蘭族秀朗社的原址在秀朗附近，也有少數人說在秀朗內，或在其南方的挖仔。漢人把雷裡與秀朗合併稱為「雷朗」。

潭　墘　潭墘就是潭岸之意。墘就是岸邊之意。

瑞芳鎮（𥴊仔瀨）　本稱柑仔瀨，陳登與賴世兩人曾共同在此開設一家雜貨店（雜貨店叫𥴊仔店，民眾把經營者之賴姓與店名接在一起稱做𥴊仔瀨，以致變成了地名柑仔瀨）。本鎮鎮名是採自轄內坩坪里，一家自清代即設立的雜貨舖店號「瑞芳」簽仔店而來。瑞芳雜貨舖後來竟成地名，該店至今仍繼續經營著。

本鎮舊名柑子瀨，日據時代設置基隆堡瑞芳區長役場於柑仔瀨，民國九年改稱本鎮為臺北州基隆郡瑞芳庄，民國二十七年升格為瑞芳街，光復後改稱瑞芳鎮。

四腳亭 四腳亭是指四腳亭仔，亦是四阿，因此地有四阿，故名。四腳——四枝柱子。

侯　硐 硐與洞同音，亦稱猴洞（猴子居住的山洞）。

焿仔寮 焿草的灰汁，即製造焿油灰汁的小屋。

汐止市（水返腳） 乾隆年間先民在此定居，稱「峰仔峙庄」，後改稱水返腳。潮汐到此為止，此地為「房仔嶼」社的居住地，基隆河每逢潮汐，潮水漲至本鎮灘頭而止，即退潮而返。但上流一帶潮汐不至，日據時代改名為汐止。

日據時代初設水返腳保務署管轄本鎮，民前十四年改稱水返腳辦務署，民前十一年復改制為水返腳支廳，民前七年改稱水返街，民國九年稱為汐止街，屬於臺北州七星郡，光復後始成立為汐止鎮，現已升格為市。

峰仔峙社 原為巴卡西社的居住地，在汐止北邊的基隆河岸，但是由於水返腳的建街，故遷移至基隆河對岸之山丘。

十三份　往昔設立樟腦灶（十灶稱為一份），由十三名資本家所開拓而命名。

社　後　因其位於峰仔峙社（鄉長坑）後方之部落，因此而命名。

姜仔寮　是羌仔寮的變音。羌仔寮就是飼養羌的寮舍。

石碇子　石瓶之意，因為此地有形狀似瓶的石頭，因此而命名。

三峽鎮（三角湧）　本鎮位於大漢溪（大嵙崁）、橫溪和三角溪，三條溪流會合沖積而成的沙洲，山脈相挾持，山明水秀，風景宜人，因仿長江三峽而命名為三峽。清代時期稱為三角湧，民國九年稱為三峽庄，光復後乃成立為三峽鎮。

西元一九二〇年以前稱為三角湧街。在大嵙崁及三角湧兩溪交會之處，地域形成三角狀，故名。也有人說，因為合流點興起三角波，故命名為「三角湧」。本來此地方合併鶯歌一帶稱為海山莊，到乾隆末年建一莊後就被命名為「三角躅」。是基於地形而命名。在嘉慶初年逐漸形成了街道狀，以致改稱「三角湧」。同治三年英國人約翰多德，獎勵當地居民在此地及文山堡栽培茶樹，並採買了此地生產的樟腦。

隆恩埔　為了慰勞兵士賜給各兵營土地，做為財產。在守備營內，聲稱供應糧餉資金的大租為「隆恩大租」。又把附近一帶的土地當成牧牛羊場，故稱之為「隆恩埔」。

麥仔園　麥仔園為麥田的意思。

麻　園　黃麻田之意，此地有麻田，故名。

挖　仔　地勢彎曲的地方稱之。

烏來鄉　據傳昔時有山胞打獵，追趕鹿群至此，發現有熱水自岩隙湧出，眾人驚呼「燙」及「熱」，而山地語「烏來」乃指溫泉之燙及熱，故以此地為鄉名。

日據時代，本鄉係屬理番區域，一切政務均由警察駐在辦理，光復後始成立烏來鄉。

烏來係泰雅族屈尺群原住民之社名。

桶坪社　泰雅族部落聚居地，大桶山平坦地區上的社群故名。

石門鄉　當地海岸之海岬地形，有天然石片形成如石門狀，因此而得名。日據時稱為石門庄，光復後改稱石門鄉。

本鄉在清代係轄於淡水廳芝蘭三堡下之一庄，日據時代仍稱石門庄，民國前三年，石門庄、頭圍庄、老梅庄合併設為老梅區役場，民國九年老梅區與阿里荖區合併改稱石門庄，光復後始成立為石門鄉。

石　門　因為有一海浪侵蝕而成的石門，故名。海蝕石門被指定為天然紀念物。

富貴角　臺灣的最北端叫富貴角，俗名叫「打賓」。為佔居此地的平埔族「伐威社」（小雞籠社）之一部落所在地，所謂的「打賓」是山胞語地名的音譯。

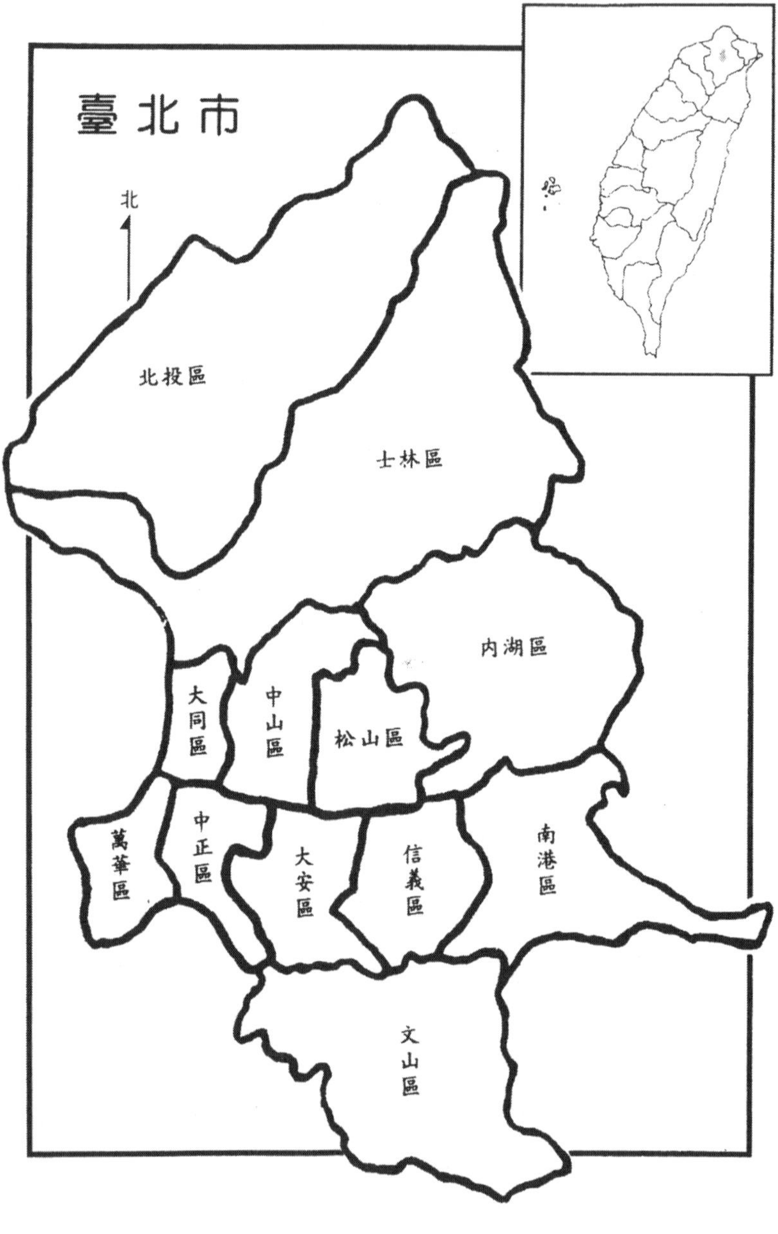
臺北市
北
北投區
士林區
內湖區
大同區
中山區
松山區
萬華區
中正區
大安區
信義區
南港區
文山區

臺北市

臺北市原名大佳臘，又名大加臘或大加蚋；大佳臘原為平埔族 Takalan 之譯音。光緒元年，沈葆楨奏請在艋舺（今萬華）創建府治，命名為臺北府，自此所稱之臺北，係指臺北市及臺北縣兩縣市區內。蓋因其位置在於本省之北部，所以取名為臺北。而自從臺北建府後，才漸轉稱今之臺北市為臺北。

光緒八年，臺北府城竣工，於是城內（今城中區）、艋舺（今萬華）、大稻埕（今延平、建成二區）乃成為臺北之三市區，構成今日臺北市之雛形。直到倭據時代，民國九年七月，始依據州轄市市制之規定，創設臺北市，臺北市之名稱自此開始。民國三十四年本省光復，仍設臺北市，民國三十九年九月，調整行政區域，仍舊稱臺北市。

本市昔為山胞凱達格蘭族里末（今萬華附近）、雷里（今雙園區）、奇武卒（今建成區）、大浪泵（今大同區）搭搭悠（今松山區）、里族（今松山區）、麻里折口（今松山區）等社所居之地。明鄭時代，初隸天興縣，後隸天興州。清康熙二十三年改隸諸羅縣。雍正元年，改隸淡水廳。嘉慶十三年，移新莊縣丞於艋舺，改稱艋舺縣丞。光緒元年，改隸臺北府淡水縣。光緒二十一年，倭國入據臺灣，改隸臺北縣，屬該縣直轄。

光緒二十三年，設臺北辦務署，仍隸臺北縣。光緒二十七年，廢縣置廳，改隸臺北廳，仍屬廳之直轄。宣統二年，在臺北廳直轄區內，設艋舺、大稻埕、大龍峒、古亭等四區。民國九年，廢廳置州，改設臺北州，並撤區，創設臺北市，隸臺北州轄。民國十一年四月，廢市內原有街庄名，改用倭國式之町名，分全市為六十四町及十村落。民國二十七年三月，擴展市區，劃七星郡松山庄歸臺北市管轄。民國三十四年本省光復，臺北市改為省轄市。民國三十五年二月，劃全市松山、中山、延平、建成、大同、城中、龍山、雙園、古亭、大安等十區。民國三十九年九月，調整行政區域，仍設臺北市，行政區域照舊。如今之臺北市已晉陞為院轄市了。

本市位於臺北盆地之中央，東南止於松山區中坡，西面止於雙園區西園路二段底；南面止於古亭區羅斯福路四段底，北面止於中山區大直。其四周東與臺北縣內湖區、南港區接壤，西以淡水河為界與三重市相隔，東南與景美、木柵為鄰，西南隔新店溪與永和市及板橋市相望。北隔大直山與士林區相接。市內之兵陵地有柴頭埤山、蟾蜍山、觀音山、圓山、劍潭山等。

臺北市內各區命名由來

松山區　俗稱社口，原貓狸蕃社。

境內崇山峻嶺，森林茂盛，且多產松樹，故名松山，又俗稱社口，訛傳為錫口。

本區原為貓狸蕃社，清乾隆十年閩人移墾於此，聚集為小村落，日據時期為臺北縣錫口支廳，民國三十四年光復後，改為松山區。

中　崙　崙為一孤立小丘，初墾之時小丘起伏，中崙恰位居其中，故名之，境內於光緒八年建有中崙福成宮，供奉福德正神。

中正區　包括古亭區及城中區。

古　亭　原鼓亭。明鄭時已有泉人周阿戶於東門外至松山一帶墾殖，該地尚未開闢之時，常有番族前來劫襲，附近居民於是在森林中建一觀望臺，臺上置一鼓亭，當番人來襲時，播鼓示警以聚合村民，當時稱此地為鼓亭，後改稱為古亭庄。

民國七十九年古亭區與城中區合併成中正區。

城　中　本區之轄地，大部份位於東、西、南、北四門之中央部位，故取名為城中區。

萬華區　包括雙園區及龍山區。

雙園　區內半數以上之居民，以務農為生，而土地大部份為佃田，分為東園與西園，故名為雙園。倭據時期為綠町、堀江町、花園町三區會，光復後合置為雙園區。民國七十九年雙園區與龍山區合併成萬華區。

龍山區　昔時稱為艋舺，位於新店溪與大嵙崁溪的交會點，區內有名聞全省的龍山寺，因而得名。艋舺為凱達格蘭語之 Banka 之譯音字，也有人譯成蟒甲、莽甲、文甲等字，其意為蕃族的獨木舟；臺北盆地原為一大湖，居住在湖四周的原住民，交通往來全依賴獨木舟，後來由於地理環境的改變，湖水逐漸乾涸而形成陸地，康熙年間泉人陳賴章獲得墾殖大加蚋地方之墾照，招佃入墾，首先由新莊地區開始，而後拓墾至艋舺，以後泉人陸續移居而來，以酒肉、布匹與土著交易，約定開闢土地，化荒穢之地為美沃的土壤。

俗諺「一府二鹿三艋舺」說明了艋舺當時的繁榮程度，由於水運條件的優越，艋舺發展成為臺北盆地內貨物的集散中心。艋舺最早形成的街道，是在今貴陽街第一水門附近，舊時稱為「蕃薯市場」，後來改稱為「歡慈市場」；來自泉州的晉江、安南、惠安等地的頂郊人於乾隆五年創建「龍山寺」。乾隆五十五年安溪人則創建了「清水岩祖師廟」。

歡慈市街（歡慈仔街） 艋舺原是「沙麻廚」的部落所在地，雍正年間漢人建造了數間茅屋小部落，只販賣蕃薯，故稱為蕃薯市。後來由於市街的開發，改用諧音的「歡慈」稱呼，以致變成了「歡慈市」。

加蚋仔庄 臺北市雙園區，位於臺北市西南角，新店溪匯入淡水河的河曲間。原為凱達格蘭平埔族雷裡社社址，康熙年間閩人楊姓入墾於此，聚族而居，形成六個村莊（八張犁、後厝仔、下庄仔、港仔尾、堀仔頭、客仔厝），俗稱六庄頭，加蚋庄仔亦稱加臘仔莊，其意為沼澤地。

石坊街 今博愛路一帶。光緒元年新設置臺北府，光緒六年在該府城內建立試院。當時的士紳騰雲捐出了全部的私有地及經費，在城內建立的後石坊，寫著「急公好義」四個大字。石坊街由於此石坊而命名。後來由於市區改變，此坊被移入新公園內。

府後街 因為在臺北府的後面，因此命名。

府前街 因為在臺北府的前面，因此命名。

府中街 位於府前街與府後街之間，因此命名。

撫臺街 在撫臺衙門（臺灣最高官廳）前面，因此命名。

文武廟街 因為有文廟、武廟，因此命名。

書院街　因為有書院（學舍）因此命名。

新起町　因為民房如雨後新筍一般的興起，因此命名。新起即新建。

龍口町　一九一九年還稱為龍匣口庄。由居住於附近平埔族凱達格蘭族的「了阿八里」社名音譯而來的。

竹篙厝　在艋舺內。竹篙厝是長屋的意思。

雷　裡　凱達格蘭族原位於艋舺南方的加蚋仔庄（東園附近），雷裡社後來和隔著新店溪四公里南方的秀朗社合併。之後，漢人把雷裏與秀朗合併稱為雷朗。

大同區

本區幹線為大同路，取其世界大同之精神而命名為大同。包括延平區及大同區。

大稻埕　原是圭母卒社平埔族所在地，在今城隍廟街還存有遺址。臺灣府誌記載「乾隆初年大稻埕被稱為奇武卒莊」，康熙末年移住到此地的漢人開闢了水田，當地所謂的大稻，割稻之後用來曬穀，俗稱為大稻埕，在咸豐年間建街時遂以它為街名。臺北三郊沿革記載「大稻埕原先是旱園曠地，當時有林右藻者觀其地勢在淡水河附近，能夠通達各埠，於是建造大街店屋，儼然成為市鎮，四處的商賈聯合在此營業，或販雜貨，或開商行，買賣極為興盛，商賈雲集，織成了一幅大稻的勝景」云云。咸豐年間四周仍多旱園曠地，尚屬荒涼之地，永樂戲院前有一座公用大曬穀場，舊稱大稻埕，因幹線道路為延平北路，取紀念延平郡王鄭成功之意而命名為延平。民國七十九年合併大同區，取其世界大同精神之意。

大龍峒　附近本來有凱達格蘭族的大浪泵社，後來被圭母卒社合併了。漢人把圭母卒社與大浪泵社合稱為圭泵社。大浪泵的「泵」字表示把石頭投入水中發出的「撲通」聲。到了康熙末年，漢族的開拓雖然到達此地邊界，可是到雍正末年為止，依然是樹木繁茂的森林。直到乾隆初年，漢人才逐漸開墾了這片土地。嘉慶七年已經形成了市集的外貌，同時以諧音字「大隆同」替代大浪泵，到了同治年間採用了近音的「大龍峒」。

牛磨車（大龍峒的俗名）　所謂的「牛磨」，是指由牛所碾的碾臼，具有這種構造者稱牛磨車。

建　成　本區之命名，取地方建設必成之意。

中山區　臺灣光復後本區命名「中山」，在紀念國父創造中華民國之豐功，俾使市民景行仰止，永念不忘。

臺北市內尚有一些古街道名，茲介紹於後：

劍　潭　名稱起自鄭成功把荷蘭人驅逐到此地，荷蘭人把劍投入潭中而跑走。另一說法，此地有一棵數人合抱的大茄苳樹高聳入天，立於潭邊，荷蘭人插劍入樹，樹竟然生皮將劍合閉藏於樹內，故稱劍潭。淡水廳誌記載「每遇黑夜或風雨時，輒有紅光燭天，相傳潭底有荷蘭古劍，故氣上騰也」，它曾經是淡水八景之一，有「劍潭夜光」之稱。

大　直　因為此地平坦寬廣，形呈筆直大道，是故得此名。

大安區　大安之地名起源大安圳，初稱「大安寮」。至乾隆間，郭錫瑠招股增建金合順圳，後改稱瑠公圳。以灌溉大安、古亭等地農田。日據時期當地有大安字坡心、大安字龍安坡、大安字十二甲等地號，取大安有永保安寧之意：當地建有一圳取名為大安圳，因此就以大安為該地地名。民國七十九年部份與松山區部份成立信義區。

信義區　民國七十九年松山及大安部份合併。為大臺北最具潛力的新興區，臺北市政府、世貿中心及百貨公司均在此區。

三張犁　在臺灣開墾戶以五甲為一張犁份，把土地分配給各佃農開墾，就是每五甲配一張犁，根據土地開墾大小，三張犁即所開墾的農地有十五甲。

士林區（八芝蘭）　本是平埔族語，舊稱八芝蘭，因舟楫往來繁榮，水陸交通日便，文風因之蔚起，街之縉紳遂美其名，基於文人成林之意取名士林。民國前十五年本鎮始設有區長役場，民國前十一年改稱為臺北廳第九區長役場，民國前六年，士林、福德洋、林子口、洲尾、湳雅、石角、三角埔、永福、下東勢、公館地、草山、七股、菁礐坪、頂雙溪、大直各地統併合為士林區，設為士林區街庄役場，民國九年，轄內之大直被劃出，而將中洲埔劃入，民國十三年改稱士林街，光復後始成立為士林鎮。

圓　山　丘頂圓形而孤立，故命名為圓山仔由於靠近大龍峒，故有龍峒山之稱。最初由當地的富豪陳維英建造的別墅稱為太古巢，境內樹木甚為茂密廣闊，又有奇岩怪石起伏，眺望甚美。日本據臺後改為公園，後來設置市立動物園。山丘附近有石器時代的遺跡，並有好幾處的碑塚露臺。此地出土的古物有石器、骨器以及土器等。

三角埔　為三角形的原野之意。該地上方的「磺溪」是硫磺溪之意。麻少翁的舊址在士林的社子。毛少翁社因於乾隆十一年的大地震陷沒之後，山胞紛紛移到三角埔。

福德洋　洋為平洋即平地之意，以吉利的「福德」二字加於「洋」上成為地名。

山仔腳　「山也佳」是用來替代「山仔腳」的諧音字。山仔腳是山腳下之意。

湳　雅　「湳雅」是「湳仔」的諧音字，「湳仔」是低窪的濕地。

芝山巖　在士林，為孤立於平原的一丘陵，由於它的外形渾圓，通稱「圓山仔」。由於士林的移民都屬於福建漳州籍，是故，以漳州的名蹟芝山命名。山丘頂有惠濟宮（主神是開漳聖王），是於乾隆五十三年由芝蘭街士紳吳慶三所捐建。

陽明山（草山）　由於山上多茅草故名。臺灣府誌記載「草山，以多茅草，故名」。為紀念先儒王陽明，後改名陽明山。

七　股　股就是股東之意，象徵著該地由七名股東所開拓。

坪　頂　坪為傾斜地之意，該地地勢傾斜，因此而命名。

北投區　北投地名乃係平埔族語「Patal 社」巫女之意音譯而成。傳說從前有巫女居此地。

石　牌　石牌是於乾隆十七年時，以淡水同知曾日瑛之名立下的。地方官在民蕃交界處立石牌，位在士林、北投二街之間，藉此斷絕漢人與蕃人爭地之紛爭。其文如下：

奉

憲分府曾批斷東勢田南園歸蕃管業界

唭里岸　所謂的唭里岸部落在石牌國校一帶。當時淡水河擴充到此附近，形成一個大湖，西班牙人是根據地形之近似，把菲律賓群島中的「西北灣」之名稱直接拿來使用。並且在「伊里岸」之上加上凱達格蘭族地名「唭」，以致變成了「唭里岸」。淡水廳誌記載「明鄭時的淡水開墾從奇里岸開始」。可見，在北投區內，唭里岸是最早被開拓的地方。

嗄嘮別　凱達格蘭族的哈拉貝社（小八里坌社）原位於八里鄉挖仔尾附近，沒多久已擴展到滬尾（淡水）東方八公里許的關渡山麓——嗄嘮別。

關　渡　「干豆」為此地平埔族語，淡水人將其譯成關渡。早期文獻上，作干豆、江頭、乾竇、甘答、肩脰等皆同音字，顯係平埔族語之譯音字。現關渡即取自諸羅縣志所載「關渡門」。從淡水河口往上溯四公里就是關渡，在此大屯及觀音二山的支脈岐出形成峽門，以北分開淡水河的中游與下游，「干豆」屬於此地平埔族語的地名。裨海紀遊記載「入甘答門突然水域增寬，形成似渺渺無涯之大湖。航行十里許高山環繞，周廣百餘里，中間為平原」。黃叔璥在臺海使槎錄裏，把關渡寫成「肩脰門」或「干豆門」，諸羅縣誌及臺灣府誌則寫成「關渡門」，「干豆」近音的譯字。嘉慶年間，吳廷事在社蓁雜詩寫著「墘竇門邊淡水隈」的句子。所謂的「墘竇門」就是關渡門的近音。

竹仔湖　水田的周圍有茂盛的竹子，其狀彷彿湖泊，基於因有竹子的凹地之謂，故取名為竹子湖。

內湖區　內湖因四面環山，中央境內低凹形成內面的盆地，形狀如湖。

本鄉於清朝時由閩漳州人林成祖首先開拓，日據時代屬淡水廳管轄，民國前十四年稱本鄉為第九區，隸於士林辦務處，民國前十三年內湖與北勢湖、洲子合併稱為第十二區，民國前十一年改隸於臺北廳改稱第十區，民國前六年，新里族亦併入內湖，民國九年內湖與南港合併為內湖庄，光復後始成立為內湖鄉。現改為內湖區。

南港區　南港地區於清雍正時已有先民聚居，乾隆時開始開墾，因處於基隆河之南且與汐止鎮交界處有小港可出入船隻，故名南港。清乾隆三年，閩人來此開墾，因以本鎮位於基隆之南，且與汐止鎮交界處有小港可出入船隻，故名為南港。日據時代本鎮名南港區，後與內湖區合併為內湖庄，至民國三十五年七月六日自內湖鄉劃出，成立為南港鎮，民國五十六年改為南港區。

文山區

木　柵　本鄉以鄉治設於木柵村木柵街五號，故亦命鄉名為木柵，至於木柵二字來源，係因昔時漢人建木柵防蕃而得。

日據時代，本鄉設憲兵駐屯所，後轄於深坑廳，至民國前三年本鄉之半轄於深坑支廳，另半轄於新店支廳，民國九年，深坑及新店，兩支廳合併為文山郡下轄深坑庄，光復後深坑庄改為深坑鄉，至民國三十九年劃分深坑鄉為景美、木柵、深坑三鄉鎮，本鄉乃正式成立，以迄於今。

往昔部落為防禦他族或野獸攻擊，裝設木條圍牆後演變成地名。民國七十九年合併為文山區。

景美 清康熙時仍為叢林，雍正時開始開墾，乾隆時鑿「瑠公圳」架設大木梘灌溉。因此區在末端稱「梘尾」，取近音而成為景美。

另一說法，本區背山面水，山上有古蹟名「仙跡」，相傳為呂洞賓雲遊臨於岩上，留有足跡三寸，而該處風景優美，故稱景美。

原屬深坑鄉轄內，光復後於民國三十九年三月始自成立為景美。

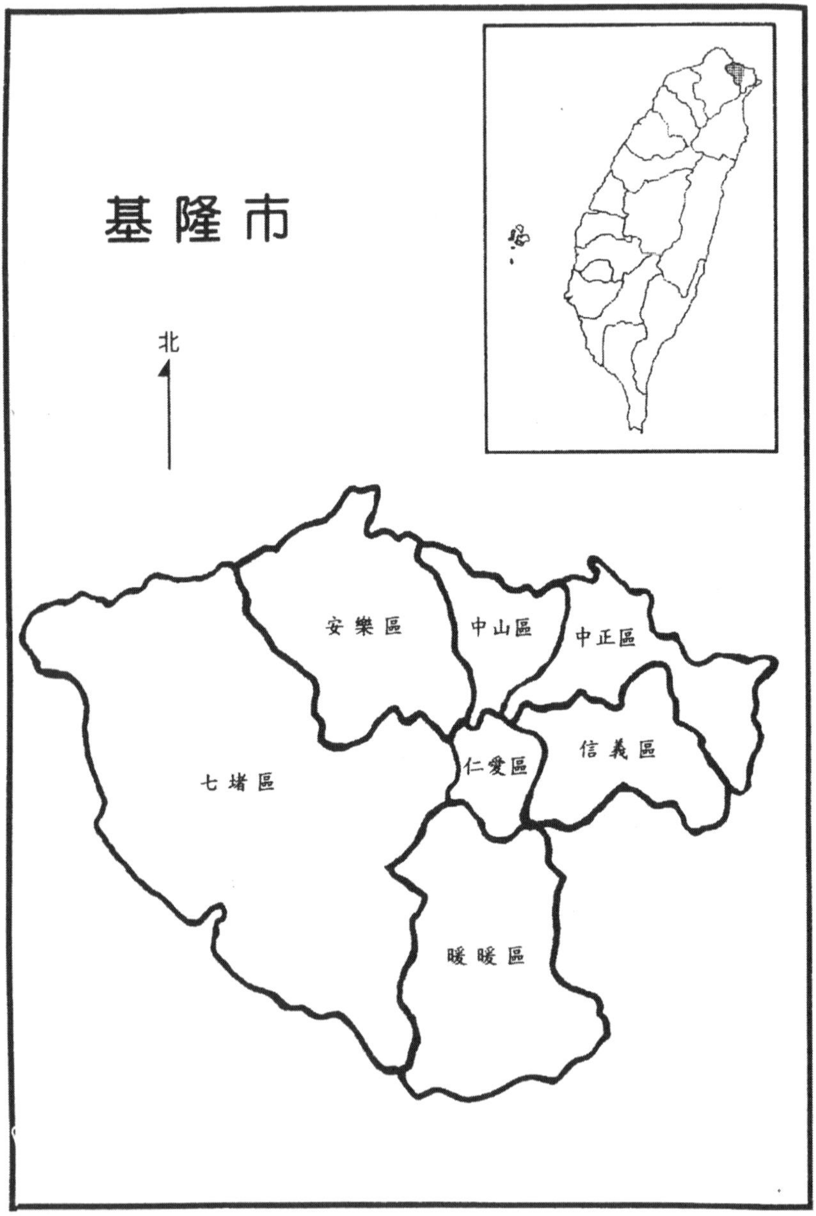
基隆市
北
安樂區
中山區
中正區
七堵區
仁愛區
信義區
暖暖區

基隆市

基隆舊稱「雞籠」，以其地有山形似雞籠（其形上狹廣，為土人籠雞之器。）而得名。明天啟六年（一六二六），從菲律賓入侵之西班牙人，在和平島上築 **San salvadore** 城，並置砲臺，建教會於島上。原為凱達格蘭族「雞大加籠」社之居住地；凱達格蘭 **Ketangaran** 把 **tanga** 省略則成了「**Keran**」，原意為看得見海的港，漢人將其音譯為「雞籠」；光緒元年擇其近音佳字，寓意為「基地昌隆」簡稱為「基隆」。同治十年更名基隆，因音義相近。日人據臺後在基隆設廳，民國九年併入臺北州劃為基隆街及基隆郡，民國十二年改市，本省光復後改為省轄市。廟口美食馳名全臺。

中正區　位於基隆東邊，光緒二十年屬於基隆堡，本區為紀念總統蔣公中正，睿智英明，遂將本區內自義一路尾起，迄八斗子一帶之濱海道路，命名為中正一、二、三、四、五、六、七路，並以「中正」為本區區名。日據時代本區原分設義車町，日新町，入船町，真砂町，濱町，社寮町，八斗子等七個區會，光復後合併成立基隆市第一區公所，迨民國三十五年六月始改為今名。

灰窯仔　地名起源海灘附近有燒蠔殼、石灰之窯而得名。

鱟殼埔　此地古代為海灘地，為鱟棲息之地，其殼可製鱟杓，埔為廣大的原野。

八尺門　地名取自和平島間狹窄水道，其狀似門，形容窄道寬八尺左右。

哨船頭　清季海灘，有海軍駐哨監視，是船哨停泊的碼頭。

社寮島　位於基隆港外，古時稱為大雞籠嶼，社寮島則是指有蕃社的小屋島嶼。凱達格蘭族龜霧社（大基隆社）的原址在基隆港口及社寮島，現在的位置則在社寮島及田寮港。一六二六年西班牙人把社寮島命名為「善沙爾巴多」。是依據哥倫布發現新大陸時，帶有神聖的救護之「善沙爾巴多」命名，最先登陸的巴哈馬島中一樣，既然臺灣是佔領東方的最先登陸地，於是也承襲了這個歷史性的命名。西班牙人在此島上建造「善沙爾巴多城」（紅毛城、雞籠城、雞籠礮臺）、天主教堂。後來代替西班牙人管理臺灣北部的荷蘭人，稱社寮島為,t Eyland Kelang。社寮島的蕃民洞內，有荷蘭人所刻的紀念文字。

八斗子　位於基隆東北端半島上。地名起源於當初只有杜姓移民八戶來開發。另一說法，杜姓親友帶米糧十多斗找到此地時，僅剩八斗。

信義區　光緒二十一年，屬臺北縣基隆堡，宣統元年改屬臺北支廳基隆堡轄管。取我國故有傳統立家、立業、立國守信重義之古義而命名為信義區。

本區在日據時代原係壽町區會、幸町區會、田寮町區會、東町區會暨基隆郡轄深澳坑地域，光復後合置為基隆市第二區公所，至民國三十六年改稱信義區公所。

田寮港　原稱田寮，由於先民在此建寮而耕田，所以稱田寮港，現在改稱博愛河。

深澳坑　坑是稱山間小溪或谷地之意。深澳坑谷口之聚落稱之。

中山區　本區位於本市西北角，全境為牛稠港的大武崙丘陵地。為紀念國父創建中華民國之豐功偉業，俾使市民景行仰止，永念不忘。本區在日據時代為大正、明治、仙洞、昭和、木山等五區會，光復後合置為中山區。

罾仔寮　此區清代先民在此搭寮，從事捕魚，並曬魚網（罾），故稱罾仔寮。

白米甕　本區境內有一山洞裂隙，每天洩出米粒，供廟僧使用，後來廟僧貪心將洞隙鑿大，結果反而不洩米。

七堵區　先民來臺開墾，為防止他族來侵、圍堵關卡。本區在日據時代由五堵、瑪陵坑、暖暖三區合併為七堵庄，當時以七堵地點適中，且居於交通中心，掌握有廣闊之平原，因而命名七堵區。光復後改制為臺北縣七堵鄉，於民國三十六年一月十八日改隸基隆市七堵區，至三十八年二月一日，因本區地域較大，遂將暖暖八堵一帶另劃分為暖暖區分治。

七　堵　五堵、六堵、七堵、八堵等地名，是基於從前防蕃所築的土垣命名。「堵」即土垣之意，土垣一丈又稱為板，五板稱為一堵。

馬陵坑　西班牙人所謂「吉馬利社」（Kimari）是指馬鄰坑，就是馬陵坑。

草　濫　草濫與草湳同義。「湳」是浸水之地，「草湳」是長滿草的浸水之地。

暖暖區　本區原為山胞「那那」族所居住，後來漢人移居於此，仍沿用此名，因「那那」與「暖暖」發音相似，後人遂將「那那」稱為「暖暖」。本區在清朝屬臺北縣管轄四堡中之石碇，本區為上石碇之中心要地，日據時代改隸基隆廳置暖暖街，光復後屬臺北縣七堵鄉，三十五年劃歸基隆市，三十八年二月一日與七堵區分治，劃設暖暖區。

暖　暖　本來為「諾諾」山胞（泰雅族）的所在地，乾隆年間進入基隆的閩南人最先開墾此地，取其近音稱做「暖暖莊」。道光元年的噶瑪蘭通判姚瑩的臺北道里記「暖暖地，在兩山之中，俯臨深溪，有艋舺小舟，土人在山中伐木，作薪炭枋料，載往艋舺，舖民六、七家，云云」。當時尚屬寂寥的小部落，後來隨著基隆港的發達，以及基隆溪砂金的採取，逐漸形成了一市場。此地亦盛產煤炭。

桶盤嶼　歐美人所謂的 Bush 島即指此地。位於靠近社寮島西側低矮的岩島。因為島形像桶盤，故取此名。

和平島 有基隆杙以及基隆尖之別名。是一個無人島。以前稱社寮島為大雞籠嶼，而稱此島為小雞籠嶼。因此島是基隆港的一目標，故被稱為雞籠嶼。臺灣府誌及淡水廳誌均稱它為「雞心嶼」，因它的形狀像一顆雞心之故。

彭佳嶼 又名草萊嶼山，依據漢書的記載「此嶼幽邃不泥俗塵，可以靜養神氣，知古昔老彭祖住居景之壽山」即此嶼命名之由來。相傳以前有一彭姓老人與山羊為伴，在這裏過著別有天地暢快的生活，後來就化為此島嶼。

因為「遍山皆草芥，如入無人之境，亦彷佛仙家之蓬萊」。西元一四一四年英王亨利五世與法國交戰時佔領之地。一八六六年最初發現者英國軍艦沙賓德號艦長布魯庫少校以它命名。自從咸豐三年以後，基隆有二十餘家漢人移居該島，從事農漁業，至三十二年後的光緒十年為止。中法戰爭時，法軍艦攻擊基隆時，使該島的居民飽受威嚇，全部舉家遷到基隆避難，從此再也沒有人居住，變成了無人島。日本佔據臺灣後，在該島設置燈塔，於是又有人搬到此地居住。

仁愛區 本區位於田寮港之南、基隆河之北，光緒二十年屬基隆堡，區名取自我國固有的四維八德，使人民均能仁愛相處，發揮民族固有道德之意。本區在日據時代為高砂町、福德町、元町、崛川町、瀧川町、玉田町、雙葉町、天神町、旭町等九區會地域，光復後合置為基隆市第三區公所，三十五年春改稱仁愛區。

獅球嶺　雖為一高度不高的小丘嶺卻很險要，中法戰爭時林朝棟曾拒法軍於此嶺。

石硬港　南榮河舊名，因河谷狹窄，兩岸石頭很接近。

屯　營　中法戰爭之役統領林朝棟駐軍據守之地，故稱屯營。

豆菜寮　往昔此地有製造豆芽者在此搭建寮舍，故以豆菜寮稱之。

安樂區　本區位於基隆西北方，光緒年間屬基隆堡，居民安分守己，勤勞操作，樂在其中，故取名安樂，象徵「安居樂業」之意。

本區在日據時代為觀音區、寶區、西區三區會所轄地帶，光復後改制為第四區公所，迨民國三十五年三月改為安樂區公所。

蚵殼港　蚵就是蠔，也就是牡蠣，蚵殼港者，是指牡蠣殼很多的海港之意。

仙　洞　仙洞又稱為仙人洞，是仙人所居住的洞穴。斷巖高峙處有洞窟，洞中有許多小洞，洞穴屈曲可達數百尺。內壁彫刻有很多清朝大官，文士親貽的墨跡。

棉花嶼　又稱為鳥嶼。棉花嶼到了夏秋的季節，大群的鳥飛渡來此，把整個島面覆蓋住，鳥類共同飛翔時有如棉花隨風飄舞，故得此名。

花瓶嶼　孤立的尖形岩石外觀如花瓶，故名。歐美人稱為 **Pinnacle** 島。為尖閣島之意。西元一八六六年六月，英國軍艦沙賓德號在中國海回航途中，於棉花嶼附近水深九尋處投錨，艦長布魯庫少校探測彭佳嶼、棉花嶼、花瓶嶼三島的位置形勢，並且分別以「阿集考德」、「庫拉克」、「賓納庫魯」為三島命名。同時把它們刊載於英國海軍海圖。

瑪　鍊　西元一六二二年西班牙人佔據基隆以前，已經有零星的漢人聚居，西班牙人稱這些聚落為 **Parian**，而先住的平埔族凱達格蘭族卻稱它為「**Ma Sai**」。後來漢人以音譯字「馬賽」或「馬鍊」稱呼。

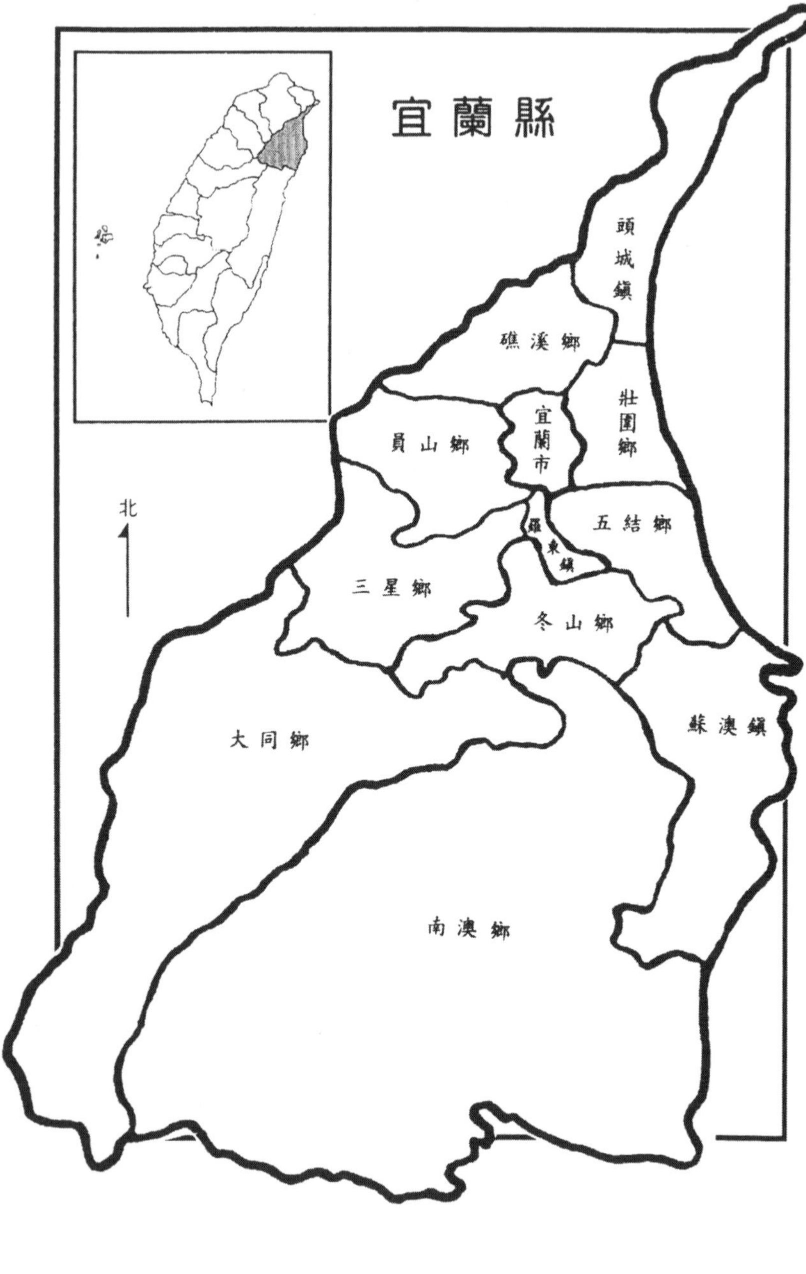
宜蘭縣
頭城鎮
礁溪鄉
壯圍鄉
宜蘭市
員山鄉
北
五結鄉
羅東鎮
三星鄉
冬山鄉
蘇澳鎮
大同鄉
南澳鄉

宜蘭縣

漢人來臺拓墾，早期只限於臺灣西南部，臺灣西岸背陽向陰，水皆西流與大陸本土之河川東流入海之方位相反，直到來到宜蘭，發現這裡背陰向陽，水皆東流，驚喜不已，於是稱此地為蘭陽平原。

本縣縣名之由來還有二種說法：其一因境內盛產蘭花而得名，其二因境內有一條宜蘭河，故名之宜蘭。宜蘭又稱蘭陽，後稱噶瑪蘭，清嘉靖十五年設噶瑪蘭廳，光緒元年改制為宜蘭縣。

蛤仔難——噶瑪蘭——（有陽光的地方）——蘭陽。

宜蘭市（蛤仔難）　宜蘭原稱為噶瑪蘭，係「卡瓦蘭」族山胞語「蛤仔難」的譯音，各處零星住有「平埔族」三十六社，三百多年前有漳州人吳沙，聚集漳、泉、粵三籍人民，鄉勇二百餘名，自雙溪至烏石港築城廓，號為頭圍，當時吳沙以撫卹感化及開墾計劃攏絡蕃人，逐漸擴張至二圍、三圍、四圍、五圍等處，現宜蘭市即當時之五圍。

於清嘉慶十五年置噶瑪蘭廳，屬臺灣府，光緒元年廢廳設縣，同時噶瑪蘭改為宜蘭縣，設治於本市，所屬地區總稱為蘭陽，即今之宜蘭、羅東、蘇澳等處。光緒元年成立宜蘭縣，設縣治於本市，至光緒二十一年被日本侵佔後改為宜蘭支廳，屬臺北州，於西元一九〇二年五月改為宜蘭廳，至民國九年九月劃分為宜蘭、羅東、蘇澳三郡，至西元一九四〇年十月二十八日劃礁溪庄、辛子罕、一結及二結之一部，與壯圍庄之壯二、壯三、壯七、七張、員山庄之珍子，滿力等地合併為宜蘭市，成立市役所，民國三十四年八月十五日日本投降，十一月國軍進駐臺灣，三十五年二月一日起收市役所改為市公所，屬臺北縣轄，至三十九年調整縣市行政區域，臺北縣劃分為臺北、宜蘭二縣，本市屬宜蘭縣。

五結鄉 鄭成功討伐臺灣時，派兵在錦草村居住，後來士兵增加分結在中一結、中二結、下三結、頂三結、四結、五結開墾，始稱結為地名，於是五結乃為鄉名由來。由五號結首率眾墾殖而成鄉。

五結 宜蘭地方的一結、二結、三結、四結、五結、六結、七結、十六結、十九結、三十九結等地名是依據拓殖團體的結首分段之數，或依其順序命名。「結」就是「結約」。本鄉往昔係屬蕃社，清乾隆三十三年閩人林漢生率眾來本鄉開墾，嘉慶二年又有閩人吳氏企圖侵入，費二十一年始達其目的，旋被日本佔據臺灣，劃本鄉屬宜蘭支廳，後改稱為五結庄，民國三十四年臺灣重歸祖國，依照我國自治機構組織改稱為五結鄉。

錫　楸　為卡瓦蘭族赫達慈安社的所在地，漢人寫成「打朗巷」、「達魯安」、「打那岸」亦稱打那軒，是婦人的名字。部份移往叭哩沙，部份移往加禮宛。

茅仔寮　茅仔寮莊為剛形成之初，是使用茅草搭建之房屋，故名。

冬山鄉（冬瓜山）　本鄉有一座形似冬瓜的山丘，故該地名為冬瓜山，後來以該地地名欠雅，改稱為冬山。日據時代稱冬山庄，光復後改稱冬山鄉。

本鄉原屬福建省臺北府，後因臺灣被日本佔領，本鄉屬臺北州宜蘭支廳，名冬山庄，光復後屬臺北縣改稱冬山鄉，民國三十九年全省行政區域調整後改屬宜蘭縣，仍稱冬山鄉。

鹿　埔　荒野上有很多鹿群之意。

廣　興　廣東人振興事業之意。

三　堵　頭堵、二堵、三堵等地名，皆源於以前為了防蕃而築的土垣。所謂的「堵」就是土垣，土垣一丈為板，五板為堵。

壯圍鄉（民壯圍）　清嘉慶年間，有福建漳州人林明盞，率領鄉勇百餘個壯士移住本鄉，驅逐蕃人入山，並從事開墾，以後逐漸有市街規模，居民日漸繁榮，日據時定名為壯圍庄，光復後改為壯圍鄉。

土　圍　又名壯圍莊。在開拓當初築土圍以防蕃害，並從事開墾的土地。宜蘭地方的頭圍、二圍、三圍、四圍、五圍等地名。清嘉慶年間，開拓宜蘭時，基於一方面築土圍防蕃害，一方面從事開墾的順序而命名。

五　間　嘉慶年間，先民初在此河畔建造五間房子，故名。

古亭笨　往昔村莊多儲米倉，以竹編成，形似碗狀，壁敷以石灰或沙土，屋頂蓋草笠狀以竹柱支之，故有此名。

十三股　此地本是一片荒野，經先民十三人合夥開拓、建村，故取此名。

員山鄉　本鄉風景優美如畫，鄉內有一座圓形山丘，故取名員山。

本鄉在三百年前有漢族朱盒由海路乘竹筏而來，斯時此地均平埔族所住，旋有福建漳、泉二州人民渡海來臺開墾，將蕃人逐走，建屋住下，在日據時代本鄉區域與宜蘭市略有調整，至民國三十九年元月一日後將三星鄉之葫蘆堵編入本鄉。

奇立板　卡瓦蘭族赫姆魯布漢社的所在處，古時被寫成奇立援、幾立板。赫姆魯布漢是沙之義。另一說法為海墘（海岸）之意。

枕頭山　枕頭山就是形狀類似枕頭的山。

吧老鬱　卡瓦蘭族赫吧男社所在處亦作吧咾吻、巴撈屋，為溫泉的意思。

羅東鎮（老懂）　羅東之名稱，據傳在現今大運動場附近之處，往日全為榕樹叢林，其內棲有猿猴，居住於附近之熟蕃則稱此地為老懂，猿猴之蕃語名稱，後由漢人譯音為羅東（Roton）。羅東於嘉慶年間開發，嘉慶十五年設司巡檢，日本佔據時設羅東警察署、羅東辦務署、宜蘭廳羅東支廳等，後又改設臺北州羅東郡羅東街，光復後於民國三十五年一月改制為臺北縣羅東區羅東鎮，三十九年十月行政區域調整劃轄宜蘭縣。

阿里史　嘉慶九年，臺中豐原附近的岸裡社山胞跟阿里史、阿東、東螺、北投、大甲、通宵等的山胞從苗栗內山穿越，出入於叭哩沙（三星）原野。當時，阿里史的山胞先移住到羅東的阿里史，再移到三星鄉阿里史。都是以原社名為移住地的地名。

打那岸　卡瓦蘭族赫塔拉剛社的所在地，漢人寫成「打那岸」，古時則寫成「哆囉岸」。所謂的「赫塔拉剛」是鹿仔樹即梶木之意。

十八埒　埒與列同義，用來算房子或田地，因此地名為十八列之意。

南澳鄉　因位於宜蘭縣東南方，左近山，右臨海，有漁港澳，取名南澳。沿革：本鄉在日據時代為南澳支廳管轄，後改編為蘇澳郡，三十四年臺灣光復後屬臺北縣，稱南澳鄉，三十九年全省行政區域調整後改轄宜蘭縣。為蘇花間交通要道。

大同鄉　因本鄉轄內有太平山林場，故名太平鄉。本鄉係屬山地同胞聚居之所，日據時代初屬南澳支廳，後改隸臺北州羅東郡，臺灣光復後改設太平鄉，屬臺北縣，三十九年全省行政區域調整後，由宜蘭縣管轄。民國四十七年改稱大同鄉。

牛鬥社　此地在宜蘭沖積平原頂端的谷口，因兩側山壁對立，似兩牛相鬥，故名。

寒　溪　此地取自蕃社坑溪東，寒死人溪表示山谷中很寒冷，故名。

三星鄉　本鄉原住民稱為「叭哩吵」，後因叭哩吵近於三星山，故取名為三星。蘭陽溪兩側的網狀平原呈三角星狀。故名。設置叭哩吵撫墾署，旋又先後改稱叭哩吵支署及叭哩吵支廳暨三星庄，本省光復後改稱三星鄉，屬臺北縣，民國三十九年全省行政區域調整後，本鄉屬宜蘭縣。

中溪洲　位於叭哩吵溪流域，為溪流泛濫所產生之土地。大洲、清洲、浮洲之形成情形相同。

礁溪鄉（乾坑）　清乾隆五十五年漳州人吳沙等人到此開墾時，途中有谷無水，因此取名為旱坑，亦稱礁（乾）坑，後因該谷被洪水埋沒，遂改稱為礁溪。

本鄉原稱為蛤仔蘭，最初平埔族散居各處，至清朝乾隆五十五年有福建漳州人吳沙率領二百餘人抵臺，到本地開墾，最初於鄰庄頭圍庄烏石港（現頭城鎮）附近築土城，逐漸加築二城（現頭城鎮二城里）、三城（現三民村）、四城（現四結村），定名為礁坑，後改為礁溪，日據時代稱礁溪庄，光復後改稱礁溪鄉。

匏杓崙　匏杓是利用匏瓠製成的柄杓，地名之含意是指匏形的小山丘地。

武　暖　是卡瓦蘭族布魯彎社。漢人稱奇武暖、奇五律、幾穆蠻等。據說「布魯彎」是「河」之意。原住民於道光二十年間遷移到頭圍（城）蕃仔澳、大溪、梗枋等地從事捕魚，或遷移到白石腳開鑿山地以維持生計，部份於咸豐年間退居到花蓮港。武暖分社的高東在咸豐年間因失業或病疫，蕃人四處流離，終於失掉了社名。

新仔罕　為卡瓦蘭族赫希納罕社的所在地。漢人以新仔罕、辛仔罕、丁仔罕、辛也罕、新仔羅罕的近音字命名。據說「赫希納罕」是以人名為社名，另一種說法「赫希納罕」有河邊之意。一部分居民遷移到蕃仔澳、大溪、梗枋、白石腳（玉石）等地。

抵百葉　為卡瓦蘭族赫多巴亞社的所在地，赫多巴亞為「燒地」之意。漢人稱為抵百葉、抵馬悅、都巴嫣。另一說法為溫泉之意。

奇武蘭　為卡瓦蘭族赫巴奴蘭社的所在地。漢人稱為奇蘭武蘭（簡稱為奇武蘭或淇武蘭）

或熳魯蘭。「赫巴奴蘭」Hi-Vanuru-an，Vanuru 意為鴿子，「赫巴奴蘭」是表示鴿子很多的地方。本社居民與武暖、抵美抵美、打那岸、新子罕、打馬炯等一部份山胞移住到大溪、梗枋、白石腳等地方。

奇立丹　為卡瓦蘭族赫米吉旦社的所在地，漢人把它寫成棋立丹，幾立穆丹。赫米吉旦為溫泉之義，又一說法「奇立丹」是鯉魚之意。該社山胞移居頭圍庄港澳。

瑪　僯　卡瓦蘭族赫瑪達林社的原址，漢人把它寫成「馬麟」或「貓乳」。具獻或死地之意。

踏　踏　卡瓦蘭族赫塔布社的所在地，漢人稱它為「達普達普」。「赫塔布塔布」義指無水之意。另一說法 Ttaptap 為濁水之意。本社的山胞移居到頭圍庄港澳。

柴　圍　此地初開拓時設柴木圍防蕃害，因此而成為地名。

竹篙厝　竹篙意指竹竿，竹篙厝是指長而深的房子。

蘇澳鎮　嘉慶二十五年，福建泉州蘇士尾等四十四人移住當地開墾，稱當地為蘇澳，係取自蘇士尾之姓及港灣海岸澳地之意。

在日據時代成立蘇澳庄，旋升格為蘇澳街，民國三十四年十一月二十四日重歸祖國懷抱，民國三十五年二月一日將蘇澳街改稱為蘇澳鎮。

南方澳　位於蘇澳東南方，往昔南風吹襲，以南方澳為避風港，寄泊港因此而得名。

有猴猴　稱蛤仔難的有猴猴就是南方澳。南方澳的山胞原先居住於花蓮廳下的新城，因受不了太魯閣山胞的迫害，約在一百多年前移往南方澳西北方約四公里的高地「猴猴」，再轉往蘇澳鎮猴猴的平地。民國九年該處被闢為漁港，山胞遷移到東澳，或南方澳背面的海岸山麓，或新城一帶。

猴猴社　山胞部落處噶瑪蘭誌云「猴猴一社，從蘇澳之南方澳移來東勢，其言語風俗獨與眾異，婚娶亦不與各社往來，至今番女多有至老而不得婚配者」。猴猴田寮寫成「高高田寮」，也是山胞從事農耕所使用的田寮之稱謂。

馬　賽　據說，本社的山胞與泰雅族發生糾紛，距今二百年前遷來南方澳，出入利澤簡海濱，移往大埤的北畔。「馬賽」是山胞語，為猴猴社族人漁臘之地，淡水廳轄的蓬山蕃（大甲、通霄等）來此地開墾。關於「馬賽」噶瑪蘭廳誌記載「此社原淡水流蕃」，嘉慶九年間，屬彰化縣的岸裡、阿里史、阿東、東螺、北投、淡水廳的大甲、吞霄、馬賽等各社千餘人，由苗栗內山、斗換坪、大東河到鳳山崎溪的上游翻山越嶺，經過兩天後抵達叭哩沙喃平原。另一說法是：出自泰雅族，或可能是基隆北方的瑪鍊。

隆　恩　所謂「隆恩」者，是為了慰勞士兵，賜土地給兵營，做為士兵們的財產。

功勞埔　所謂功勞埔，是賜土地給有功勞者的報酬。

頭城鎮（頭圍）　嘉慶元年閩南漳州人吳沙開拓宜蘭時，初次築土圍城做根據地，由於首次被築成的土圍名為「頭城」，由於噶瑪蘭廳城的建造，為了避免「城」字的重複而改「頭城」為頭圍，後再改回頭城。在二百多年前，吳沙公開闢蘭陽，發現土城於是處，故稱為頭城。及至清楊廷理掌宜蘭時改名為頭圍，然本鎮歷來皆稱頭城。民國三十四年十月二十五日本省光復時將頭圍庄改為頭圍鄉，三十五年九月九日呈准改為頭城鄉，又至三十七年一月一日呈准升格為頭城鎮。

烏石港　位於頭城南方的港灣，由於港口有黑石而得名。加禮宛有東港，此處被稱做西港。相當於宜蘭的咽喉，以前水深可安全停泊船隻，後來港口淤塞，非滿潮時，連小船也難以出入。

拔雅林　「拔雅林」為「拔仔林」諧音字，拔仔林就是蕃石榴林之意。

龜山島　有人稱它為龜嶼，在頭城海岸東方約五海哩處，圓周有九公里。龜山島由大小兩島連接在海中屹立，遠看如海龜在浮游故名。

龜山島本是無人島，少數宜蘭濱海的漁民只是來此捕魚而已。清道光初年頭城大坑罟漳州人，認為龜山島有漁業之利，土地又適合於耕墾，於是十三個人結伴移居此島，之後移居到龜山島的人日益增多。

乾隆末年龜山島發生了火山爆發，原住民看到這種情形，以為異族的將軍就要來襲。歐人所謂的 Steep 就是指龜山島。

龜卵嶼　在龜山島西南約一浬半有一個平頂岩（周圍約兩百公尺），由火山質丘陵所形成。

梗　枋　位於宜蘭東北邊在頭城鎮更新里，梗，阻塞之意，枋即木板。

附件四：左鎮人二〇一五年最新測定

人間福報 Merit Times　2015年12月24日 星期四
農曆乙未年十一月十四日

推翻！左鎮人 非最早台灣人

原認定有2、3萬年歷史的化石
最先進檢測顯示僅3千年 教科書可能改寫

【本報台北訊】國、高中教科書記載，在台灣發現最早的人骨化石是距今二萬至三萬年的「左鎮人」。國立台灣博物館今年將左鎮人骨送往美國及澳洲檢測，經最先進的碳14等定年法測定的結果，左鎮人距今約三千年，不但推翻教科書，也可能改寫台灣的史前史。

一九七〇年代在台南縣左鎮鄉發現的左鎮人頭骨，是台博館典藏最重要的文物之一。台博館一度考慮爭取將「左鎮人」列爲第一號「國寶」送文資局審查，但當年日本學者下田信男針對左鎮人採用的氟錳定年法今已落伍；左鎮人出土方式也有爭議，因它是地表採集的標本，非考古發掘出土，因爭議太大而作罷。

非考古發掘出土 一直爭議大

二〇一三年，台博館常設展準備納入左鎮人頭骨，台博館副研究員李子寧請清大人類學研究所助理教授邱鴻霖協助重建左鎮人頭骨、解剖復原和製作動畫。邱鴻霖認爲，學界對左鎮人多異議，根本之道應送國際檢測定年。

左鎮人骨送往美國著名Beta實驗室測定結果八、九月間出爐，結果與四十年來大家認知的二萬至三萬年相距甚遠，再送澳洲國立大學檢測，最近結果出爐，同樣測定左鎮人只有三千年歷史，兩個結果只相差三十年。相關單位考慮「密函」教育部更改教科書。

台博館典藏有六塊左鎮人骨（非屬同一人），該館與邱鴻霖合作將編號AH6672及AH6674送國外檢測。編號AH6672就是當年日本學者檢測的同一塊化石，美、澳檢測結果顯示約三千年歷史；編號AH6674測定只有二百五十年歷史。其他四件人骨有兩件太小，分析完恐怕骨骼也沒了，未送檢測。

為何左鎮人骨年代落差這麼大？邱鴻霖說，左鎮人都是在地表採集而得的標本，沒有考古發掘所必須的地層脈絡。基本上是河水沖來的東西，撿到的標本自然什麼年代都有。

大坌坑文化 恐才是最早人骨

左鎮人一向被視為「台灣最早居民」，遭推翻後，以考古出土來看，台灣本島最早有人類活動遺跡的應是推斷有二萬至三萬年歷史的台東長濱文化，但長濱文化雖有豐富文化遺物，卻沒有化石人骨或人骨共伴出土。若以出土人類骨頭的角度看，邱鴻霖認為，目前發現最古老的台灣人應屬在南科挖掘出土的「大坌坑文化人」，年代約五千年。

邱鴻霖比較在馬祖發現的「亮島人」以及「澎湖原人」。澎湖原人距今四十五萬至十九萬年，他認為範圍太寬，且是漁民打撈所得、出土地點不明確，不像考古遺址一樣有清楚的脈絡。亮島人有八千年歷史，被視為與南島語族有相同親緣；邱鴻霖等學者認為，八千年前台灣與馬祖仍沒有相連，嚴格說不能算是最早的台灣人。

新的科學考古定年法導致歷史改寫，國際時有所聞。李子寧指出，最著名的是英國「皮爾當人」案；在英格蘭東南部Sussex發現的「已知最古老人類」化石「皮爾當人」，日後被發現其頭骨化石下巴是以猩猩混充。造假事實揭穿，眾人才發現這只是一名愛國的人所偽造。

左鎮人骨雖非偽造，但與皮爾當人案異曲同工，考古學界認為，兩者皆因「太想看到理想的結果」；當年學界渴望在台灣西部能夠發現人骨，乃致當日本人檢測報告發表後，太輕易就接受這樣的結果。

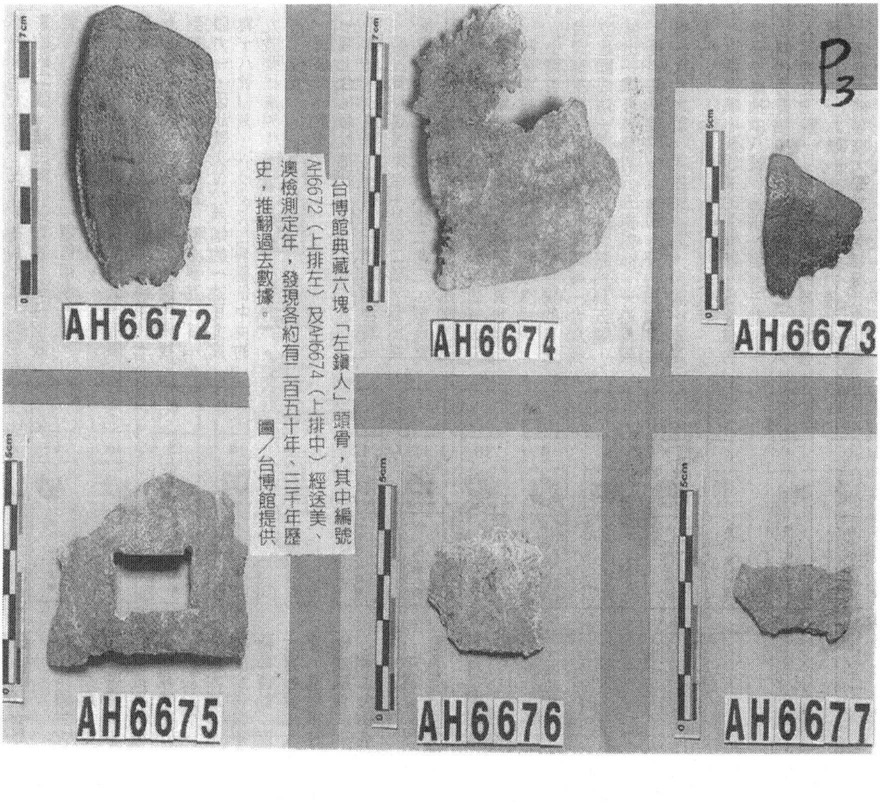
台博館典藏六塊「左鎮人」頭骨，其中編號AH6672（上排左）及AH6674（上排中）經送美、澳檢測定年，發現各約有三百五十年、三千年歷史，推翻過去數據。
圖／台博館提供
AH6672
AH6674
AH6673
AH6675
AH6676
AH6677
P3

參考引用書目

1 夏聖禮，《新店溪水天上來》。台北，街頭巷尾文史工作室，二〇〇九年十二月。
2 羅文德，《台灣鐵道員》。台北，羅文德，二〇〇六年六月。
3 賴福順，《鳥瞰清代台灣的開拓》。台北，日創社，二〇〇七年八月。
4 吳政憲，《台灣來電》。台北，遠足文化公司，二〇〇五年二月。
5 林衡道口述，楊鴻博整理，《鯤島探源》（柒）。台北，稻田出版公司，一九九六年五月。
6 李欽賢，《台灣的古地圖》。台北，遠足文化公司，民國九十七年十月。
7 遠流台灣館，《台灣歷史年表》。台北，遠流出版公司，二〇〇五年八月。
8 王存立、胡文青，《台灣的古地圖》。台北，遠足文化公司，民國九十四年十二月。
9 陳瑞隆，《台灣鄉鎮地名源由》。台南，裕文堂書局，二〇〇六年九月。
10 陳福成，《台北公館地區開發史》。台北，唐山出版社，二〇一一年七月。

11 吳英璋，《說我家鄉》。台北，台北市政府，民國八十六年六月。
12 吳英璋，《悠遊台北》。台北，台北市政府，民國八十六年六月。
13 李世榮、吳立萍，《台灣的老鄉鎮》。台北，遠足文化公司，民國 99 年元月。
14 李欽賢，《台灣城市記憶》。台北，玉山社，二〇〇四年三月。
15 洪理夫，《用心認識台灣》。台北，雨河文化，二〇一〇年九月。
16 潘英，《台灣平埔族史》。台北，南天書局，民國八十七年元月。
17 黃清琦，《臺灣輿圖》，台北，台灣歷史博物館，二〇一〇年九月。
18 高麗鳳，《新世紀台北思想起》（上下冊）。台北，台北市政府，民國九十一年十一月。